Friedrich der Große als Kronprinz

Gemälde von Antoine Pesne

Friedrich trägt Stern und Schulterband
des Ordens vom Schwarzen Adler.
Das Band ist in Erinnerung an die Hausfarbe
der Mutter des Ordensstifters,
Kurfürstin Luise Henriette von Oranien,
in Orange gehalten.

GUDDAT

GRENADIERE · MUSKETIERE · FÜSILIERE

Friedrich Wilhelm I. bei der Inspektion des Roten Leib-Bataillons
Mit seiner schöpferischen Arbeit legte der Soldatenkönig den Grundstein für die späteren Erfolge der friderizianischen Armee

MARTIN GUDDAT

GRENADIERE MUSKETIERE FÜSILIERE

Die Infanterie Friedrichs des Großen

Nikol

Bildnachweis

Atlantis-Verlag Berlin und Herrsching: S. 55; Brandenburgischer Pikenier (anon.): S. 89; Preußisches Geheimes Staatsarchiv: S. 36, 43, 47, 69, 71, hinteres Vorsatz; Harz-Verlag Berlin: S. 55; Infanteriereglement 1743: S. 93; Knötel, Richard: S. 2, 21, 89, 90, 92, 96, Rückseite des Schutzumschlages; Menzel, Adolf: S. 24, 25, 31, 49, 51, 53, 54, 56, 76, 93, 95; Militärstrafen (anon.): S. 56; Mosaik Verlag München: S. 52; Pesne, Antoine: vorderes Vorsatz; Röchling Carl: S. 92, 95; Schild-Verlag München: S. 50, 91; Schleuen: S. 54; Skarbina, Franz: Vorderseite des Schutzumschlages, S. 94; Verfasser: S. 45, 48, 61, 64

ISBN 3-930656-38-8
Martin Guddat: Grenadiere, Musketiere, Füsiliere:
Die Infanterie Friedrichs des Großen

Lizenzausgabe für Nikol Verlagsvertretungen GmbH, Hamburg (1996)

Schutzumschlaggestaltung: Regina Daniel unter Verwendung
der oben genannten Abbildungen.

Printed in Germany

Inhaltsverzeichnis

Zum Geleit

Am 17. August 1986 jährt sich zum 200. Mal der Todestag Friedrich des Großen, ein geeigneter Anlaß, sich seiner und der durch ihn geprägten Epoche zu erinnern.
Die militärischen Verhältnisse im Preußen des 18. Jahrhunderts verdienen eine sachliche und nüchterne Darstellung. Schon oft ist über die Armee der friderizianischen Zeit als Mittel einer vom König bestimmten Interessenpolitik, aber auch über ihre militärischen Erfolge geschrieben worden. Darüber wurden die großen Schwierigkeiten und teilweise bedrückenden Verhältnisse, unter denen der Soldat damals leben mußte, allzuoft vergessen.
Das vorliegende Werk schließt diese Lücke. Es zeichnet sich durch eine aus zahlreichen Quellen schöpfende, bemerkenswert detaillierte Beschreibung des altpreußischen Soldatenalltags aus, die viele neue Erkenntnisse eröffnet. Dabei sollte der Leser mit der Vergangenheit nicht allzu streng ins Gericht gehen. Die Regeln für die innere Ordnung der friderizianischen Armee können nur im Zusammenhang mit den für alle Stände geltenden gesellschaftlichen und materiellen Gegebenheiten in der Mitte des 18. Jahrhunderts richtig gesehen und bewertet werden.

Glücklicherweise haben sich die politischen, rechtlichen und sozialen Bedingungen für die Streitkräfte der Gegenwart grundlegend geändert. Die Bundeswehr ist in die freiheitlich demokratische Grundordnung unserer Republik fest eingebettet. Zum ersten Mal in unserer Militärgeschichte hat der Soldat neben seinen Pflichten durch Verfassung und Gesetze verbürgte Rechte, bleibt der Soldat auch nach seiner Einberufung Staatsbürger. Der Blick in die hier geschilderte Vergangenheit läßt Inhalt und Ausmaß der Veränderungen erst richtig erkennen.
Das Buch ist für jeden historisch Interessierten, vor allem aber für die Soldaten der Bundeswehr, lesenswert und ein Gewinn.

Bonn, im April 1986

Ulrich de Maizière
General a. D.

Zur Einführung

Die vorzüglichste Pflicht des Oberhaupts im Staate ist, sowohl die äußere als innere Ruhe und Sicherheit zu erhalten, und einen Jeden bei dem Seinigen gegen Gewalt und Störungen zu schützen.

Allgemeines Landrecht II 13 § 2

Der 5. Februar 1794 gehört zu den denkwürdigen Tagen der preußischen Geschichte. An diesem Tag verkündete Friedrich Wilhelm II. das Allgemeine Preußische Landrecht, dessen wesentliche Teile bis zum Ende des 19. Jahrhunderts in Preußen Bestand haben sollten. Diese verhältnismäßig lange Geltung spricht nicht nur für die Sorgfalt der Formulierung. Sie offenbart vor allem die Modernität des in Gesetzesform gegossenen Gedankenguts. Eines seiner Elemente, wohl das vornehmste, ist die Pflicht des Staates, für die Sicherheit der Bürger Sorge zu tragen. Das war zu keiner Zeit unserer Geschichte eine leichte Aufgabe, schon gar nicht für das im Werden begriffene Preußen.

Damals betrieben die Landesherren eine auf Territorialgewinn angelegte Expansionspolitik. Einige bedienten sich dabei friedlicher Mittel, andere griffen zur Gewalt, um ihren Persönlichkeitswert und politischen Einfluß mit dem Zuwachs an Untertanen und Wirtschaftskraft zu vergrößern. Brandenburg-Preußen konnte weder mit einer großen Bevölkerungszahl noch mit einer blühenden Wirtschaft Begehrlichkeit wecken. Trotzdem war das Land extrem gefährdet. Die geographische Lage im Zentrum Europas, das Fehlen natürlicher Grenzen und die verstreute Lage seiner Landesteile machten es zum Durchzugsgebiet oder Kriegsschauplatz fremder Mächte. Brandenburg-Preußen war zu machtlos, um sich dagegen zu wehren.

»Auf der einen Seite habe ich die Krone Schwedens und auf der anderen Seite den Kaiser. Ich sitze zwischen ihnen und warte, was sie mit mir anfangen«, umriß der Große Kurfürst in nüchterner Selbsteinschätzung die Situation.[1] Im Gegensatz zu seinen Vorgängern ließ er es dabei jedoch nicht bewenden, denn Tatenlosigkeit entsprach nicht seinem Naturell. In dem Bewußtsein, daß ein Landesherr »Postur« und »Nachdruck« benötigte, wenn er Ruhe haben und in der Außenpolitik mehr tun wollte als zwischen mehreren Abhängigkeiten zu wählen, sann er auf Änderung.

Der Schlüssel für eine neue, befriedigende Ausgangslage lag für den Großen Kurfürsten im Heer. Mit Tatkraft, Schläue, Beharrungsvermögen und gelegentlicher Skrupellosigkeit ging er ans Werk. Nicht Flickwerk, sondern organisatorische und konzeptionelle Änderungen waren erforderlich, wenn die Effizienz der Truppe verbessert werden sollte.

Eine der wichtigsten Reformen bestand in der Vereidigung der Soldaten auf seine Person. Bis dahin hatte der Soldat lediglich zu seinem Fähnleinführer, der sich und seine kleine Truppe an einen zahlungskräftigen Landesherrn vermietete, ein Vertrags- und Treueverhältnis. Durch die direkte Bindung an seine Person schuf sich der Große Kurfürst den unmittelbaren Befehlsstrang bis hin zum letzten Mann. Dadurch wurde nicht nur eine gute Voraussetzung für die Disziplinierung der Truppe geschaffen, sondern zugleich der Grundstein für die Systematisierung der Ausbildung gelegt.

Ein großes Manko blieb allerdings bestehen. Wegen der verheerenden Folgen des 30jährigen Krieges – Brandenburg hatte bei Friedensschluß lediglich 1,5 Mio. Einwohner mit oft nicht mehr als 10 Bauern in den Dörfern – war die Finanzkraft des Landes äußerst begrenzt. Deshalb mußte die Armee auch weiterhin in erster Linie aus Subsidienverträgen mit anderen Staaten finanziert werden.

Sein Enkel, Friedrich Wilhelm I., wußte, was das bedeutete. Sein ganzes Leben verfolgten ihn die bösen Erinnerungen an die Kronprinzenzeit, als er ohnmächtig mit ansehen mußte, wie Schweden und Rußland den Nordischen Krieg zu einem Großteil auf neutralem preußischen Boden austrugen. Keine 12 Meilen von Berlin entfernt, schlugen sie aufeinander ein, während Friedrich Wilhelm selbst nur zwei Kavallerieregimenter und ein Infanteriebataillon zur Verfügung hatte. Auf den Kern der preußischen Truppen konnte er nicht zurückgreifen, weil dieser im Westen unter Vertrag stand. Dieser Zustand durfte sich, so schwor er, wenn er erst einmal die Regierung übernommen haben würde, unter keinen Umständen wiederholen!

Durch innere Reformen, eine straffe Wirtschaftsführung und konsequentes Sparen sorgte er, der »Plusmacher« und Erfinder jährlicher Etataufstellungen, für die so dringend benötigten Einnahmen. Dabei forderte Friedrich Wilhelm I. nicht nur von anderen. Er selbst nahm seine Person und den Hof von den drakonischen Sparmaßnahmen nicht aus. Tafelsilber wurde veräußert, das Hofpersonal auf ein Minimum reduziert. An die Stelle des absolutistischen Gepränges trat eine spartanische Lebensführung.

1 Ranke, Bd. 1, S. 72; Schoeps, Preußen, S. 27

Das Resultat durfte sich sehen lassen: Die Armee wurde nicht nur aus Eigenmitteln finanziert, Preußen verfügte zudem noch über einen ansehnlichen Staatsschatz von zehn Mio. Talern, der in den Kellern des Berliner Schlosses lagerte. Von den sieben Mio. Talern Staatseinkünften pro Jahr beanspruchte die Armee, deren Kopfstärke von 38447 auf 76278 Mann erhöht worden war, am Ende fünf Mio. Taler. Dieser hohe Anteil ist in der Literatur gelegentlich beanstandet worden. Die Auffassung, daß die geringen Mittel des Volkes ausgenutzt worden seien, um eine starke Rüstung zu betreiben, hält einer objektiven Betrachtung jedoch nicht stand. Sie wäre zutreffend, wenn die Steuern zur Steigerung der Militärausgaben erhöht worden wären. Tatsächlich richtete sich aber die Steuerlast in Preußen nicht nach den steigenden Militärausgaben, sondern umgekehrt, der Heeresetat nach der Zunahme der Staatseinkünfte. Wenn das Heer zunahm, dann nicht, weil die Bürger durch das Militär ärmer, sondern trotz des Militärs wohlhabender geworden waren.

Außerdem lassen die Kritiker außer acht, daß Friedrich Wilhelm I. die Armee vorrangig aus dem Lande versorgte. Dadurch floß ein Großteil der Ausgaben in die preußische Wirtschaft zurück, wovon besonders der Mittelstand profitierte. Jeder, der sich um einen ehrlichen Vergleich bemüht, wird ferner berücksichtigen, daß der damalige Staatshaushalt nur einen geringen Teil der heutigen Ausgaben vorsah. Sozialwesen und Kultur lagen

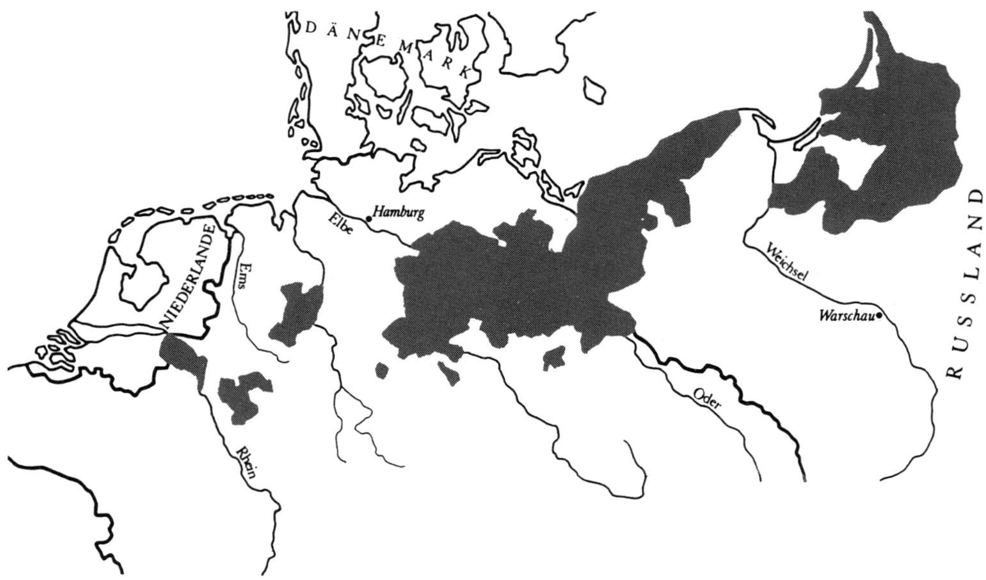

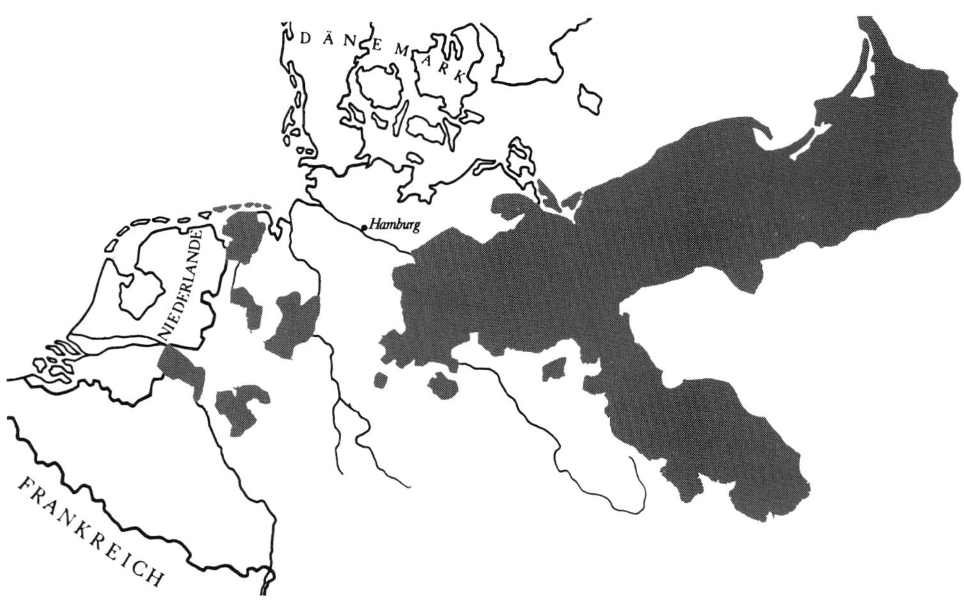

Die territoriale Entwicklung Preußens 1688 bis 1786

Jahr	Fläche in qkm
1688	110,836
1713	112,524
1740	118,926
1786	194,891

Jahr	Bevölkerung in Tausend
1688	1500
1713	1650
1740	2240
1786	5430

hauptsächlich in den Händen der Kirche. Außerdem hatten die Universitäten ihren eigenen Etat. Die niedere Verwaltung und Rechtspflege oblagen den Grundherren und Magistraten der Städte, die sich durch eigene Gebühren und Strafgelder finanzierten. Rechnet man das Finanzvolumen dieser Institutionen dem Staatsetat hinzu, macht der Wehrhaushalt genau jenen Anteil aus, der auch nach heutigen Maßstäben durchaus vertretbar ist.

Der Ausbildungsstand der preußischen Soldaten wurde in ganz Europa anerkannt, insgeheim sogar bewundert. Abschreckend wirkte die Armee jedoch nicht, weil jeder von den Skrupeln des Soldatenkönigs wußte, dieses kostbare Instrument tatsächlich einzusetzen. Für die Akteure der großen diplomatischen Bühne blieb Preußen dadurch der kleine unbedeutende Statist, der den Regieanweisungen zu folgen hatte. Von der guten »Postur« schien Preußen so entfernt wie zuvor.

Es blieb Friedrich dem Großen überlassen, der Umwelt die Augen zu öffnen, daß Preußen aus dieser Rolle in Wirklichkeit längst herausgewachsen war. Er bediente sich dazu eines Mittels, auf das jeder Monarch seiner Zeit bei gleicher Ausgangslage zurückgegriffen hätte: der Armee.

Bei der Entscheidung über den Beginn der Schlesischen Kriege wird sicherlich Eitelkeit und Ruhmsucht bei dem noch jungen König mit im Spiel gewesen sein. Immerhin hat Friedrich das später selbst eingestanden. Ausschlaggebend war jedoch die Erkenntnis, daß die Anerkennung als gleichberechtigter Partner ohne Krieg nicht zu erreichen war. Die Schlesischen Kriege und das anschließende siebenjährige Ringen waren in ihrem Kern notwendige, ja längst fällige und von der Umwelt im Stillen sogar erwartete Schritte zur Gewinnung der vollen Souveränität Preußens.

Der Ausgang ist bekannt. Die gute »Postur« und der »Nachdruck«, die sich der Große Kurfürst so sehr gewünscht hatte, wurden erreicht. Das aufeinander aufbauende Werk dreier Monarchen – der Große Kurfürst schuf das stehende Heer, Friedrich Wilhelm I. sorgte für die Finanzierung, Friedrich der Große setzte es ein – hatte Preußen in die Lage versetzt, in Friedens- und Krisenzeiten zu verhandeln, ohne sich fremdem politischen Willen unterwerfen zu müssen. Jeder potentielle Gegner Preußens wußte, daß ein Angriff unkalkulierbare Folgen für ihn selbst haben würde. Damit hatte der preußische Staat seine Verpflichtung eingelöst: Die Bewohner konnten sich in diesem Lande sicher und geborgen fühlen.

Bei aller Befriedigung über das Ergebnis sind freilich einige negative Folgen nicht zu übersehen. Mit dem Frieden von Hubertusburg wurde Österreich aus dem deutschen Sprachraum verdrängt. Es suchte fortan seine Zukunft auf dem Balkan und in Norditalien. Preußen verlagerte durch Abrundung seiner schlesischen Besitztümer seinen Schwerpunkt ebenfalls nach Osten. Die westlichen deutschen Staaten konnten mit einem Preußen, in dem teilweise Litauisch, Masurisch und Polnisch gesprochen wurde, keine großen Gemeinsamkeiten entdecken, so daß die Hinwendung insbesondere der Rheinstaaten zu Frankreich nur eine Frage der Zeit war. Bismarck hätte es bei seinen späteren Einigungsbemühungen sicherlich leichter gehabt, wenn diese Entfremdung nicht eingetreten wäre.

Möglicherweise ist das ein Grund, warum auch das Charakterbild Friedrichs des Großen wie das anderer großer Persönlichkeiten unserer Vergangenheit von der Parteien Gunst und Haß verwirrt, in der Geschichte schwankt. Viele mögen seine Initiativen, Reaktionen, seine aufopferungsvolle Pflichterfüllung bewundern und mit Goethe zu dem Ergebnis gelangen: »Auf seiner Kraft ruhend blieb Friedrich der Polarstern, um den sich Deutschland, Europa, ja die Welt zu drehen schien.«[2] Andere mögen Friedrichs Schwächen unverzeihlich finden oder gar seine Person – dem Modetrend unserer Zeit folgend – in den Dunstkreis des Militarismus rücken. Einem jedenfalls haben selbst die schärfsten Kritiker nichts anhaben können: dem guten Ruf der preußischen Infanterie und ihrer Soldaten. Wenngleich die Kavallerie hervorragende Taten vollbracht hat, man denke nur an Hohenfriedberg oder Roßbach, war es die Infanterie, auf deren Schultern die Hauptlast aller Schlachten ruhte. Bereits zu Friedrichs Zeiten glanzvolles Vorbild für die restlichen Armeen Europas, haben die Leistungen der preußischen Infanterie selbst heute noch Bestand. Das alle Perioden der jüngeren Geschichte überdauernde positive Bild läßt es reizvoll erscheinen, sich mit dieser Truppe näher zu beschäftigen.

2 Cyran, S. 22

Stärke und Gliederung der Infanterie

1. Das schrittweise Anwachsen von 1640 bis 1756

Die Anfänge der preußischen Infanterie liegen in der Regierungszeit des Großen Kurfürsten. Als dieser 1640 die Amtsgeschäfte von seinem Vorgänger Georg Wilhelm übernahm, sah er sich an der Spitze einiger weniger Bataillone zusammengewürfelter, uneinheitlich gekleideter wilder Gesellen. Es standen davon

beim Regiment	Burgsdorff	800
	Kracht	600
	Volckmann	800
	Trott	1200
	Goldacker	200
	insgesamt	3600 Soldaten.[3]

Die Truppen waren nicht besser, aber auch nicht schlechter als die Soldaten, die sich um Brandenburg herum verdungen hatten. Ohne persönliche Bindung an den Landesherrn oder das Land, das sie zu verteidigen hatten, dienten sie dem Fürsten, der ihnen am meisten zahlte. Dabei verbanden die Soldaten den Kampf für den Dienstherrn häufig mit eigenen Interessen. Da sie für ihre Altersversorgung selbst sorgen mußten und die Höhe des Soldes keine Rücklagen ermöglichte, ließen sie in zügellosen Plünderungen alles mitgehen, was nicht niet- und nagelfest war. All das machte die Söldner in dem Land, das sie eigentlich schützen sollten, für gewöhnlich mindestens ebenso gefürchtet wie den Gegner.
Es versteht sich, daß auf diesem Nährboden die Achtung vor dem Soldatenstand nicht gedeihen konnte, und die Effizienz der Truppe wegen der Disziplinlosigkeiten sehr gering war. Nur ein stehendes Heer konnte eine Änderung bewirken.[4] Die Umformung ließ sich allerdings nicht mit den eigenen Ressourcen durchführen. Dafür flossen die Einnahmen aus den Regalien und Domänen zu spärlich. Für das hochgesteckte Ziel benötigte Friedrich Wilhelm das Wohlwollen der Stände. Diese aber hielten mit Bedacht den Daumen auf jedem Groschen, weil der Machtzuwachs des Kurfürsten ihre eigene Stellung beeinträchtigen mußte. Mittel wurden von ihnen – wenn überhaupt – nur bei akuter Bedrohung bestimmter Landesteile und selbst dann nur für eng begrenzte Zeit bewilligt. Es mußte also ein Weg gefunden werden, den Ständen die Bedenken zu nehmen.

Der Köder, mit dem der Große Kurfürst lockte, waren die Offizierstellen. Ohne großes Zögern packte der Adel zu. Warum sollte er die Gelder nicht bewilligen, wenn er durch die Besetzung der Führungspositionen in der Armee das Heft in der Hand behielt? Erst viel später, wohl so richtig unter König Friedrich Wilhelm I., gingen den Herren die Augen auf, daß sie weit mehr aufgegeben hatten, als sie im Gegenzug erhielten. Der Adel kommandierte zwar, hatte jedoch mit der Unterwerfung unter den militärischen Gehorsam seine politische Eigenständigkeit so gut wie verloren.
Die bewilligten Mittel und die Einnahmen aus den Subsidienverträgen überließ der Große Kurfürst seinen fähigsten Unterführern, um das Vorhandene zu sichten und neue Soldaten einzustellen. Das Ergebnis konnte sich sehen lassen:

Stärke der brandenburgischen Infanterie[5]
Stand: 1688

Regiment Leibgarde	6 Bataillone	3600 Mann
Regiment Kurfürstin	2 Bataillone	1200 Mann
Regiment Kurprinz	2 Bataillone	1200 Mann
Regiment Markgraf Philipp	2 Bataillone	1200 Mann
Regiment Anhalt	2 Bataillone	1200 Mann
Regiment Derfflinger	2 Bataillone	1200 Mann
Regiment Holstein	2 Bataillone	1200 Mann
Regiment Spaen	2 Bataillone	1200 Mann
Regiment Dönhoff	2 Bataillone	1200 Mann
Regiment Barfuß	2 Bataillone	1200 Mann
Regiment Zieten	2 Bataillone	1200 Mann
Regiment Kurland	2 Bataillone	1200 Mann
Regiment Varenne	2 Bataillone	1200 Mann
Regiment Pöllnitz	1 Bataillone	600 Mann
Regiment Cournuaud	1 Bataillone	600 Mann
Regiment Briquemault	1 Bataillone	600 Mann
Regiment Belling	2 Bataillone	1200 Mann

Außerdem standen in den Festungen noch folgende Truppen:

Regiment Memel	3 Kompanien	450 Mann
Regiment Kolberg	4 Kompanien	600 Mann
Regiment Küstrin	4 Kompanien	600 Mann
Regiment Spandau	2 Kompanien	300 Mann
Regiment Peitz	3 Kompanien	450 Mann
Regiment Friedrichsburg	1 Kompanie	150 Mann
Regiment Frankfurt	1 Kompanie	150 Mann

Wer sich für 1 1/2 Taler Wehrsold im Monat als Infanterist der brandenburgischen Fahne verpflichtete, konnte zwischen dem Dienst als Pikenier oder Musketenschütze wählen. Beide ergänzten sich im Einsatz. Wenn der Musketenschütze sein schwer zu handhabendes Luntengewehr, das bis 1650 von einer Gabelstütze abgefeuert wurde, betätigt hatte und während des langwierigen Ladevorgangs im höchsten Maße wehrlos war, trat der Pikenier in Aktion, indem er mit seiner 6 m langen Stangenwaffe die feindlichen Reiter auf Distanz hielt.

Neben den nunmehr regelmäßigen Soldzahlungen erhielt die Infanterie eine einheitliche Bekleidung, wobei die Unterkleider zunächst aus naturfarbenem Leinen, die Röcke und Mäntel aus blauem Tuch bestanden. Beides war praktisch und damals vor allem das Billigste auf dem Markt. Erst im Laufe der Zeit bildeten sich bestimmte Regimentsfarben heraus, und zwar

Regiment Leibgarde: blau und weiß
Regiment Kurfürstin: rot und weiß, ab 1686 rot und grün
Regiment Kurprinz: blau und weiß (1675)
Regiment Anhalt: blau und rot (1679)
Regiment Dohna: blau und rot
Regiment Dönhoff: blau und weiß (1672)
Regiment Kurland: blau und rot (1687)
Regiment Varenne: blau und gelb.[6]

Wie zu erwarten, besserte sich die Disziplin in der Truppe mit Einführung des stehenden Heeres merklich. Außerdem nahm die innere Verbundenheit zum Kurfürstentum und seinen Bewohnern zu, weil die Anwerbung für das Berufsheer vorrangig auf brandenburgischem Boden erfolgte. Brandenburger fanden sich nicht nur unter den einfachen Soldaten, sondern waren auch mit etwas höherem Sold im Offizierkorps anzutreffen. Die Bildung der Offiziere ließ indessen noch sehr zu wünschen übrig. Die wenigsten hatten das Glück, vor dem Eintritt in die Armee durch Reisen oder Studienaufenthalte im Ausland etwas für ihr Weltbild tun zu können. Wenn es hochkam, beherrschten die Offiziere gerade das Lesen und Schreiben. Der dürftige Bildungsstand änderte sich erst, als die aus Frankreich ausgewiesenen Hugenotten in Brandenburg und seiner Armee Aufnahme fanden, denn die Streitkräfte Ludwigs XIV. standen damals in höchstem Ansehen. Das von dort mitgebrachte fachliche und allgemeine Wissen bedeutete für die brandenburgische Truppe eine enorme Bereicherung. Dienstgradbezeichnungen vom »Sergeanten« bis zum »Major« zeigen, wie sehr die Neuzugänge der Armee ihren Stempel aufgedrückt haben.
Rückblickend durfte der Große Kurfürst mit seinem militärischen Lebenswerk zufrieden sein. In einer Zeit des größten Chaos hatte er den Grundstein für ein geordnetes, diszipliniertes Heerwesen gelegt, dessen Schlagkraft und Beweglichkeit in Europa aufmerken ließ. In Brandenburg war etwas im Entstehen, was unter Beobachtung gehalten werden mußte.

Zunächst jedoch konnte Europa noch beruhigt sein. Dem Großen Kurfürsten, nach Physiognomie und Statur das Musterbeispiel eines Barockfürsten mit starkem Hang zum Militärischen, folgte in Friedrich III. ein blasser, verwachsener und scheuer Mensch mit gänzlich anderen Neigungen. Früh hatte er seine Mutter Luise Henriette von Oranien verloren. Seine Stiefmutter Dorothea dachte in erster Linie an das Glück ihrer leiblichen Kinder. Immer wieder hatte sie deshalb versucht, den jungen Kurprinzen bei seinem Vater in Mißkredit zu bringen, und zeitweise schien sie damit sogar Erfolg gehabt zu haben. Vielleicht liegt hier der Schlüssel, warum Friedrich III. mit Übernahme der Regierungsgeschäfte die Würde seines Amtes vor alles andere setzte. Was ihm im Schatten seines großen Vaters an gesundem Selbstvertrauen fehlte, mußte der Glanz des Amtes ersetzen. »Dem Kurfürsten Friedrich III. schmeichelten in der Tat nur die Äußerlichkeiten des Königtums, das Gepränge, die Repräsentation und eine gewisse Wunderlichkeit der Eigenliebe, die sich darin gefällt, andere ihren geringeren Stand fühlen zu lassen«, charakterisiert Friederich der Große seinen Großvater.[7]
An anderer Stelle wird der Enkel sogar noch deutlicher: »Seine Miene war stolz, sein Charakter gewöhnlich. Ließ er sich fortreißen, geschah dies aus Laune, war er sanft, kam das von seiner Lässigkeit. Er verwechselte Eitelkeiten mit echter Größe. Er verschacherte das Blut seines Volkes an Engländer und Holländer, wie die schweifenden Tataren ihre Herden den Metzgern Podoliens für die Schlachtbank verkaufen. Wenn Friedrich I. Lob verdient, so geschieht dies deshalb, weil er seinen Staaten immer den Frieden erhalten hat, während die seiner Nachbarn vom Krieg verwüstet wurden, weil sein Herz im Grunde gut war. Alles im allem: Er war groß im Kleinen und klein im Großen. Sein Unglück wollte es, daß er in der Geschichte seinen Platz zwischen einem Vater und einem Sohn fand, die ihn durch überlegene Begabung verdunkeln.«
In der so harsch kritisierten Hofhaltung unterschied sich Friedrich I. allerdings nicht im geringsten von seinen fürstlichen Zeitgenossen. Zu verführerisch strahlte die Sonne Ludwigs des XIV. Groß war die Zahl der Nachahmer, die für die Hofhaltung leichtfertig alles aufs Spiel setzten, um ja nicht zurückzustehen. Die über ganz Deutschland verteilten Prachtbauten künden noch heute davon.

Da die Staatsausgaben durch den aufwendigen Hof und andere persönliche Ausgaben Friedrichs I. im wesentlichen gebunden waren, blieb für die Armee wenig übrig. Mehr noch als bei seinem Vorgänger bildeten die Subsidien das Thermometer, nach dem die Zahl der Soldaten fiel oder stieg. Um so mehr verdient Beachtung, daß die Streitkräfte unter diesen ungünstigen Bedingungen sogar noch wuchsen:

Stärke der preußischen Infanterie[8]
Stand: 1713

Regiment	Bataillone	Soldaten
Weiße Grenadiergarde	2	800
Füsiliergarde	3	1200
Königs Regiment	4	1600
Markgraf Albrecht Friedrich	2	800
Markgraf Christian Ludwig	2	800
Anhalt Dessau	2	800
Holstein	2	800
Lottum	2	800
Alt-Dohna	2	800
Arnim	2	800
Dönhoff	2	800
Finckenstein	2	800
Varenne	1	400
Du Troussel	1	400
Grumbkow	1	400
Truchseß	1	400
Heiden	1	400
Markgraf Heinrich	2	800
Anhalt Zerbst	1	400
Prinz von Hessen	1	400
	36	14400

Eine Glanzzeit bedeutete die Regierung Friedrich I. für die junge Armee trotzdem nicht. Und dennoch, wo immer die Soldaten antraten, ob in Malplaquet, Oudenarde oder Höchstätt, kämpften sie tapfer und mit Erfolg.

Alles änderte sich mit Friedrich Wilhelm I. Die schönen Künste, die Philosophie, kurz alles, was das Leben bis dahin lebenswert gemacht hatte, verlor von einem Tag auf den anderen an Bedeutung. Während die Königin gestern noch im Schloßpark von Charlottenburg mit dem großen Gelehrten Leibniz philosophierend spazieren ging, Schlüter in seiner Werkstatt an den »sterbenden Kriegern« für das Berliner Zeughaus und am Reiterdenkmal des Großen Kurfürsten arbeitete, die Akademien der Künste und der Wissenschaften gegründet wurden und die Berliner sich in den Kaffeehäusern an der neuesten Kurzweil, dem Billardspiel erfreuten, galten plötzlich andere Werte. Kunst und Kultur verblaßten; Athens Tage waren vorbei. Sparta kündigte sich an.

Alle unnützen oder so betrachteten Ausgaben wurden rigoros gestrichen und die Kanäle zugestopft, durch die die öffentlichen Gelder versickert waren. Der Hof spürte den frischen Wind zuerst. Die kritische Durchforstung des Personalbestandes überstanden nur diejenigen, die für die Wahrung der königlichen Würde unbedingt nötig waren. Von den 100 Kammerherren waren das ganze 12. Bei der Revision der Staatsfinanzen zeigte sich, daß die Kontribution (Grundsteuer) von den Bauern über Jahre ohne System erhoben wurde. Während für die einen noch die Steuersätze des 30jährigen Krieges zur Anwendung kamen, galten für die anderen weit höhere Steuerquoten. Um die Lasten gleichmäßig zu verteilen, ließ Friedrich Wilhelm I. alle anbaufähigen Felder vermessen und stellte innerhalb der verschiedenen Klassen von guten und und schlechten Böden die Gleichheit der Besteuerung wieder her. Da die Lebensmittel seit dem Großen Kurfürsten im Preis stark gestiegen waren, steigerte er außerdem die Abgaben, so daß sie den neuesten Preisen entsprachen. Dadurch erhöhten sich seine Einnahmen erheblich.

Den Großteil der erwirtschafteten Beträge verwendete Friedrich Wilhelm I. für die Armee, die in seiner Regierungszeit beständig zunahm:

Ist-Stärkevergleich von 1713 – 1740[9]

Jahr	Soldaten
1713	38447
1715	45688
1720	56575
1729	66861
1738	75124
1740	76278

Am Ende standen rd. 7% der niederen Bevölkerung und rd. 50% des Adels ständig oder zeitweise unter Waffen. Das Militär bestimmte dadurch nicht nur in Berlin, sondern überall in Preußen das Bild, zumal wenn man die ausgemusterten Soldaten einbezieht, die Kirchenpfründe besetzt hielten, in Amtsstuben saßen oder auf den Dörfern den Kindern das ABC beizubringen versuchten.

Zusammensetzung der preußischen Infanterie
Stand: 1740

Regiment	Bataillone	Musketiere	Grenadiere
Garde	3	2100	300
Kronprinz	2	1400	200
Prinz Karl	2	1400	200
Anhalt-Dessau	3	2100	300
Glasenapp	2	1400	200
Holstein	2	1400	200
Bredow	2	1400	200

Regiment	Bataillone	Musketiere	Grenadiere
Flanß	2	1400	200
Prinz Dietrich	2	1400	200
Röder	2	1400	200
Grävenitz	2	1400	200
Wedell	2	1400	200
Marwitz	2	1400	200
Lehwaldt	2	1400	200
Dönhoff	2	1400	200
Glaubitz	2	1400	200
Leps	2	1400	200
La Motte	2	1400	200
Alt Borcke	2	1400	200
Schwerin	2	1400	200
Derschau	2	1400	200
Kleist	2	1400	200
Markgraf Heinrich	2	1400	200
Anhalt-Zerbst	2	1400	200
Südow	2	1400	200
Prinz Leopold von Anhalt Dessau	2	1400	200
Dohna	2	1400	200
Jeetze	2	1400	200
Kalckstein	2	1400	200
Jung Borcke	2	1400	200
Dossow	2	1400	200
Kröcher	1	700	100
Beaufort	1	700	100
	66	47600	6800

Trotzdem wäre es falsch, daraus schließen zu wollen, daß das Militär aktiv Einfluß auf die Politik genommen hätte. Die Richtlinienkompetenz und die Entscheidung im Einzelfall lagen ausschließlich beim König. Auf ihn war – wie in allen absolutistischen Staaten jener Zeit – die Verwaltung zugeschnitten. Anders als Ludwig XIV. von Frankreich sah Friedrich Wilhelm I. die obrigkeitliche Macht jedoch nicht ich-bezogen, sondern als ein im doppelten Sinne verpflichtendes Amt. Neben der ohnehin schon streng empfundenen Rechenschaftspflicht vor Gott unterstellte er sich als »erster Diener des Königs von Preußen« bei seinen Bemühungen, das Beste für das Volk ohne das Volk zu wollen, dem König als Institution.

Ebensowenig kann aus der Dominanz des Militärs im Staate Friedrich Wilhelms I. auf einen preußischen Militarismus geschlossen werden. Heinrich von Sybel hat ermittelt, daß Preußen innerhalb von 150 Jahren weniger Kriege geführt hat als Frankreich, Rußland oder Österreich. Andere, wie der amerikanische Soziologe Wright, haben festgestellt, daß Preußen-Deutschland in der Teilnahme an allen zwischen 1480 und 1940 geführten Kriegen hinter England, Frankreich, Spanien, Rußland und anderen erst an neunter Stelle steht. Von einer ständigen Gefahr für die Sicherheit und den Frieden in Europa durch ein kriegslüsternes Preußen kann deshalb keine Rede sein. Friedrich Wilhelm I. warnte seinen Sohn in seinem politischen Testament sogar ausdrücklich vor ungerechtfertigten Kriegen, weil Gott diese verboten habe. Militaristen reden und geben sich anders. Das Säbelrasseln, der näselnde Offizier und der schikanierende Feldwebel sind wilhelminische Verfallserscheinungen, die dem klassischen Preußen nicht zugerechnet werden sollten.[10]

Als Friedrich II. am 31. Mai 1740 die Regierung antrat, konnte er sich dank der Vorarbeiten seines Vaters auf ein gut organisiertes, diszipliniertes Heer stützen. Der Kampfwert der Truppe hatte allerdings durch die langen Friedensjahre nachgelassen. Ihr fehlte die praktische Erfahrung. Der tägliche Dienst der Soldaten erschöpfte sich im Waffenreinigen, langweiligen Wachen oder nervtötenden Formalien. Dem neuen König waren diese sich bereits in seiner Kronprinzenzeit abzeichnenden Mängel nicht verborgen geblieben. Deshalb verlangte er bereits am ersten Tag seiner Regierung von den um sich versammelten Generalen Besserungen. Er machte ihnen unmißverständlich klar, daß es nicht genüge, wenn die Truppe schön anzusehen war. Sie hatte vor allem brauchbar zu sein.

Gut 3 Wochen später ließ er das Königregiment (die langen Kerls) durch General von Einsiedel auf 1 Bataillon reduzieren. Die Unrangierten des Regiments verstärkten das I. Bataillon Leibgarde (Nr. 15a), der Rest wurde dem II. Bataillon zugeteilt oder an die übrige Truppe im Austausch für Soldaten abgegeben, die künftig das III. Bataillon von Nr. 15 bildeten.[11] Dadurch verlor die Lieblingseinheit des Soldatenkönigs ihre hervorgehobene Stellung. Auch ein neuer Name wurde ihr gegeben. Das Regiment hieß fortan »Grenadiergarde«. Die Auflösung des Königregiments kam nicht überraschend. Friedrich folgte darin lediglich den Gedanken seines Vaters, der in seinem tiefsten Innern genau wußte, daß man mit den rund 300000 Talern, die ihn dieses Regiment wegen seiner Leidenschaft für große Soldaten jährlich kostete, eine weit größere Anzahl gewöhnlich gewachsener Soldaten anwerben konnte.[12]

Kontinuierlich und mit großem Erfolg setzte Friedrich die Vergrößerung der Streitkräfte fort. Bis zum 7jährigen Krieg hatte er der Infanterie die Regimenter 32 bis 49, mehrere Garnisonregimenter, das Jägerkorps zu Fuß sowie die stehenden Grenadierbataillone 1 bis 7 angefügt.

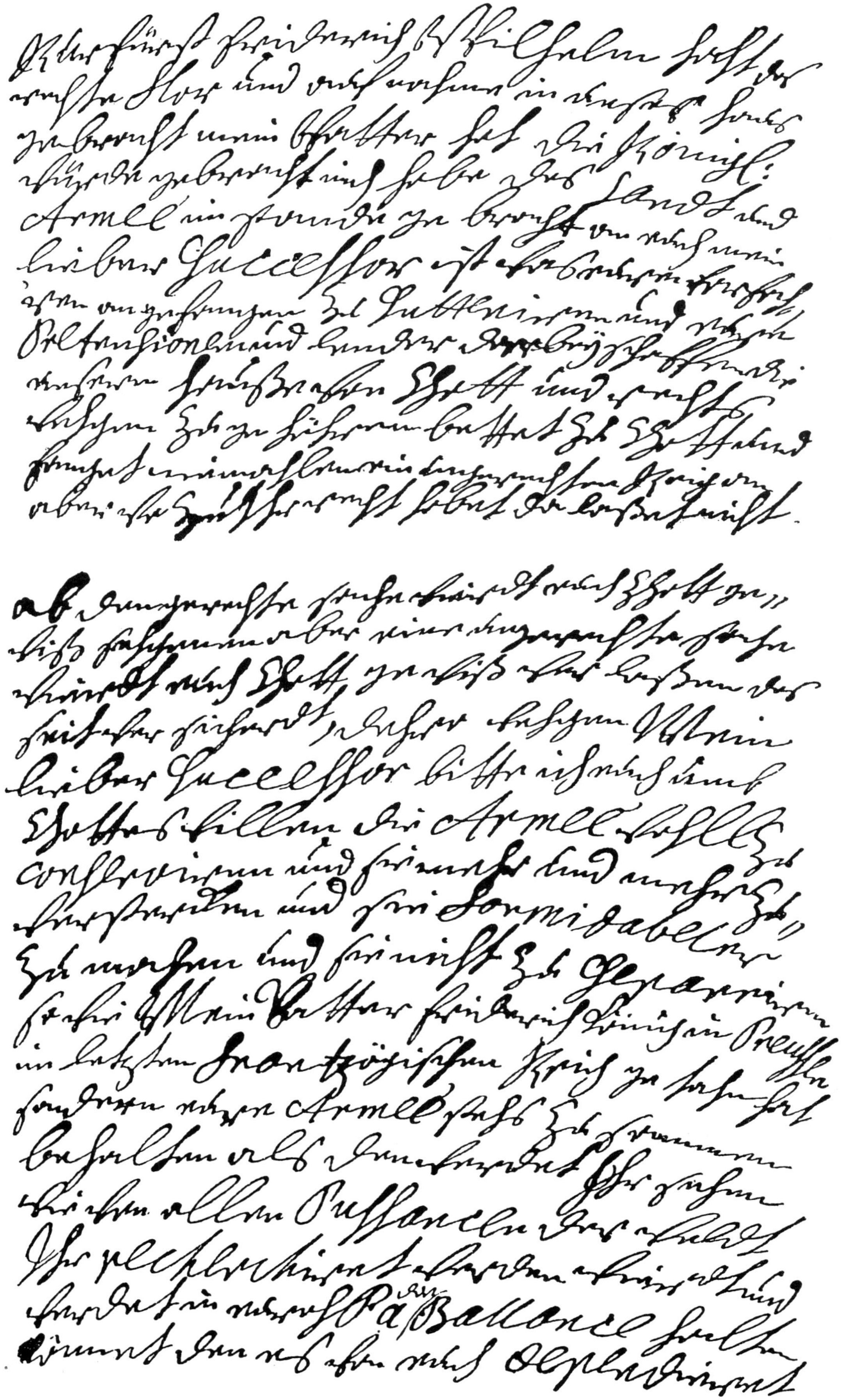

Ausschnitt aus dem politischen Testament Friedrich Wilhelms I. vom 17. Februar 1722

»Kurfürst Friderich Wilhelm haht das rechte flor und aufnahme in unser Haus gebracht mein Vatter hat die Königl: würde gebracht mich habe das Landt und Armeé im stande gebracht an euch mein lieber Successor ist was eure vorfahren angefangen zu suttenieren und eure Pretensionen und lender darbeyschaffen die unserm Hauße von Gott und rechtswehgen zugehöhren bettet zu Gott und fanget niemahlen ein ungerechten Krig an aber wozu Ihr recht habet da laßet nicht ab den(n) gerechte Sache wierdt euch Gott gewiß sehgenen aber (in) eine ungerechte sache wierdt euch Gott gewiß verlaßen das seidt versicherdt, dehrowehgen Mein lieber Successor bitte ich euch umb Gottes willen die Armeé wohll zu conserviren und sie mehr und mehr zu verstercken und sie formidabeler zu machen und sie nicht zu separriren so wie Mein Vatter friderich König in Preussen im letzten frantzösischen Krig getahn hat sondern eure Armeé steh(t)s zusammen behalten alsden werdet Ihr sehen wie von allen Pu(i)ssancen der weldt Ihr recherchiret werden wierdt und werdet in euroh Pa die Ballance halten könnet den(n) es von euch dependieret.«

Stärke der preußischen Infanterie — Stand: 1763

	Offiziere	Unteroffiziere	Feldschere	Spielleute und Hautboisten	Grenadiere einschl. Zimmerleute	Musketiere	Summe
1. Bataillon Garde	44	61	6	33	137	639	920
2. und 3. Bataillon Garde	53	118	12	56	274	1220	1733
Saldern (Grenadier-Garde)	25	59	6	27	137	610	864
Anhalt-Bernburg, 3 Bat.	75	177	18	69	411	1830	2580
41 Infanterieregimenter je	50	118	12	48	274	1220	1722
5 Infanterieregimenter ohne Grenadierkompanien je	42	100	10	32	–	1220	1404
2 Grenadierbataillone zu 6 Kompanien je	26	54	6	24	822	–	932
4 Grenadierbataillone zu 4 Kompanien je	17	36	4	16	548	–	621
Fußjäger	6	12	2	–	–	306	326
5 Garnisonregimenter zu 4 Bataillonen (Nr. 5 bis 10) je	80	200	20	60	–	2440	2800
2 Garnisonregimenter zu 3 Bataillonen (Nr. 2, 11) je	60	150	15	45	–	1830	2100
1 Garnisonregiment zu 2 Bataillonen (Nr. 1)	40	100	10	30	–	1220	1400
4 Garnisonbataillone (Nr. 3, 4, 9, 12) je	20	50	5	15	–	610	700
2 Landregimenter zu 7 Kompanien je	31	84	–	21	–	–	136*
2 Landregimenter zu 4 Kompanien je	19(20)	48	–	12	–	–	79(80)*

* Die Landregimenter waren reguläre Armeeeinheiten, deren Friedenskader im Ernstfall durch Halbinvalide oder kleinwüchsige Wehrpflichtige aufgefüllt wurden.

Regiments- bzw. Bataillonsstärken — Stand: 1763

	Regiment Feldinfanterie	stehendes Bataillon Garde (insges. 7)	Regiment Garnison-truppen (1.2.5.–8.10.11.)	Regiment Anhalt	Regiment Feldinfanterie	Kompanie Mineurs
Bataillon	2	–	2	3	–	–
Grenadier Kp.	2	4	–	3	–	–
Musketier/Füsilier Kp	10	–	10	15	10	–
Kp Feldscher	12	4	10	18	10	1
Offiziere	50	17	40	75	52	3
Unteroffiziere	118	36	100	177	100	7
Grenadiere	260	532	–	390	–	–
Gemeine	1120	–	1120	1680	1600	80
Bombardier	–	–	–	–	230	–
Oberfeuerwerker	–	–	–	–	10	–
Feuerwerker	–	–	–	–	30	–
Unterstab	5	3	5	5	2	
Zimmerleute	14	28		14		
Büchsenmacher	1			1		
Büchsenschäfter	1			1		
Hautboisten	6	–	–	6	6	
Tambour	37	9	30	37	12	
Pfeifer	4	8	–	4	–	
Summe	**1728**	**637**	**1405**	**2429**	**2052**	**91**

Aufwuchs bis 1755

Jahr		Gesamtstärke	Anteil Infanterie	Anteil Garnisonen
Nov.	1740	81792	58968	4638
Jun.	1742	111433	70858	9218
Jul.	1744	131846	73353	15239
Dez.	1755	136629	84269	21291[13]

Nach Beendigung der entscheidenden Auseinandersetzung mit Österreich über den endgültigen Verbleib Schlesiens bei Preußen und Rückführung auf das Friedenssoll zählte die Infanterie 108374 Mann, einschließlich der Überkompletten sogar 111225 Soldaten.

Bis zum Ende der Regierung war die Infanterie noch einmal, und zwar auf 145231 Soldaten angewachsen:

Stärke der preußischen Infanterie
Stand:1786

	Soldaten
109 Bataillone Musketiere	111730
32 Grenadierbataillone	
1 Regiment Jäger zu Fuß	1362
3 Regimenter leichte Infanterie	4899
37 Bataillone Garnisontruppen	26298
4 Kompanien Mineurs	484
Pontonniers	29
Landregimenter	429
	145231

2. Die Gliederung der Infanterie

Die Sollstärke eines Infanterieregiments betrug 1743:
50 Offiziere
118 Unteroffiziere
252 Grenadiere
1140 Musketiere
37 Tambours

Der Unterstab eines Regiments setzte sich zusammen aus:
1 Regimentstambour
6 Hautboisten
6 Pfeifer
1 Regimentsfeldscher
12 Kompaniefeldschere
1 Feldprediger
1 Auditeur
1 Profos
1 Büchsenmacher
1 Büchsenschäfter
1 Regimentsquartiermeister

Das Regiment bestand aus 2 gleich starken Bataillonen. Jedes Bataillon hatte:
25 Offiziere (einer als Adjutant)
59 Unteroffiziere
126 Grenadiere (davon 6 Zimmerleute)
570 Musketiere
18 Tambours
3 Pfeifer (GrenadierKp: 2, älteste MusketierKp: 1)
6 Hautboisten (nur bei 1. Kp des II. Bataillons)

Das Bataillon war verwaltungstechnisch in eine Grenadier- und fünf Musketierkompanien gegliedert:

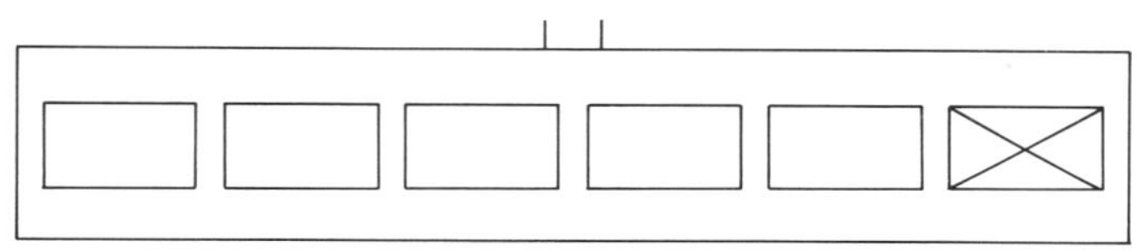

Die Stärke einer Grenadier/Musketierkompanie belief sich auf 145 bzw. 132 Mann:

	Grenadierkompanie	Musketierkompanie
Offiziere	4	4
Unteroffiziere	9	10
Pfeifer	2	1+
Tambours	3	3
Grenadiere	120	–
Musketiere	–	114
Feldscher	1	1
Zimmerleute	6	–
	145	133

+ nur Leibkompanie

Hinzu kam bei beiden eine schwankende Zahl von sog. Überkompletten. Bei den Musketieren waren es acht, bei den Grenadieren zehn Soldaten, die in der Einheit ohne Gewehr marschierten. Fiel ein Mann wegen Krankheit oder aus sonstigen Gründen aus, traten sie an seine Stelle.

Die Musketierkompanie stellte sich zum Exerzieren in drei Gliedern zu vier Zügen mit insgesamt 38 Rotten auf (Grenadierkompanie 4 Züge, 3 Glieder, 40 Rotten). Die größten Soldaten standen im ersten Glied, die nächst-

großen im dritten (!), die kleinsten im zweiten Glied. Der Platz der Soldaten war in einer sog. Rangierrolle vermerkt, so daß jeder seinen Vorder- und Nebenmann genau kannte. Der Abstand der einzelnen Glieder betrug 2 Schritt, der Seitenabstand der Soldaten eine Armlänge. Die Unteroffiziere nahmen ebenfalls der Größe nach von rechts nach links Aufstellung, wobei der Feldwebel seine Position auf dem rechten Flügel des 4. Zuges hatte. Je ein Unteroffizier hatte seinen Platz hinter den Zügen im Abstand von 4 Schritten.[14]
Der Freikorporal mit der Fahne sowie der Pfeifer und ein Tambour standen vor dem 3. Zug, der Kapitän am rechten Flügel vor dem 1. Zug:

Musketierkompanie in Revueaufstellung
(1743)

U	U	U	U	**Abstand:** 4 Schritt
MMMMM	MMMMM	MMMMM	MMMMM	
				2 Schritt
MMMMM	MMMMM	MMMMM	MMMMM	
				2 Schritt
TUMMMMM U	MMMMM U	MMMMM F_2	MMMMM U T	
K	F_1	L_2	L_1	
		T P		
Front		F_3		

Erläuterung:

F_1: Fähnrich
F_2: Feldwebel
F_3: Freikorporal
K: Kapitän
M: Musketier
L_1: Premierleutnant
L_2: Secondeleutnant
P: Pfeifer
T: Tambour
U: Unteroffizier

Marschiert wurde in Friedenszeiten ebenfalls in Zügen zu 3 Gliedern. Die Formation war bei den Grenadier- und Musketierkompanien unterschiedlich.

Marschformationen

1.	2.	3.	4.
		T	
		HHHH	PPTTT
TTT		TTT	ZZZZZZ
K	K	K	K
MMMMMM U	MMMMMM U	MMMMMM U	GGGGGG U
MMMMMM	T	MMMMMM	GGGGGG
MMMMMM	MMMMMM	MMMMMM	GGGGGG
U	MMMMMM	U	U
	U		
F		F	F
MMMMMM U	F	MMMMMM U	GGGGGG U
MMMMMM	MMMMMM U	MMMMMM	GGGGGG
MMMMMM	MMMMMM	MMMMMM	GGGGGG
U	MMMMMM	U	U
	U		
L		L	L
F	L	F	F
MMMMMM U	F	MMMMMM U	GGGGGG U
MMMMMM	T	MMMMMM	GGGGGG
MMMMMM	MMMMMM U	MMMMMM	GGGGGG
U	MMMMMM	U	U
	MMMMMM		
F	U	F	F
MMMMMM		MMMMMM	GGGGGG
MMMMMM	F	MMMMMM	GGGGGG
MMMMMM	MMMMMM	MMMMMM	GGGGGG
UU	MMMMMM	UU	UU
	T		
L	MMMMMM	L	L
MMMMMM	UU	MMMMMM	GGGGGG
	L		
	MMMMMM		

Erläuterung:

1. Musketierkompanie
2. Musketierkompanie mit Marsch schlagenden Tambours
3. Musketierkompanie (Leibkompanie)
4. Grenadierkompanie
   Z = Zimmermann
   H = Hautboist
   G = Grenadier

3. Truppengattungen

Die Zusammensetzung der preußischen Infanterie unterschied sich nicht von den Armeen anderer Länder. Wie überall stand die Garde an der Spitze. Im übrigen finden wir bei den Fußsoldaten wie in Frankreich, England, Österreich oder Rußland Grenadiere, Musketiere, Füsiliere sowie verschiedene Hilfs- und Unterstützungstruppen.

3.1 Die Garde

Die Garde Friedrichs des Großen setzte sich aus den Soldaten mehrerer Einheiten zusammen. Dazu zählten das von der Riesengarde Friedrich Wilhelms I. verbliebene eine Bataillon des Infanterieregiments Nr. 6 und das Infanterieregiment Nr. 15, welches aus dem I. Bataillon Leibgarde (Nr. 15a) und zwei weiteren von 15a administrativ und ausrüstungsmäßig getrennten Bataillonen bestand, die das »Regiment Garde« (15b, c) bildeten. Außerdem hatte das vom Prinzen von Preußen geführte Infanterieregiment Nr. 18 ab 1742 Garderang.[15]
Während unter Friedrich Wilhelm I. das Regiment Nr. 6 mit dem »roten Leibgrenadierbataillon« und den 1713 hinzugefügten zwei weiteren Bataillonen obenan rangierte, galt unter Friedrich II. das rund 1000 Mann starke I. Bataillon Leibgarde als das Feinste vom Feinen. Die besondere Affinität Friedrichs des Großen zu diesem Bataillon rührt aus seiner Konprinzenzeit. Der Vater hatte Friedrich nach der Aussöhnung am 29. Februar 1732 zu seinem Chef ernannt.

Friedrich verwendete seine Lieblingseinheit für die Erprobung neuer Taktiken, gelegentlich aber auch als psychologisches Mittel, um ausländischen Diplomaten und Militärs mit prägnanten Vorführungen das Fürchten zu lehren. Wie sehr er damit Erfolg hatte, zeigt uns der Abenteurer Casanova, der in seinen Erinnerungen berichtet:

»Eines Nachmittags besuchte ich Potsdam. Ich erschien dort in dem Augenblick, als Seine Majestät das Elitebataillon seiner Garde exerzieren ließ. Die Haltung dieser Soldaten war ausgezeichnet: Alle hatten eine Länge von wenigstens 6 Fuß. Nichts konnte merkwürdiger sein als ihre Übungen. Die Menge der Köpfe, der Arme und Beine schienen eines und desselben Körpers zu sein. Das Bataillon bewegte sich geschickt wie ein einziger Mann; eine Maschine hätte es nicht besser machen können.«[16]

Das Bataillon war aber auch Ausbildungstätte für Offiziere befreundeter Armeen und die Kommandeure des eigenen Heeres. Eine ganze Reihe von Offizieren, die dem König wegen schlapper Dienstführung unangenehm aufgefallen waren, erhielt hier Nachhilfeunterricht.
Die Mannschaften der vier Gardebataillone von Nr. 15 und Nr. 6 wurden zwar sämtlich Grenadiere genannt, besaßen jedoch nicht alle die typische Grenadiermütze. Nur die Soldaten des Infanterieregiments Nr. 6, des III. Bataillons von Nr. 15 und die nach Elitekriterien ausgewählten besonderen Grenadierkompanien des I. und II. Bataillons – deren Soldaten im Unterschied zu den übrigen Mannschaften »Flügelgrenadiere« hießen – waren damit ausgestattet.[17] Die Grenadiere der Normalkompanien trugen dagegen Hüte, diese allerdings im Unterschied zur Linieninfanterie ohne Puschel, dafür mit schwarzer Kokarde und Knopf.

3.2 Grenadiere

Grenadiere erscheinen in der Militärgeschichte zum ersten Mal Anfang des 17. Jahrhunderts.[18] Man bezeichnet damit Soldaten, die aus Gußeisen oder Glas bestehende und mit Pulver gefüllte Kugeln auf Gegner oder feste Ziele warfen. Die Kugeln wurden in einer großen, an der rechten Seite hängenden Tasche aufbe-

Preußische Grenadiere um 1713

wahrt, während die zum Zünden benötigte Lunte in einer am breiten Bandelier vor der Brust befestigten durchlöcherten Blechröhre untergebracht war.[19]

Wegen der Wurfweite und des Gewichts einer solchen Kugel – sie wog immerhin zwei bis drei Pfund – benötigte man kräftige, durchtrainierte Leute. Weil sich die Brenndauer der Lunte vorher nicht genau festlegen ließ, erforderte der Einsatz großen Mut und Kaltblütigkeit, die in dieser Ausprägung nicht bei jedem Soldaten gegeben waren. Wie von selbst wuchsen die Grenadiere dadurch in eine Sonderstellung hinein. Nur wenige unserer heutigen Grenadiere ahnen, daß sie einer Truppe angehören, die über Jahrhunderte hinweg zur Elite der Armee zählte.

Die ursprüngliche Aufgabe der Grenadiere war, Breschen in die feindlichen Feldbefestigungen für die nachfolgende Infanterie zu schlagen. Als die Feldbefestigungen immer bedeutungsloser wurden, weil man mit der Einführung des Luntengewehrs dazu überging, die Entscheidung in offener Feldschlacht mit lang auseinandergezogenen Linien zu suchen, und sich die Handgranate im Infanteriekampf wegen der zu geringen Tiefe der feindlichen Kolonnen überdies als wenig wirksam erwies, mußten für die Grenadiere neue Aufgaben gefunden werden. Fortan leisteten sie, zunächst in kleinen Gruppen auf die Fußtruppen verteilt, später zu selbständigen Einheiten zusammengefaßt, Infanteriedienst mit dem Gewehr.[20] Eine Elitetruppe blieben die Grenadiere trotzdem.

In Preußen bewahrten sich die Grenadiere ihren besonderen Charakter dadurch, daß sie sich nicht aus Kantonen, sondern aus gedienten Musketieren der Regimenter ergänzten. Eine vorausgegangene Mindestdienstzeit von zwei Jahren sowie eine besondere Zuverlässigkeit, Ausdauer und Angriffsfreude waren Voraussetzung für die Übernahme.[21]

Den hohen Erwartungen entsprechend finden wir die preußischen Grenadiere in den Kriegen immer dort, wo besondere Gefahr drohte oder Entscheidungen bevorstanden: In aller Regel stellten sie die Angriffsverbände, waren aber ebenso gut für die Deckung der Flügel oder des Rückzugs zu gebrauchen. Sie überrumpelten feindliche Stützpunkte, überrannten feindliche Brückenwachen, sicherten den Nachschubverkehr und schützten Flußübergänge. Bezog die Armee ein Lager, oblag den Grenadieren die Sicherung des Platzes an exponierter, taktisch beherrschender Stelle, meist zugleich als Deckung der großen Batterien.[22] Aufgrund der schwierigen Einsatzbedingungen waren die Verluste bei den Grenadieren um vieles höher als bei den Musketieren und Füsilieren. Dementsprechend problematisch gestaltete sich der Ersatz. Wegen ihrer kampfentscheidenden Bedeutung wurden die Grenadiereinheiten vorrangig mit brauchbaren Leuten ergänzt. Das erklärt, warum im Verlauf der Kriege die Regimenter kaum noch in Aktion traten, während die Grenadiere weiterkämpften wie die Löwen.[23]

Im äußeren Erscheinungsbild unterschieden sich die Grenadiere von den übrigen Infanteristen nicht mehr so sehr durch die Ausrüstung und Bewaffnung. Der Luntenberger am Bandelier war 1742, die Granate 1743 und die um den Leib geschnallte Gewehrpatronentasche bereits 1733 fortgefallen.[24] Das auffälligste Unterscheidungsmerkmal bildete vielmehr ein Bekleidungstück, nämlich die bereits erwähnte messingbeschlagene Mütze, deren schlanke Form praktische Gründe aus der Zeit des Handgranatenwurfs hatte. Ein breitkrempiger Hut hätte den Wurf unnötig behindert, zumal das Gewehr vorher über den Kopf auf den Rücken gebracht werden mußte. Die Mütze war denkbar unpraktisch, denn sie fiel insbesondere im Laufschritt häufig vom Kopf. Trotzdem war sie bei den Soldaten sehr beliebt. Die Grenadiere trennten sich nur äußerst ungern von ihr, als die Mütze 1787 durch den Hut ersetzt wurde.[25]

Besonderheiten gab es allerdinsg bei der Bewaffnung der Grenadierunteroffiziere. Die sechs Korporale hatten ein Bajonettgewehr, während die Sergeanten einen 4,10 m langen Sponton führten, der den Grenadieren zugleich als Richtpunkt bei der Aufstellung diente. Fahnen, die denselben Zweck erfüllten, kannten die Grenadierkompanien nicht.[26] Infolgedessen gab es dort auch keine Gefreitenkorporale und Fähnriche. Dafür gehörten zu jeder Grenadierkompanie 6 mit Äxten ausgestattete Zimmerleute. Sie waren von Anfang an mit den Grenadieren als Sturmtruppe verbunden, weil Axt und Handgranate zur Erfüllung derselben Spezialaufgabe gehörten. Wie sonst hätten Spanische Reiter und andere feste Hindernisse beim Eindringen in Feldbefestigungen aus dem Weg geräumt werden sollen. 1753 wurden die Zimmerleute, die rote Schurzfelle trugen und die Axt in großen Grenadiertaschen verwahrten, allerdings ausgegliedert und zur Bedienung der Bataillonsgeschütze herangezogen.[27]

Weitere Unterscheidungsmerkmale bildeten die Bombenembleme an den Ecken der Patronentaschen und die Grenadiermärsche, die lediglich von Pfeifern und Trommlern gespielt wurden, wobei die Tamboure abwechselnd auf das Kalbfell und den Trommelrand schlugen.

3.3 Musketiere

Wer in die preußische Infanterie eintrat, wurde in der Regel Musketier. Musketiere formten den Kern des Heeres. Sie leiteten ihre Bezeichnung von der Hauptwaffe, der 11 bis 13 Pfund schweren, mit Luntenzündung versehenen Muskete ab, die Mitte des 16. Jahrhunderts die Arkebuse abzulösen begann.[28] Musketiere hießen die Soldaten in der preußischen Armee auch dann noch, als um 1700 das leichtere Flintschloßgewehr eingeführt wurde. Erst gut 200 Jahre später verschwand die traditionsreiche Bezeichnung aus der deutschen Militärgeschichte

Musketiere hatten es nicht leicht. Die körperliche Beanspruchung war hoch und konnte nur von denen gemeistert werden, die von kräftiger Statur waren. Immerhin mußte jeder Soldat fast einen halben Zentner Waffen und Ausrüstung mit sich herumschleppen und das in Kriegszeiten nicht selten über eine Entfernung von 25 km am Tag. Dabei war die Anordnung der Ausrüstung am Mann, wie zeitgenössische Darstellungen zeigen, denkbar unpraktisch: Über der linken Hüfte baumelten Tornister, Brotsack und Feldflasche, auf der rechten die unförmige Patronentasche. Auf dem Rücken drückte das Schanzzeug, am linken Oberschenkel pendelte der Säbel. Bräker, der Soldat im Regiment Nr. 13 war, schrieb darüber in seinen Memoiren:

»Jeder war bebündelt wie ein Esel, erst mit einem Degengurt umschnallt, dann die Patronentasche über die Schulter mit einem fünf Zoll langen Riemen, über die andere Achsel der Tornister mit Wäsche usw. bepackt, item der Habersack mit Brot und andere Fourage gestopft. Hiernächst mußte jeder noch ein Stück Feldgerät tragen, Flasche, Kessel, Haken oder sowas, alles an Riemen; dann erst noch eine Flinte, auch an einem solchen. So waren wir alle fünfmal miteinander kreuzweis über die Brust geschlossen, daß jeder anfangs glaubte, unter solcher Last ersticken zu müssen.«[29]

Es dauerte rund 100 Jahre, bis mit den anatomischen Forschungsergebnissen des Berliner Arztes Rudolf Virchow eine dem Körperbau besser angepaßte Verteilung der Last gelang. Solange aber mußte sich der Musketier verbissen abmühen und quälen.

Nicht zuletzt wegen der hohen physischen Anforderungen lag das ideale Alter eines Musketiers bei 18 Jahren. Wer älter als 48 Jahre war, wurde in aller Regel entlassen und konnte in Ehren seine Schwielen pflegen, vorausgesetzt, er hatte alle Kriege und Schlachten überlebt.

3.4 Füsiliere

Mit Ablösung der Muskete durch das Flintschloßgewehr wurden die Musketiere in Europa zu Füsilieren. Nicht so in Preußen. Dort behielten die Musketiere ihre alte Bezeichnung bis 1918 bei. Das bedeutet indessen nicht, daß es in Preußen keine Füsiliere gegeben hätte. Nach kurzer Scheinblüte – Füsiliere wurden in Preußen erstmals 1723 mit der Errichtung der Infanterieregiments Nr. 28 eingeführt – gab man in der preußischen Armee diesen Namen jenen Einheiten, die nach der Eroberung Schlesiens neu aufgestellt worden waren. Dabei handelte es sich in der Regel um Soldaten von kleinerem Wuchs und wegen ihrer Herkunft aus den eroberten Provinzen von geringerer Loyalität. Zumindest sah es Friedrich der Große so.

Die aus der geringen Körpergröße resultierende mindere Eignung zum Bajonettkampf führte dazu, daß die Füsiliere bei allen Schlachten hauptsächlich im zweiten Treffen eingesetzt wurden. Dessen ungeachtet haben sie, von Ausnahmen abgesehen, in den Kriegsjahren durchaus ihren Mann gestanden.

Die Uniform entsprach im Schnitt der Bekleidung der Musketiere und Grenadiere. Als Kopfbedeckung trugen sie jedoch bis zur Auflösung und Eingliederung in die normale Infanterie im Jahre 1788 eine besondere Füsiliermütze. Diese der Grenadiermütze ähnelnde Kopfbedeckung scheint in der Absicht eingeführt worden zu sein, die Zweitrangigkeit der Füsiliere wenigstens äußerlich nicht so sehr in Erscheinung treten zu lassen. Ein weiterer Grund könnte darin gelegen haben, die feindliche Aufklärung über die eigene elitäre Kampfstärke zu täuschen.

3.5 Feldjägerkorps zu Fuß

Bereits 1656 war es in Brandenburg üblich, die kurfürstlichen Forstbeamten und Waldhüter unter der Bezeichnung Scharfschützen oder Jäger zum Wehrdienst heranzuziehen. In einer Stärke von 60 Mann dienten sie im Ersten Schlesischen Krieg als Wegweiser sowie als Bedeckung und Erkundungstruppe. Im Zweiten Schlesischen Krieg waren es bereits 300 Mann, bei Ausbruch des Siebenjährigen Krieges kamen weitere 100 Mann hinzu, bis schließlich 1773 die Stärke eines Infanteriebataillons erreicht war. Am 1. Januar 1784 tat Friedrich II. ein übriges, indem er dem Bataillon die Stärke eines Regiments mit 10 Kompanien zu 120 Mann gab.[30]

Die Auswahl gerade von Forstbeamten und Waldhütern für diese Truppe kam nicht von ungefähr. Aufklärung und Schleusung von Truppen durch schwieriges Gelände erforderte wendige und vor allem ortskundige Leute. Förster und Waldhüter erfüllten diese Voraussetzungen optimal. Hinzu kam, daß Friedrich II. bei ihnen als ehemalige »Beamte« sicher sein konnte, daß sie die selbständigen Einsätze nicht zur Flucht benutzen würden.

Feldjäger zu Fuß im verdeckten Kampf

Im äußeren Erscheinungsbild der Infanterie waren die Feldjäger leicht auszumachen. Im Gegensatz zur herkömmlichen Truppe trugen sie zeisiggrüne Röcke mit roten Aufschlägen, gelbe Kamisole, gelbe Ärmelbänder sowie gelblederne Hosen. Ergänzt wurde das Ganze durch braunes Koppelzeug, braune Patronentaschen sowie zu Anfang durch Gamaschen mit Halbschuhen, die später durch Stiefel ersetzt wurden.
Als Seitenwaffe diente den Feldjägern ein Hirschfänger mit grüner Troddel. Die Hauptbewaffnung bestand in etwa zur Hälfte aus leichten Bajonettgewehren und Jagdbüchsen mit großkalibrigen gezogenen Läufen, deren Genauigkeit und Durchschlagskraft so groß waren, daß ein einziger Schuß einen angreifenden Keiler auf die Decke legen konnte.[31]

Die uneinheitliche Bewaffnung entsprach dem Einsatzauftrag. Bei Scharfschützenaufgaben fand die Präzisionsbüchse, bei den übrigen Aufträgen das Bajonettgewehr Verwendung.
Ihre besondere Rolle, die bereits in der Uniformierung zum Ausdruck kam, unterstrichen die Feldjäger gern durch auffällig lässige Umgangsformen. Den Paradeschritt verachteten sie. Dafür hielten sich die Feldjäger Hunde, die sie im und außer Dienst stolz mit sich herumführten. Ihr Anblick war für einen gestandenen Feldwebel einer Musketierkompanie sicherlich mehr als er ertragen konnte. Welche Qualen muß er dabei durchlitten haben!

3.6 Pioniere

Die Pioniere unserer Bundeswehr stehen vor keiner leichten Aufgabe, wenn sie in der preußischen Militärgeschichte nach einem Traditionsverband suchen. Sind es die Zimmerleute der Grenadiere, die für die Kampftruppen die Hindernisse aus dem Weg räumten? Kommen die Mineure in Betracht, die zur Vorbereitung der Erstürmung von Festungen Stollen in die Bollwerke trieben? Sind es die für den Brückenschlag zuständigen Pontonniere? Oder stehen die Ingenieursoldaten dafür? Jede dieser Gruppen erfüllte mit den damals zu Gebote stehenden Mitteln die Aufgaben der heutigen Pioniere: Sie förderten die Bewegung der eigenen Truppe und behinderten die des Gegners, indem sie beim Überwinden schwieriger Hindernisse halfen und die Kampfkraft des Feindes durch Geländesperren schwächten.

Einen Anknüpfungspunkt bietet das Jahr 1742, als das bis dahin zur Artillerie zählende Pontonnierkorps – ein Kapitän, zwei Unteroffiziere, 24 Mann – zwei neu errichtete Mineurkompanien und zehn weitere neue Kompanien zu einem Regiment – Nr. 49 – zusammengefaßt wurden.[32] Kommandeur war zunächst Generalmajor von Walrave, der zugleich das 60 Mann starke Ingenieurkorps befehligte. Dieser aus holländischen Diensten übernommene Soldat zählt zu den schillernsten Persönlichkeiten der preußischen Armee. Walrave, der in Preußen vom Kapitän bis zum Generalmajor aufgestiegen war, hat es gewiß weit gebracht. Dennoch wäre ihm in der preußischen Armee sicherlich ein noch steilerer Aufstieg beschieden gewesen, wenn er seine Gewinn- und Geltungssucht beherrscht und sich nicht auf private Machenschaften eingelassen hätte. So kam, was kommen mußte: Durch Kriegsgericht wurde Walrave seiner Ämter enthoben und in der Magdeburger Sternschanze bis an das Ende seiner Tage interniert. Er teilte dort das Schicksal des Husarenoffiziers von der Trenck, der allerdings sein Leben nicht in Magdeburg beschloß. Trenck endete 21 Jahre nach Walrave auf dem Schafott in Paris.

Auf Walrave folgte Oberst Loth von Sers, der das Pionierregiment in den Siebenjährigen Krieg führte. Zu diesem Zeitpunkt waren die Pontonniere schon nicht mehr dabei. Sie hatten das Regiment nach knapp einem Jahr wieder verlassen und waren zur Artillerie zurückgekehrt.

Eingesetzt wurde das Pionierregiment weniger für technische Aufgaben. Dabei wären die Voraussetzungen dafür sehr gut gewesen, weil sich das Regiment vor allem aus Bergarbeitern rekrutierte. Es kämpfte stattdessen im wesentlichen wie ein normales Infanterieregiment. Um Auftrag und Organisationsstruktur wieder in Einklang zu bringen, verfügte Friedrich II. im Jahre 1758 die Herauslösung der beiden Mineurkompanien zu einer selbständigen Einheit, der 1761 eine dritte und 1783 schließlich noch eine vierte Kompanie beigegeben wurde. Der Rest formierte sich zu dem, was er seiner Verwendung nach bereits war: zu einem regulären Füsilierregiment.

Preußische Mineure

(links: Offizier, Mitte: Unteroffizier, rechts: Gemeiner)
Die Mannschaft trägt eine Art Füsiliermütze mit orangefarbenem Beutel, weißem Puschel und weißmetallenem Stirnschild. Der Rock ist wie üblich rot gefüttert und hat blaue Aufschläge. Die Unterkleider sind ebenfalls orange. Die besondere Seitenwaffe, der Pallasch, ist deutlich erkennbar.

3.7 Garnisontruppen

Über den, der die für die Feldarmee geforderte Mindestgröße von 165 cm nicht brachte, und deshalb weder für die Musketier- noch für die sich ohnehin schon mit kleinwüchsigeren Rekruten zufriedengebenden Füsilierregimenter in Frage kam, war das »Aus« für eine militärische Karriere keineswegs gesprochen. Er wurde zu den Garnisonregimentern eingezogen, deren wesentliche Aufgabe in der Verteidigung der festen Plätze bestand. Für den Kampf von den Festungswällen herab genügten kürzere, weniger wirksame Vorderladergewehre, zu deren Bedienung klein gewachsene Soldaten durchaus ausreichten.

Als Offizier kam zunächst in Betracht, wer durch Invalidität oder Alter für den Felddienst untauglich geworden war, also auch mancher bürgerliche Offizier, der den Sprung zum Stabsoffizier nicht mehr geschafft hatte. Später wurden den Garnisontruppen auch solche Offiziere zugeteilt, die wegen irgendeines Fehlverhaltens für die Feldtruppe untragbar geworden waren.

Der stumpfsinnige und allgemein verachtete Festungsdienst bei niedriger Löhnung mochte für Invalide noch angehen. Für den gutwilligen, aber klein gewachsenen Rekruten und den bewährten überalterten Truppenoffizier war er gewiß eine Qual. Wie viele innere Kämpfe müssen von ihnen ausgetragen worden sein! Wieviel Selbstüberwindung gehörte dazu, trotzdem pflichtgetreu zu dienen. Viel zu selten und erst ab 1756 wurde diese stille Größe durch gelegentliche Feldverwendung belohnt.

Ganz anders lagen die Dinge bei den Garnison-Grenadieren. Dabei handelte es sich um Soldaten, die bei der regelmäßigen Durchforstung der Garnisontruppen entweder durch besondere Gewandtheit im Gebrauch der Waffen oder dadurch aufgefallen waren, daß sie für die Feldtruppe erforderliche Mindestgröße doch noch erreichten. Diese Soldaten wurden besonderen Grenadierkompanien zugeteilt, die, in selbständige Bataillone zusammengefaßt, mit gutem Recht zu den Eliten der preußischen Armee gezählt werden können.[33]

3.8 Freibataillone

Die Erfahrung der ersten beiden Schlesischen Kriege hatten Friedrich II. gezeigt, daß die Zahl der Feldjäger nicht ausreichte, um alle Aufklärungseinsätze und verdeckten Aktionen zu erfüllen. Deshalb errichtete er zu Beginn des Siebenjährigen Krieges Freibataillone – so bezeichnet, weil sie ohne Regimentsverband operierten –, die zur Entlastung der Feldjäger Kampfaufträge in gelockerter Fechtweise übernehmen sollten. 1756 existierten bereits 4 Bataillone, denen im Verlauf des Krieges noch weitere 10 folgen sollten.

Die Kommandeure der Bataillone wurden nach Tüchtigkeit ausgewählt und, wenn sie Ausländer waren, häufig in der königlichen Suite auf ihre Aufgaben vorbereitet. Dazu gehörten Mayer, Rapin und Guichard (Quintus Icilius). Andere, wie Salenmon, dienten sich in den Bataillonen hoch. Alle zusammen bildeten ein recht buntes Gemisch. Wir finden darunter einen Italiener, zwei Deutsche, einen Schweizer (Angelelli, Wunsch, Schack, Heer), drei Franzosen (Monjou, Salenmon, Labadie), einen Österreicher (Lüderitz) und einen Schweden (Hordt). Drei von ihnen, Le Noble, Mayer und Jeney hatten vorher sogar schon in drei Armeen gedient, wobei der Siebenbürge Jeney mit türkischer Militärerfahrung sicherlich der Exote dieser Gruppe war.[34]

Die Freibataillone trugen zum blauen Rock hellblaue Unterkleider und Aufschläge. Diese für preußische Verhältnisse ungewöhnliche Farbkomposition geht auf den Oberstleutnant Le Noble zurück, der damit seine Soldaten in der Nacht unauffälliger machen wollte. »Dreimal blau, und dreimal des Teufels, ein exekabres Geschmeiß!« lautete darauf anspielend Friedrichs Urteil über diese Truppe. Er war darin allerdings nicht ganz gerecht, denn zumindest die erste Welle machte ihre Sache gut. Sie bestand aus jungen Leuten, die in der freien Kampfweise eine persönliche Herausforderung sahen, oder aber aus arbeitslosen Freiwilligen, die bereit waren, ihr Bestes zu geben.

Zweifelhafter war schon der zweite Aushub, der sich zu einem Großteil aus Kriegsgefangenen zusammensetzte, die bei der ersten sich bietenden Gelegenheit das Weite suchten. Ihre Führung erforderte deshalb eine harte Hand. Unter Offizieren mit hohem Durchsetzungsvermögen, wie z.B. Wunsch oder Mayer, war auch diese Gruppe durchaus zu Leistungen fähig, die jedem Vergleich mit der Linieninfanterie standhielten. Fehlte jedoch die straffe Führung, konnte man die Truppe vergessen.

Ganz schlimm war es um den dritten Aushub bestellt, der nur noch aus Kriegsgefangenen, Deserteuren und zwielichtigen Gestalten bestand. Hier stimmte das negative Bild, das der König von dieser Truppe hatte. Es lag deshalb nahe, daß Friedrich nach dem siebenjährigen Krieg alle Freibataillone in die Festungen Wesel und Magdeburg abrücken und dort entwaffnen ließ. Die Mannschaften und Unteroffiziere wurden in die Linienregimenter eingegliedert, die Offiziere mit meist ungewissem Schicksal entlassen. Einer von ihnen war übrigens Lessings Major v. Tellheim, der den grünen Freidragonern (v. Kleist) zuzuordnen ist[35]

3.9 Milizen

Die Idee, zur Entlastung der regulären Truppe wenigstens im eigenen Land andere Kräfte einzusetzen, geht auf den französischen Kriegsminister Louvois zurück. Sie fand zunächst auch in Preußen großen Anklang. 1707 setzte König Friedrich I. bei den dem Hof direkt unterstellten Ämtern Oranienburg, Köpenick und Potsdam Beamten ein, die alle an der Miliz interessierten Männer von 18 bis 40 Jahren für 6 Jahre unter Freistellung vom sonstigen Wehrdienst und mit der Garantie der Verwendung im eigenen Land enrollierten. Das Ziel der Einberufung von 10000 Mann wurde jedoch nie erreicht. Als Friedrich Wilhelm I. am 4. März 1713 den Milizen ein plötzliches Ende bereitete, weil sie seinen strengen militärischen Vorstellungen nicht entsprachen und darüber hinaus nur für rein defensive, örtlich begrenzte Zwecke eingesetzt werden konnten, bestand die Truppe aus lediglich 7767 Mann.

Friedrich der Große sah die Sache zunächst ebenso. Seine Meinung änderte sich jedoch rasch, als nach der Niederlage von Kolin eine französische, schwedische und russische Invasion die Heimatlande bedrohte und alle Soldaten, die sie hätten schützen können, an der Front gebraucht wurden.

Die ersten Milizen – 6 Kompanien zu 370 Mann – entstanden in Ostpreußen. Darüber hinaus stellten die Neumark, die Kurmark sowie Magdeburg und das Fürstentum Halberstadt Milizverbände auf. Am ergiebigsten war jedoch die Provinz Pommern, die unter dem Herzog von Braunschweig-Bevern neben den laufenden Rekrutenlieferungen immer neue Milizeinheiten –

zuletzt 10 Bataillone à 5 Kompanien mit je 100 Mann – stellte.
Die Einkleidung der Milizen bereitete keine großen Probleme. Farbige Aufschläge an den Zivilröcken, schwarze Halsbinden und grüne Hutkokarden sorgten bei den ersten Verbänden für halbwegs militärisches Aussehen. Auch später bestimmte Improvisation das äußere Bild, das nur hin und wieder durch alte Kammerbestände ein wenig Systematik erhielt. Das gilt allerdings nur für die einfachen Soldaten. Die Offiziere haben stets den blauen Rock mit den üblichen Standesabzeichen getragen.
Bewaffnet waren die Milizen mit Gewehren, die in Ostpreußen zum persönlichen Eigentum der Bauern gehörten. In den übrigen Provinzen stammten sie mehr oder weniger aus alten Zeughausbeständen. Zusätzlich wurden Bajonette, Patronentaschen und statt des Tornisters leinerne Schnappsäcke ausgegeben, aber keine Säbel.[36]

Die Aufgaben der Milizen waren recht unterschiedlich. In Ostpreußen kämpften sie gegen polnische und russische Plünderer und Marodeure, in Magdeburg, Halberstadt und in der Kurmark verstärkten sie die Garnisonen. Die neumärkischen und pommerschen Milizen unterstützten die reguläre Armee im Felde. Die eigentliche und zugleich am wenigsten bekannte Aufgabe war jedoch eine ganz andere: Die Milizen drillten in ihren Einheiten die Kantonisten und Freiwilligen für das Feldheer und sicherten dadurch den Bestand der preußischen Armee.[37]

4. Schlagkraft und Effizienz einzelner Regimenter

Die Infanterieregimenter erfreuten sich unterschiedlicher königlicher Gunst. Dabei spielte die Herkunft der Rekruten eine erhebliche Rolle. Obenan rangierten bei Friedrich die Pommern, offen, zuverlässig, tapfer und unkompliziert. Es folgten die Märker. Bei beiden war er sich seiner Sache absolut sicher, an ihrer Spitze zu allem bereit:

»Setze ich mich vor meine Pommern und Märker und habe schon die Hälfte meiner Monarchie verloren und verliere nur selbst den Kopf nicht, quod bene notandum, so jage ich den Teufel aus der Hölle.«[38]

Weniger gut schnitten die Bewohner des Niederrheins ab, weil »die Menschen dieser Provinzen schlapp und weich sind, und der Adel sich mit Wein fast vollends um den Verstand gebracht hat«.[39] Die geringste Meinung hatte er jedoch von den Berlinern. Von ihnen nahm er kaum einen in die Garde auf, weil ihm deren Art nicht lag. Die durch den kargen Boden verursachte unsentimentale Lebenstüchigkeit hatte mich bei den Berlinern durch den Zuzug kultivierter und mit vielerlei Kunstfertigkeiten vertrauter Ausländer zu einem wachen, umfassend interessierten Gemisch verbunden, das sie überall mitreden ließ. Politische Neuigkeiten waren ihr Steckenpferd und die Zeitungen ihre liebste Lektüre. Ebenso aber zeigte sich bei ihnen der Hang zur Kritik. »In Dresden spricht man mit größter Achtung von dem Landesherrn. Die Brandenburger glauben, ihren König schon recht höflich zu behandeln, wenn sie ihn schlechtweg den Alten nennen«, heißt es dazu in einem zeitgenössischen Reisebericht.[40] Wen wundert's, daß Friedrich II. für diese »Vorneweg-Mentalität« wenig übrig hatte.
Im einzelnen galt für Friedrich folgende Rangfolge:

Platz 1: Pommern und Brandenburg
Platz 2: Magdeburg und Halberstadt
Platz 3: Niederschlesien
Platz 4: Oberschlesien und Glatz
Platz 5: Ostpreußen
Platz 6: Westfalen (obwohl Herford und Minden gut waren)
Platz 7: Berlin

Bei den einzelnen Regimentern hatte der König ebenfalls seine Favoriten. Neben der Garde stand bei ihm das Regiment Nr. 1 in besonderer Achtung. Die Ursache lag weniger in der militärischen Leistung als in der Person des Kommandeurs v. Winterfeldt, mit dem sich Friedrich freundschaftlich verbunden fühlte. Nr. 1 rangierte ohne Rücksicht auf das Dienstalter des Chefs – dem eigentlichen Reihungsmerkmal – mit den ebenfalls hoch angesehenen Regimentern Nr. 3 und 13 vor allen übrigen Regimentern ganz oben.[41] Auch Nr. 23 hatte Friedrichs besonderes Wohlwollen, das in den Worten zum Ausdruck kam:

»Wenn ich Soldaten sehen will, so muß ich dieses Regiment sehen«.[42]

Nicht vergessen werden darf schließlich Nr. 17, das neben dem II. und III. Bataillon Garde als einziges von 1740 bis 1763 drei Serienverleihungen des pour le mérite erlebte.

Trotzdem konnten und durften sich selbst die von Friedrich als sehr gut qualifizierten Regimenter nicht auf ihren Lorbeeren ausruhen. Hohes Ansehen bewahrte keineswegs vor Tadel, wie das Beispiel von Nr. 3 zeigt. Für das Versagen des I. und II. Bataillons vor Dresden wurden allen Chargen die Hutborten und Rockbesätze abgetrennt und den Mannschaften die Seitengewehre abgenommen. Der durch die Fehlschläge des Jahres 1759 verbitterte König machte hier rigoros wahr, was er bereits vor Leuthen den Truppen für den Fall des Versagens angekündigt hatte:

»Das Bataillon Infanterie, das, treffe worauf es wolle, nur zu stocken anfängt, verliert die Fahnen und die Säbel, und ich lasse ihnen die Borten von der Montierung abschneiden«.[43]

5. *Das Unteroffizierkorps*

In der Struktur aller Armeen hat das Unteroffizierkorps einen besonderen Stellenwert. Das gilt nicht erst seit heute, wo wir es mit hochtechnisierten Streitkräften zu tun haben, in denen Bedienung und Wartung der Waffensysteme ein beträchtliches Maß an Sachverstand und Spezialkenntnissen voraussetzt. Diese Erkenntnis hat durchaus Tradition. Von keinem Geringeren als Napoleon stammt das Wort, daß die Unteroffiziere der Kitt seien, der eine Armee zusammenhält.

Dieser Kitt war in der altpreußischen Armee von besonderer Qualität. Die vorbildliche Disziplin und der hervorragende Ausbildungsstand der Truppe wären ohne die Unteroffiziere undenkbar gewesen. Dabei bedeutet »Unteroffizier« keineswegs, daß der Unteroffizier in Achtung und Reputation unter dem Offizier stand. Diese Betrachtung wäre vordergründig und stimmt mit dem Ursprung des Wortes nicht überein. Bereits die preußischen Kriegsartikel von 1713 stellen den Unteroffizier durch die Zuordnung zum Führungspersonal gleichgeachtet neben den Offizier. Beide zusammen waren Offiziere. Diese Tradition hat sich im Kommando für die Wachparade bis 1884 erhalten, wo es heißt: »Ober- und Unter-Offiziere vorwärts – marsch.«[44]

Schon früh wird wegen der besonderen Anforderungen auf die schulische Vorbildung der Unteroffiziere geachtet. Zur Zeit der ersten Preußenkönige war allerdings wenig vorhanden, auf das man hätte aufbauen können. Die Einführung der Schulpflicht durch Friedrich Wilhelm I. konnte naturgemäß nicht sofort Früchte tragen. Die breite Masse der Bevölkerung, aus der sich die Soldaten rekrutierten, bestand deshalb in der hier beschriebenen Zeit noch aus Analphabeten. Entsprechend ungebildet war der durchschnittliche preußische Unteroffizier. Er unterschied sich von den gemeinen Soldaten allenfalls durch größere Erfahrung, Lebensalter, bessere formale Leistungen sowie größere Zuverlässigkeit. Die Leute, die etwas aus sich machen wollten, werden sich freilich ein wenig Bildung angeeignet haben, weil sie dann günstigere Aufstiegschancen hatten und vielleicht sogar Offizier werden konnten. Schließlich hatte Friedrich Wilhelm I. schon 1726 verfügt:

» Wenn ein Unteroffizier, welcher kein Edelmann, große Meriten und einen offenen Kopf, auch dabei ein gut Exterieur und wenigstens 12 Jahre gedient hat, ingleichen kein Branntweinsäufer ist, soll er zum Secund-Lieutnant vorgeschlagen werden.«

Ein Jahr später, am 20. Februar 1727, schrieb er an Oberst von Plotho in Stettin:

»Ihr sollet mir von dem Markgraf Ludwigschen Regiment tüchtige Unteroffiziers vorschlagen, die capable seynd, daß ich sie zu Officiers machen kann. Vier davon sollen keine Edelleute seyn.«

Kurz vor seinem Tode fragte er bei General von der Marwitz an:

»Ich will wissen, wo der zum Fähnrich vorgeschlagene Unteroffizier Bestehorn zu Hause gehört, bey was vor seiner Compagnie er noch zur Zeit steht und wie lange er noch bey Eurem Regiment gedient hat.«

Die Antwort muß zufriedenstellend ausgefallen sein. Wenige Tage später, am 7. Mai 1740, wurde Bestehorn Fähnrich.

Das Unteroffizierskorps setzte sich aus Korporalen, Sergeanten und Freikorporalen zusammen. Prinz Leopold von Anhalt-Dessau, der das preußische Heer durch persönliche Initiativen wesentlich mitgeprägt hatte, hat die Leistungsmerkmale der einzelnen Dienstgrade sehr einprägsam beschrieben.

Von dem *Korporal* erwartete der Prinz, daß er den Gefreiten an Fachwissen und Erfahrung übertraf. Außerdem sollte er strebsam sein, insbesondere dann, wenn er adliger Herkunft war. Gefordert wurden ferner Aufrichtigkeit und Wahrheitstreue bei allen militärischen Meldungen. Obenan stand jedoch die Marschleistung, weil der Korporal im Felde viele Wege doppelt machen mußte (Zurückbleibende nachholen, fouragierende Soldaten begleiten, Posten überwachen).

Von dem *Sergeanten* verlangte der Alte Dessauer nicht nur tadelloses Auftreten im Dienst und in der Freizeit.

Der Prinz forderte auch, daß der Sergeant bei Wahrung des erforderlichen Respekts Tuchfühlung mit den Oberoffizieren hielt, weil dieser Kontakt in seinen Augen Vorteile für die Fortbildung des Soldaten brachte. Höchste Anforderungen an den Sergeanten stellte der Prinz im Kriege, wenn es darauf ankam, die Ordnung der Peletons zu erhalten. Wie hoch dann die Erwartungen des Prinzen waren, können wir daraus ersehen, daß er den Serganten grundsätzlich für fähig hielt, ausgefallene Offiziere zu ersetzen.[45]

Der *Feldwebel* mußte nach dem Anforderungsprofil des Alten Dessauers alle Qualitäten seiner Untergebenen haben, wenn nicht sogar übertreffen. Außerdem verlangte er von ihm ein gutes Gedächtnis. Denn der Feldwebel mußte das umfangreiche Infanteriereglement im Kopfe haben, damit er die Korporale bei falschen Kommandos zurechtweisen konnte. Die Tätigkeit des Feldwebels beschränkte sich jedoch nicht nur auf die Kontrolle der unterstellten Korporale und Sergeanten. Er hatte auch die Ordnungsmäßigkeit der Befehle von Offizieren zu überwachen und bei Verstoß Meldung beim Regimentskommandeur zu machen.[46] Darüber hinaus erfüllte der Feldwebel eine wichtige soziale Funktion. Als Vertrauensmann der Soldaten war er das Bindeglied zu den Offizieren. Auch sonst kümmerte er sich um das Wohl seiner Untergebenen, indem er dafür sorgte, daß sie nach ihren Fähigkeiten eingesetzt wurden. Im Krieg war der Feldwebel für die Ausrüstung und Gesundheit der Soldaten sowie für die pünktliche Soldauszahlung verantwortlich.

Anders als bei den übrigen Unteroffizieren lagen die Verhältnisse beim *Freikorporal.* Er nahm unter ihnen eine besondere Stellung ein, weil er neben seiner Aufgabe als Fahnenträger zugleich Offizieranwärter und deshalb in aller Regel von adliger Herkunft war. Seiner Sonderrolle entsprechend sollte sich der Freikorporal nach den Wünschen des Königs lieber den Offizieren anschließen, statt kameradschaftlichen Umgang mit den übrigen Unteroffizieren zu pflegen. Korrespondierend dazu hatten die Kapitäne Befehl, sich ihrer Freikorporale auch außer Dienst anzunehmen. Hintergedanke dabei war, die Freikorporale mit den Umgangsformen des Offizierkorps vertraut zu machen. Außerdem lag dem König die Bildung der jungen Offizieranwärter sehr am Herzen. Sein Interesse verdeutlicht ein Befehl vom 24. 12. 1751:

»... Ihre Majestät befehlen ferner, daß die Gefreitenkorporals bei denen Regimentern öfters gebraucht und unterrichtet werden sollen, damit sie einen ordentlichen Rapport abzulegen erlernen; auch soll danach gesehen werden, ob sie schreiben können, wo nicht, müssen sie es lernen.«

Die Hauptaufgabe des Unteroffiziers bestand in der Unterstützung des Offiziers bei der Ausbildung der geworbenen und gezogenen Soldaten, wenngleich deren Zahl mit etwa 30 im Jahr bei jedem Regiment relativ gering war.

Darüber hinaus zählte der Visitierdienst zu seinen Obliegenheiten, zu dem er etwa alle 6 bis 8 Tage eingeteilt wurde. Der Visitierdienst bestand zunächst darin, den verstreut in den Quartieren liegenden Soldaten Befehle zu übermitteln, wann etwa welcher Soldat wo am Nachmittag oder am folgenden Tag zum Dienst zu erscheinen hatte. Dafür erhielt der Unteroffizier entsprechende Listen von seinem Feldwebel. Die Botengänge waren erforderlich, weil damals der tägliche Appell noch nicht üblich war. Die eigentliche Bedeutung des Visitierdienstes lag jedoch in der täglichen Anwesenheitskontrolle nach dem Zapfenstreich. Zu diesem Zweck rief der Unteroffizier die Soldaten von draußen an. Dabei reichte es, wenn ein Soldat mit »alles richtig!« antwortete, womit er für die Anwesenheit seiner Kameraden bei Strafandrohung des Spießrutenlaufens bürgte. Kam keine Antwort, hatte sich der Unteroffizier persönlich im Quartier von der Anwesenheit der Soldaten zu überzeugen. Fehlte einer, mußte der Unteroffizier später noch einmal Nachschau halten, denn der Soldat hätte sich ja verspätet haben können. War der Soldat dann immer noch nicht da, machte der Unteroffizier Meldung beim Offizier vom Dienst. Der Offizier wiederum befahl die Lärmkanone auszulösen, womit die Jagd nach dem Deserteur begann.

Mehr noch als im Frieden stieg die Bedeutung des Unteroffiziers im Kriege. Mit seiner Erfahrung sorgte er dafür, daß die Mannschaften vor ihm in den Augenblicken höchster Anspannung und Bewährung den Mut nicht verloren. Dort, wo Zureden nicht mehr fruchtete, half der Unteroffizier mit seinem Sponton nach. Die kritischen Momente einer Schlacht rechtfertigen jedes Mittel. Die Anwendung roher Gewalt war in diesen Augenblicken nicht nur zulässig, sondern von den Unteroffizieren sogar gefordert.

6. Das Offizierkorps

Der preußische Staat unter Friedrich Wilhelm I. und Friedrich II. wird im wesentlichen durch die Identität des Adels und des Offizierstandes bestimmt. Die Gründe dafür sind naheliegend. Nach der Entfernung von Abenteurern aus dem Offizierkorps mußten die obendrein beträchtlich vermehrten Stellen mit Angehörigen eines Standes besetzt werden, der im Lande seßhaft war, im engen Verhältnis mit der die Rekruten stellenden Bevölkerung lebte, und Rückhalt im Grundbesitz hatte. Hierfür war der Adel prädestiniert. Außerdem sahen beide Könige im Adel moralische Werte wie strenge Zucht, Gehorsam, Tatkraft und Nüchternheit bereits angelegt, die für ein effizientes Offizierkorps nur noch entwickelt und gepflegt zu werden brauchten.[47]

Die reibungslose Überführung des Adels in das militärische Wechselspiel von Befehl und Gehorsam funktionierte allerdings nur, wenn die Offizierstellen dem Adel vorbehalten blieben. Es war deshalb weniger Standesdünkel als Staatsraison, wenn der König darauf achtete, daß Soldaten bürgerlicher Herkunft nur in Ausnahmefällen aufstiegen. Trotzdem hat es besonders in Kriegszeiten eine Reihe hervorragender bürgerlicher Offiziere gegeben, die allerdings später in aller Regel nobilitiert wurden. Generale wie Meinicke, Vogt, Schultze, Lehmann und Wunsch zählen dazu. Ein weiterer (Linger) hat sogar über den Kronprinzen in Köpenick zu Gericht gesessen. Selbst unter den Kommandeuren des Elitebataillons Leibgarde ist ein nichtadeliger Offizier anzutreffen (Laxdehnen).[48]

Die jungen Adeligen traten entweder direkt in die Armee als Freikorporale ein oder durchliefen zunächst die Kadettenausbildung. Hierfür gab es schon zur Zeit des Soldatenkönigs in Magdeburg, Kolberg und Berlin Kadettenschulen, die 1718 in Berlin zu einem Korps vereinigt wurden. Anfänglich stießen die Anstalten allerdings nicht auf allzu große Sympathien der adligen Familienväter. Wie sonst ließe sich erklären, daß eine ganze Reihe von jungen Zöglingen unter Zwang durch Unteroffizierkommandos auf Leiterwagen in die Schulen gebracht werden mußten? 1721 zählte jedoch das Kadettenkorps bereits 236 Schüler.[49] Gut 20 Jahre später war der Andrang sogar so groß, daß das Kadettenkorps durch ein Vorkorps in Potsdam entlastet werden mußte, das im Großen Militärwaisenhaus untergebracht wurde. Dort drückte ab 1744 die jüngste Klasse der 10- bis 11jährigen die Schulbank. 1769 kam in Stolp ein weiteres, 1776 in Culm sogar noch ein 3. Korps hinzu.[50] Sobald die Knirpse das Konfirmationsalter erreicht hatten, traten sie nach Berlin über.[51]

Der Lehrplan der Schulen beschränkte sich nicht auf die Vermittlung von Lesen, Schreiben oder Fremdsprachen. Worauf es den Lehrern vor allem ankam, war die Erziehung der Kadetten zu leistungsbereiten, aufrichtigen und pflichtbewußten Menschen. Friedrich Wilhelm I. hat das Ausbildungsziel in einem Nachruf an seinen Generaladjutanten von Koeppen im Jahre 1717 mit folgenden Worten beschrieben:

»Um folgende Eigenschaften hat der Offizier sich zu bemühen: Gottesfurcht, Klugheit, Herzhaftigkeit, Verachtung des Todes.

Nüchternheit, Wachsamkeit, Geduld, innerliches Vergnügen und Zufriedenheit mit sich selber, unveränderliche Treue gegen seinen Herrn, Gehorsam und Respekt gegen die Vorgesetzten, Aufmerksamkeit.

Er soll danach trachten, sich Falkenaugen und leise Ohren zuzulegen, auch nichts zu vergessen, was man einmal gesehen und gehört.

Er braucht Feindschaft und Haß gegen die Weichheit und schnöden Listen, aber Begierde, Ruhm und Ehre zu erlangen.

Er darf kein Räsoneur sein, muß seinen Dienst und seine Schuldigkeit ohne Fehler verrichten, muß Wissenschaften besitzen oder sich bestreben, deren zu erlangen.[52]«

Unter Friedrich Wilhelm I. wurden etwa 1400, unter Friedrich II. etwa 2900 Kadetten in die Armee entlassen.

Von etwa 250 jährlich zu besetzenden Offizierstellen fielen rund 70 an die Kadetten. Sie bildeten von der Zahl her zwar eine kleine Gruppe, ihre einheitliche Erziehung trug aber wesentlich dazu bei, den alten calvinistischen Grundsatz der absoluten Pflichterfüllung lebendig zu erhalten und den Bildungsstand der Offiziere positiv zu beeinflussen.[53] Einige von ihnen haben anschließend sogar die Universität in Frankfurt, Königsberg, Halle oder gar im Ausland besucht. Dazu zählen die Feldmarschälle Schwerin und Röder, die Generalleutnante Lattorff, Kalsow, Bredow, Schlieben, Graf zu Wied und Schultze. Außerdem sorgten umsichtige höhere Offiziere für die Fortbildung der ihnen unterstellten Kameraden. Seydlitz, der für seine Offiziere eine Bibliothek einrichtete, hat sich hier besonders hervorgetan.

Viele Offiziere beschäftigten sich fachbezogen schriftstellerisch oder künstlerisch. Der märkische Fähnrich von Rohr veröffentlichte eigene Gedanken zur Kriegsgeschichte, ein weiterer angehender Offizier, der Magdeburger von Krossigk, übersetzte sogar Voltaires Universalgeschichte. Nach dem Siebenjährigen Krieg ging der Bildungsgrad allerdings vorübergehend zurück. Viele Offiziere waren im Alter von 14 oder 15 Jahren als Fahnenjunker zur Truppe gekommen, ohne die Kadettenanstalt durchlaufen zu haben. Ferner hatte das Kadettenkorps durch den Russeneinfall und die Verschleppung des Nachwuchses schwer gelitten. Die Ernennung

General von Buddenbrocks als Nachfolger des wenig befähigten Schulkommandeurs Oberst von Wulffen führte jedoch dazu, daß die Qualität des Offiziernachwuchses bald wieder wuchs.

Offiziere Potsdamer Regimenter um 1764
(links: IR Nr. 18, Mitte: I. Bataillon Leibgarde, rechts: IR Nr. 6)

Der fertige preußische Offizier leistete den Dienst unter den wachen Augen des Königs in eigener Person. Eine Vertretung (Lieutenant), wie sie in Frankreich noch üblich war, gab es in Preußen nicht mehr.

Der preußische Offizier diente aus Überzeugung. Sein Gehorsam begründete sich nicht im äußeren Zwang, sondern in der selbstgewollten Unterordnung unter eine als gut erkannte Sache. Seine Lebensform war das, was Fontane später mit der Formel »Dienen in Freiheit« umschrieb.[59] Freiheit in diesem Sinne ist nicht nur das Handeln in empirisch erlebbarer innerer Distanz zu sich im Gegensatz zum Handeln aus bloßem äußeren Zwang, aus Gewohnheit oder unter dem Druck unmittelbarer auf sich selbst bezogener Antriebe. »Dienen in Freiheit« bedeutet auch, sich vom Gehorsam loszusagen, wenn er als herabwürdigend empfunden wird. Das Vermögen, aus freiem Entschluß über sich Herr zu sein, seine Leidenschaft zu beherrschen und das Bewußtsein von der Würde des Menschen, die es verbietet, eines anderen Knecht zu werden, waren gleichrangige Elemente im preußischen Gehorsamsbegriff. Daher gehört die Verweigerung des Gehorsams dort, wo er nicht mehr Maxime des Handelns für andere sein konnte, durchaus zur preußischen Soldatentradition. Der Reiteroffizier von der Marwitz hat die Auflehnung, die Fontane einmal als die schönste Seite der preußischen Idee bezeichnet hatte, mit der Verweigerung des Befehls zur sinnlosen Plünderung des Schlosses Hubertusburg ebenso vorgelebt, wie Jahre später Graf York von Wartenburg mit dem Abschluß der Konvention von Tauroggen. Von einem Kadavergehorsam, der den Preußen so gern unterstellt wird, kann deshalb nicht die Rede sein. Wer ihn herausstellt, handelt entweder böswillig oder hat die Zusammenhänge nicht verstanden.

Unbesonnenes Raisonieren konnte allerdings böse Folgen haben. Ein Offizier, der einen Befehl nicht im Einklang mit dem Willen des Königs hielt, durfte seine Bedenken zwar anmelden, mußte dann jedoch, wenn der Chef auf der Durchführung des Befehls bestand, gehorchen. Dem Offizier blieb jedoch zur eigenen Exkulpation das Recht der Beschwerde beim König, sobald der Dienst beendet war.

Stand das Regiment unter Gewehr oder gar im Gefecht, mußte der Befehl sofort ausgeführt werden. Die Feuerwirkung der eigenen Gefechtslinie entschied über Sieg oder Niederlage. Der Soldat, der sich während des Feuerns in einem unausweichlichen Handlungszwang befand, konnte bei der Vielzahl der Handgriffe unmöglich überlegen, ob ein gegebener Befehl Recht oder Unrecht bedeutete. Er mußte sich in der Hektik des Geschehens »blind« darauf verlassen können, nur rechtmäßige Befehle zu erhalten. Dafür stand der Vorgesetzte in einer erhöhten Verantwortung für den gegebenen Befehl. Er war zur ständigen Selbstbeobachtung, strengster Selbstkritik und Prüfung seines Rechtsbewußtseins gezwungen, wenn er seine Offiziersehre nicht verlieren wollte.

Dieses Prinzip des »blinden« Gehorsams war einfach und äußerst wirkungsvoll. Es führte zur höchsten Qualitätsauslese bei den Vorgesetzten und vermittelte den Untergebenen das Gefühl, nicht um jeden Preis gehorchen zu müssen, sondern mit ruhigem Gewissen gehorchen zu können. Ein höherwertiges ethisches Gehorsamsprinzip hat es nie wieder gegeben.[55]

Wer seine Pflichten nicht aus eigenem Antrieb erfüllte, sondern zum Dienst angehalten werden mußte, hatte das Klassenziel nicht erreicht. Er verdiente nach dem Infanteriereglement von 1743 nicht, Offizier zu sein. Wo etwas nicht klappte, wurde ohne Rücksicht auf den Rang nachgefaßt:

»Einige Herren Offiziere und die meisten Unteroffiziers vom Regiment müssen sich durchaus abgewöhnen, wenn sie Züge führen, daß sie nicht so viel mit die Hände wehen.«[56]

Lagen die Mängel tiefer, drohte Arrest. Wie bei dem gewöhnlichen Soldaten die Prügel, war der Strafarrest für den Offizier etwas so gewöhnliches, daß Friedrich der Große sich stets wunderte und sogar eine Erschlaffung des Dienstes befürchtete, wenn der Gouverneur einer Garnison nicht täglich davon Gebrauch machte. Der Strafarrest wurde auf der Hauptwache der jeweiligen Garnison abgesessen. In Berlin gab es dafür den sogenannten »Weißen Saal« im ersten Stock der Neuen Markt Wache. Üblicherweise eskortierte man den Arrestanten gleich vom Exerzierplatz aus in das Arrestlokal, wo er nicht selten mit großem Hallo von den bereits einsitzenden Offizierskameraden begrüßt wurde. Eine gedrückte Stimmung dürfen wir uns nicht vorstellen. Die immer wiederkehrenden Befehle an die Wachen, den Alkoholzufluß zu unterbinden, lassen im Gegenteil darauf schließen, daß es sich bei den Arrestanten im allgemeinen um eine recht lustige Gesellschaft gehandelt hat.

Strafarreste waren jedoch nicht immer so leicht zu nehmen, vor allem wenn sie höherrangige Offiziere betrafen. So hat der Generalmajor v. Erlach den gegen ihn wegen einer verpatzten Revue verhängten Arrest mit Sicherheit gravierender empfunden als der kleine Subalternoffizier im Weißen Saal zu Berlin. Mit ebenso gemischten Gefühlen werden sich die Generalmajore v. Ploetz, Sobeck und Billerbeck beim Generalleutnant v. Ramin in Berlin gemeldet haben, um dort den befohlenen »Auffrischungslehrgang« über ordnungsgemäßes Exerzieren anzutreten.

Auch von dem außerdienstlichen Verhalten seiner Offiziere verlangte der König viel:

»Weil Seine Königliche Majestät ein nobles und respektables Corps Officiere bei der Armee haben wollen, so müssen sämtliche Officiere zu einer sehr guten Conduite angehalten werden, keine niederträchtigen Streiche ausüben und von dem Commander geduldet werden, als Schulden machen und nicht bezahlen, sich dem Soffe ergeben und eine schlechte Conduite führen, liederliche Häuser und Cafe's frequentiren und dergleichen mehr, so einem Officiere ungeziemend sind. Das Spielen wird den Officieren sowohl als Unterofficieren sowohl als Unterofficieren und Gemeinen auf das schärfste verboten; und weil sich viele Officiere dadurch ruiniren und derangiren, so muß sehr darauf gesehen werden, daß solches nicht geschehe.«[57]

Ein Zeichen seiner Strenge, die mit fortschreitenden Lebensjahren eher zu- als abnahm, sind seine Neujahrsglückwünsche:

2. 1. 1754: »Ihre Majestät der König lassen alle Herren Officiers viel Glück zum neuen Jahr wünschen und gute Gesundheit.«

31. 12. 1781: »Ihre Majestät der König lassen alle Herren Officiers zum neuen Jahr gratulieren, und die nicht so sind, wie sie seyn sollten, möchten sich bessern.«

2. 1. 1783: »Ihre Majestät der König lassen allen guten Officiers vielmals zum neuen Jahr gratulieren und wünschen, daß sich die übrigen so betragen, daß Sie ihnen künftig auch gratulieren können.«[58]

Durch die jährlichen Konduitenlisten der Regimentskommandeure, die Aufschluß über Charakter und Eignung der ihnen unterstellten Offiziere gaben, hatte Friedrich ein recht genaues Bild über die Stärken und Schwächen der einzelnen Offiziere. Die uns vorliegenden Listen von 1756 enthalten bei den Feldregimentern ganz überwiegend günstige Urteile. Hinsichtlich der Stabsoffiziere beschränken sich die Regimentskommandeure in der Regel auf die Bemerkung, daß sie dem König persönlich bekannt seien. Über die übrigen Offiziere wird meist mit großem Wohlwollen, mitunter aber auch mit gewisser Schärfe geurteilt. Hier eine kleine Auswahl:

»...hat Verstand, kann gebraucht werden, und hat versprochen, den Soff zu lassen.«

»...ungemein tum und wird schwer klüger werden.«

»...ist brav, hat Verstand; fleißig und stets unverdrosssen.«[59]

Hinzu kam Friedrichs für manchen Offizier erschreckend präzises Erinnerungsvermögen. Ein Oberst, der 1767 um ein Regiment bat, erhielt zur Antwort:

»Er möge Sich Seiner Strafbaren Conduite aus 1757 erinnern und judiciren, ob ich einen Menschen von solcher wenigen fermetet meiner Tage zum General machen kan.«[60]

Ständiger Wertschätzung erfreuten sich nur Wenige. Die meisten der heute Gelobten konnten morgen getadelt werden. An jedem Tage mußte die Berechtigung einer Auszeichnung durch Taten neu unter Beweis gestellt werden. Auf diese Weise hielt der König seine Offiziere ständig in Atem.

Friedrichs Personalbeurteilungen hatten Kürze und Prägnanz. Der König über:[61]

- General Karl Wilhelm v. Braunschweig-Lüneburg: *»Wird hervorragend, ist gründlich«*
- Generalmajor Leopold Sebastian von Manstein: *»M. ist sehr gut«*
- Generalmajor Johann Sigismund von Lestwitz: *»Trefflich, hat das Zeug zu einem großen General«*

○ Generalleutnant Wichard Joachim von Möllendorf: *»M. macht sich gut«*

○ General Prinz Heinrich von Preußen: *»Ein Feldherr ohne Tadel«*

○ Generalleutnant Friedrich Ehrenreich von Ramin: *»Er ist bewundernswert«*

○ Generalleutnant Joachim Friedrich von Stutterheim: *»Nicht übel«*

○ Generalmajor Bogislaw von Tauentzien: *»Vorzüglich in der Front«*

○ Generalleutnant Georg Reinhold von Thadden: *»Tüchtig, wenn er nicht tränke«*

○ Generalleutnant Herzog Friedrich Eugen von Württemberg: *»Schneidig, aber kurzsichtig«*

○ Generalmajor Johann Jakob von Wunsch: *»Sehr begabt, ich kann ihm nicht genug danken, für alle schönen actions, die er ausrichtete«*

○ Generalmajor Karl Friedrich von Wolffersdorff: *»Gut, aber nicht für die Defensive«*

○ Generalleutnant Georg Karl von der Gablentz: *»Vorzüglich für Detachements«*

○ Generalleutnant Hans Christoph von Hake: *»Durch und durch Ehrenmann und wackerer Offizier«*

○ Generalleutnant Heinrich Karl von Herault Ritter von Hautcharmoy: *»Treu und wacker wie sein Degen«*

○ Generalleutnant Wolf Friedrich von Retzow: *»mon petit Colbert«*

○ Generalleutnant Hans Christoph von Rothkirch: *»Wird einen guten General abgeben«*

○ Generalleutnant Hans Karl von Winterfeldt: *»Einen Winterfeldt finde ich nie wieder!«*

○ General Prinz August von Preußen: *»Sie werden stets nur ein erbärmlicher General sein, kommandieren Sie einen Harem, wohlan; aber solange ich lebe, werde ich Ihnen nicht das Kommando über 10 Mann anvertrauen.*[62]

Um sich dem Dienst mit ganzer Kraft widmen zu können, sollte der Offizier von Familien- und Haushaltssorgen nach Möglichkeit frei sein. Offizierfamilien waren überdies eine Belastung der Garnisonstädte und brachten bei einer Mobilmachung Schwierigkeiten mit sich. Friedrich hätte es deshalb am liebsten gehabt, wenn keiner seiner Offiziere verheiratet gewesen wäre. Insbesondere frühzeitiges Heiraten sah der König nicht gern.[63] Anträge junger Offiziere auf Heiratserlaubnis hatten im allgemeinen nur dann Aussicht auf Erfolg, wenn ein Offizier dadurch in den Besitz eines ansehnlichen Vermögens gelangte. Gesuche, die zu Mesalliancen adliger Offiziere mit Bürgertöchtern führen konnten, fanden oft drastische Ablehnung. »Doktorwitwen«, »Advokatentöchter«, selbst Töchter von höheren Beamten, Bürgermeistern und Geistlichen wurden fast immer abgelehnt und dies sogar dann, wenn zwingende Gründe für die Heirat sprachen. Ein Offizier, der um Genehmigung zur Heirat bat, weil er mit der nichtadeligen Frau bereits zwei Kinder hatte, handelte sich die Abfuhr ein:

»Keine Heirat, die für einen Offizier unanständlich ist.«[64]

Aber der König konnte auch versöhnliche, ja humoristische Saiten aufziehen. Ein Major, der ein Fräulein von Kummer heiraten wollte, erhielt zur Antwort:

»Der Mensch hat schon Kummer genug, wozu will er sich neuen auf den Hals laden? Indeß habe ich nichts dagegen.«[65]

Ein anderer Stabsoffizier, der um Genehmigung zur vierten (!) Heirat nachsuchte, bekam mit resignierendem Unterton zu hören:

»Von jetzt ab kan sich der Major so oft Verheiraten als er will.«[66]

Nach der Kabinettsorder vom 25. Juli 1746 waren Gesuche um den Heiratskonsens stets durch den Regimentschef einzureichen, während sonst jeder Offizier das Recht zu einem Immediatgesuch hatte. Der Chef sollte die Verhältnisse prüfen und den Antrag, falls er nicht den bekannten Ansichten des Königs gemäß war, gar nicht erst weitergeben. Die Zahl der verheirateten Offiziere war dementsprechend gering. Die Listen der Berliner Garnison aus dem Jahre 1752 weisen 463 Offiziere, dabei aber nur 54 »Damens« und 141 Kinder aus. Von den sieben Infanterieregimentern hatten zwei nur 3, die anderen 4 bis 7, eins immerhin 10 verheiratete Offiziere.[67]

Die Mitnahme der Frauen ins Feldlager war verboten. Nur in die Winterquartiere durften sie nachkommen.

Für den preußischen Offizier hatte die Ehre eine besondere Bedeutung. Die Ehre umspannte alle Offizierdienstgrade. Hier gab es keine Unterschiede, gleichgültig ob Fähnrich oder Feldmarschall. Die Ehre bestimmte das Handeln des Offiziers vor sich selbst und vor anderen. Wer sie preisgab, schloß sich aus der Gemeinschaft aus, wurde auch als militärischer Vorgesetzter untragbar. Deshalb spielte das Duell in der Armee eine verhältnismäßig große Rolle. Viele Offiziere verloren dadurch ihre Leben oder trugen Verletzungen davon, die sie dienstunfähig machten. Friedrich konnte diese Verluste nicht tatenlos hinnehmen. Er setzte voraus, daß seine Offiziere die Sache grundsätzlich über die Person stellten und versuchte, die für den Personalbestand schädlichen Ehrenhändel mit allen Mitteln zu verhindern.

Ein Offizier, der in Ausübung des Dienstes von einer höherrangigen Charge in beleidigender Weise gemaßregelt wurde, konnte dafür zwar Satisfaktion fordern, durfte sich jedoch nicht erwischen lassen, sonst drohte Arrest und anschließend die Entlassung. Noch Schlimmeres widerfuhr dem Beleidigten wenn er in seiner Wut gegen den Ranghöheren den Degen zog. Wurde der Vorgesetzte dabei vielleicht sogar noch verletzt, stand darauf unweigerlich der Tod durch Enthaupten.[68] Offiziere, die mit Knüppeln aufeinander losgingen, drohte schimpfliche Entlassung. Flüchtende Duellanten mußten mit erbarmungslosen Verfolgungen rechnen. Mitleidige Suchtrupps, die den Flüchtling entkommen ließen, wurden selbst hart bestraft. Trotzdem blieben die Erfolge mäßig; die Maßnahmen haben die Duelle zwar reduzieren, aber nicht verhindern können.

---

3 Friedrich II., Werke Bd. 1, S. 175; Jany Bd. 1, S. 91, führt dazu noch die Regimenter Lütke und Rochow auf, so daß er auf eine Gesamtzahl von 4650 kommt.
4 ein stehendes Heer gab es in Brandenburg seit 1653 (Bleckwenn, altpr. Uniformen, S. 7)
5 Friedrich II., Band 1, S. 178
6 Jany, Bd. 1, S. 342
7 Friedrich II., Werke, Bd. 1, S. 100, 117, 119
8 Friedrich II., Werke, Bd. 1, S. 181; Jany Bd. 1, S. 528 kommt auf 25046 Mann (mit Garnisiontruppen sogar 29404)
9 Jany, Bd. 1, S. 659
10 Schoeps, Preußen: Bilder und Zeugnisse, S. 28 ff.
11 Die Numerierung geht zurück auf die »Dessauer Spezifikation« des Fürsten Leopold von Anhalt-Dessau, in der erstmals die Regimentsbezeichnungen nach den jeweiligen Chefs durch Einordnung nach dem Alter ersetzt sind. Die Nummernfolge wurde etwa ab 1750 offiziell gebraucht, kam aber erst 1806 richtig zur Geltung (Bleckwenn, altpr. Uniformen, S. 10). Die Nummer eines Regiments hatte für seine Angehörigen, aber auch bei der Bevölkerung, erhebliche Bedeutung. Je niedriger die »Hausnummer«, desto höher war wegen des größeren Alters das Ansehen (Bleckwenn a. a. O., S. 16)
12 Die genauen Kosten beliefen sich auf 291248 Taler im Jahr, während für ein normales Infanterieregiment lediglich 72000 Taler aufgewendet werden mußten (Lange S. 18)
13 Jany, Bd. 2, S. 76 ff., 195
14 Inf.Regl. 1743, S. 9
15 Piecha, S. 23
16 Piecha, S. 33
17 Mützenbeutel in rot, die des I. Bataillons mit silbernen, die des II. Bataillons mit weißen Borten; III. Bataillon in gelb mit ebenfalls weißen Borten; Nr. 6: roter Beutel.
18 Angeblich sind Grenadiere erstmalig im Jahre 1625 in Frankreich aufgetreten. In der preuß. Militärgeschichte erschienen sie zum ersten Mal bei der Belagerung von Stettin (5. 7. 1677). (Fiedler, Grenadiermützen, S. 9 u. 10)
19 Fiedler, a. a. O., S. 9
20 Fiedler, Grenadiermützen, S. 9, 10
21 Jany, Band 2, S. 81
22 Fiedler, Grenadiermützen, S. 14
23 Fiedler, a. a. O., S. 11; Bleckwenn, Preußenadler, S. 171
24 Fiedler, a. a. O., S. 13
25 Piecha, S. 25
26 Fiedler, Grenadiermützen, S. 11, 13; Jany, Bd 1, S. 649
27 Fiedler, a. a. O., S. 13, Jany, Bd. 2, S. 184
28 Transfeldt, S. 73, muchetus = Sperber, so bezeichnet nach der Form des Luntenhahns
29 Bräker, S. 108
30 Lange, S. 46 ff
31 Duffy, S. 108
32 Lange, S. 93
33 Bleckwenn, frid. Uniformen S. 53; altpr. Infanterie II, S. 130
34 Bleckwenn, frid. Uniformen, Technische Truppen, S. 88
35 Piecha, S. 129
36 Bleckwenn, frid. Uniformen, Techn. Truppen, S. 190
37 Bleckwenn, a. a. O., S. 187
38 Müller, der exerzierte Soldat, Vorwort, S. 19
39 Friedrich II., Band 6, S. 226; Duffy, S. 76
40 Cyran, S. 68
41 Bleckwenn, altpr. Uniformen, S. 25
42 v. Witzleben, S. 70
43 Piecha, S. 67; Uhle Wettler, S. 16
44 Vogel, Information für die Truppe, 10/80, S. 78 ff
45 in der Division mußte mindestens noch ein Offizier im Einsatz sein.
46 Seine hervorgehobene Stellung wird nicht zuletzt darin deutlich, daß der Feldwebel von den Offizieren nicht nur nicht wie die Gemeinen geduzt oder wie die übrigen Unteroffiziere mit »Er« angeredet wurde, sondern Anspruch auf das höfliche »Sie« hatte (Jany, Bd. 1, S. 718).
47 Jany, Bd. 2, S. 219
48 Als weiterer Beleg für Friedrichs Aufgeschlossenheit mag dienen, daß sein vertrautester Nichtmilitär, der Kämmerer Fredersdorf, nichtadeliger Herkunft war und Friedrich einem Bürgerlichen (Arnold) auch dann noch Recht geben wollte, als die Gerichte die Unbegründetheit der Klage längst festgestellt hatten.
49 Jany, Bd. 1, S. 727
50 Bleckwenn, altpr. Uniformen, S. 109
51 Bleckwenn, a. a. O., S. 112; Jany, Bd. 2, S. 222; Die Kadetten waren im Rundbau des bisherigen königl. Hetzgartens am Königstor, dem Kadettenhof untergebracht. (Jany, Bd. 1, S. 727)
52 Schoeps, Preußen, S. 328
53 Bleckwenn, altpr. Uniformen, S. 109; Jany, Bd. 1, S. 728
54 Schober, Fontane, S. 11 ff.
55 Hans-Wendel v. Rabenau: Neue Zeitschrift für Wehrrecht 1984, Heft 5, S. 199 ff
56 Witzleben, S. 72
57 Friedrich II., Werke Bd. 6, S. 275
58 v. Witzleben, S. 89
59 Jany, Bd. 2, S. 227
60 Murawski, S. 62
61 Friedrich II., Werke Bd. 6, S. 259
62 Piecha, S. 61; Friedrich der Große, Bd. 6, S. 259
63 Bei den gemeinen Soldaten durfte in der Regel ein Drittel der Kompanie verheiratet sein. Mehr duldete der König u. a. wegen der Versorgungsansprüche nicht. Dagegen sah er bei den Ausländern den Ehestand gern, weil sie dadurch heimisch wurden.
64 Murawski, S. 54
65 a. a. O.
66 a. a. O.
67 Jany, Bd. 2, S. 233 ff.
68 Präzedenzfall war der Fähnrich v. Wulffen. Er wurde 1744 in Berlin hingerichtet, weil er seinen Regimentskommandeur v. Forcade wegen persönlicher Händel in dessen Wohnung aufgesucht und mit dem Degen verletzt hatte. (Jany, Bd. 2, S. 229)

Der Dienst im Frieden

1. Rekrutierung

Die gemeinen Soldaten der preußischen Armee wurden nach dem Kantonsystem ausgehoben, das Friedrich Wilhelm I. im Jahre 1733 eingeführt hatte.[69] Die Neuordnung war notwendig, weil die Regimenter bei der Rekrutierung ihres Nachwuchses hart miteinander konkurrierten und dabei auch nicht vor unlauteren Mitteln zurückschreckten. Nach Einführung des neuen Systems durften sie nur noch in ganz bestimmten, ihnen ausschließlich zugewiesenen Gebieten (Kantons) ausheben. Dabei handelte es sich in Anlehnung an das Grundsteuerkataster um 5000 bis 8800 Feuerstellen (Haushalte).[70] Das Aushebungsrecht war auf 60 Soldaten im Frieden und bis zu 100 im Krieg beschränkt.[71] Diese Zahl genügte, weil neben den gezogenen vor allem angeworbene Soldaten unter dem preußischen Adler dienten.

Um einen genauen Überblick über das Aufkommen an jungen Leuten zu haben, wurden alle männlichen Kinder bereits bei der Geburt erfaßt und von den Regimentern in jungen Jahren vorgemustert (enrolliert). Bis zur endgültigen Einberufung bei Erreichen der nötigen Körpergröße und des Konfirmationsalters erhielten sie den »Laufpaß«, mußten allerdings schon jetzt als äußeres Zeichen ihrer nunmehr auch nach der Truppenzugehörigkeit vorausbestimmten Wehrpflicht die Halsbinde und den Hutpuschel ihres Regiments tragen.[72] In einem zeitgenössischen Reisebericht heißt es dazu:

»Man komme nach Preußen und sehe! In Preußen ist jeder Bauernsohn und in den kleinen Städten selbst der Bürgersohn geborener Rekrut. Gleich nach der Geburt kommt sein Name in die Militärrolle, und mit dem sechzehnten Jahr muß er sich stellen. Hat er Geld genug um sich loszukaufen, kann er den Abschied erhalten; kann oder will er das nicht, so muß er das Gewehr auf die Schulter nehmen. Jedes Regiment hat seinen eigenen Kanton, und die junge, in demselben geborene Mannschaft – ausgenommen die zu Kleinen und verwachsenen Leute – gehört mit dem Leibe dem Regiment erb- und eigentümlich an, kann auch für Geld von demselben an andere Regimenter veräußert oder gegen andere vertauscht werden. Andere Regimenter haben keine Kantons, bekommen aber Werbegelder, und das sind die schlechtesten in der preußischen Armee, weil sie für ein Billiges Franzosen, Spanier, Zigeuner, Türken und Tataren auf ihren Werbeplätzen einkaufen und nach Preußen treiben...«[73]

Jährlich vor der Frühjahrsparade erfolgte der Aufruf. Die Auswahl nahmen ein Offizier und ein Zivilbeamter nach Wachstum und Bedarf vor. Schon Friedrich Wilhelm I. hatte größten Wert auf die Körpergröße der Soldaten gelegt. So gänzlich unsinnig war seine auf den Stiefonkel Philipp von Brandenburg-Schwedt zurückgehende Leidenschaft für große Leute indessen nicht. Alle Gewehre ins Gefecht zu bringen, erforderte damals eine mehrgliedrige Aufstellung, wobei das erste Glied kniend mit aufgepflanztem Bajonett schoß und die beiden hinteren auf Lücke stehend feuerten. Diese dünne Linie konnte sich gegen heranstürmende Kavallerie nur halten, wenn sie die Reiter möglichst frühzeitig unter konzentrierten Beschuß nahm. Voraussetzung dafür waren weitreichende, also langrohrige Gewehre, die es schnell zu laden und abzufeuern galt. Schnelles Laden langer Musketen wiederum bedingte Soldaten mit entsprechender Armspannweite, also große Leute. Außerdem waren hochgewachsene Soldaten im Bajonettangriff wirkungsvoller.[74]

Die Dienstpflicht dauerte de jure 20 Jahre, de facto kaum länger als 12 Monate.[75] Die aktive Zeit beschränkte sich – von den jährlichen Übungen abgesehen – auf die einjährige Grundausbildung. Danach wurden die einberufenen Soldaten auf unbestimmte Zeit beurlaubt. Daraus und aus der Neigung, das Körpermaß der Mannschaften durch außerplanmäßiges Auswechseln ständig zu verbessern, erklärt sich das Anwachsen einer beträchtlichen Reserve. Die großzügige Beurlaubungspraxis schadete nicht, weil es neben den ausgehobenen Einheimischen die bereits erwähnten angeworbenen Berufssoldaten gab, die ständig bei den Fahnen standen. Ihr Anteil war auch deshalb bedeutend, weil Friedrich II. in den alten Provinzen an dem zu Beginn seiner Regierung oft und mit Nachdruck bekundeten Bestreben festhielt, die Bevölkerung zum Schutz von Handel und Industrie in Friedenszeiten weitgehend vom Wehrdienst freizuhalten. In einer Zirkularnote vom 22. Mai 1743 heißt es dazu:

»Daß die Regimenter aus keiner anderen Ursache Kantons haben als zu vorderst den ordinären Abgang daraus zu ersetzen; nächst dem aber und hauptsächlich darum, daß das

Regiment allemal eine Ressource habe, aus welcher es sich im Notfall, wenn es einmal in Campagne oder sonst einen großen Abgang gehabt, alsdann aus den Kantons geschwinde wiederum komplettieren könne.«[76]

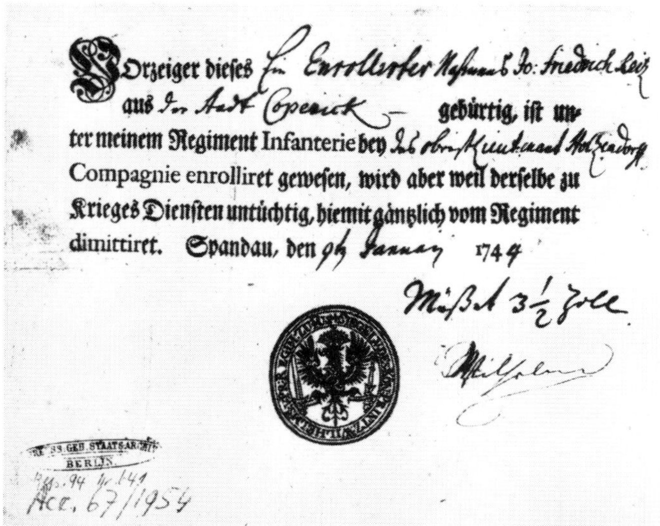
Vorzeiger dieses ... aus der Stadt Copenick — gebürtig, ist unter meinem Regiment Infanterie bey ... Compagnie enrolliret gewesen, wird aber weil derselbe zu Krieges Diensten untüchtig, hiemit gänzlich vom Regiment dimittiret. Spandau, den 9h January 1744

Mißt 3 1/2 Zoll

Ausmusterungsbescheid des Infanterieregiments Nr. 18

Entlassungsgrund ist nach dem handschriftlichen Zusatz die zu geringe Körpergröße. Die Urkunde ist vom Kronprinzen, dem späteren König Friedrich Wilhelm II., unterzeichnet.

Während die Armee im Jahre 1740 nur zu einem Drittel aus Ausländern bestand, schrieb das Reglement von 1740 für jede Kompanie zwei Drittel vor. Dementsprechend waren 1751 von insgesamt 133000 Mann rund 83000 (63%) Ausländer, 1768 waren es von 160000 etwa 90000 (57%) und bei Friedrichs Tod von rund 190000 etwa 110000 (58 %). In Kriegszeiten kehrte sich das Verhältnis allerdings um, weil die Verluste schnell ersetzt werden mußten. Eine Bestandsaufnahme, die Friedrich 1763 in Auftrag gab, zeigt bei der Infanterie folgendes Bild:

69806 Inländer, 29420 Ausländer.[77]

Die Anwerbung erfolgte durch Werbekommandos vornehmlich in Mittel- und Süddeutschland. Die meisten Ausländer waren dadurch ebenfalls überwiegend deutscher Herkunft. Hierfür mag das Infanterieregiment Nr. 10 als Beispiel dienen, das 1751 unter seinen 552 Nichtpreußen 526 Deutsche, 6 Franzosen, 2 Italiener, 10 Ungarn, 4 Polen und 4 Engländer hatte.[78]

Die Körpergröße der Angeworbenen durfte aus den bekannten Gründen zumindest in den alten Regimentern ein bestimmtes Maß nicht unterschreiten. Es war deshalb abzusehen, wann die europäischen Landstriche nach großen Leuten durchgekämmt sein und die Werber um des Erfolges Willen zu List und Alkohol greifen würden. Diese unfeinen Methoden haben der preußischen Armee nicht nur einen schlechten Ruf eingebracht, sie führten vor allem dazu, daß viele Geworbene in ernüchtertem Zustand ihre im Alkoholrausch getroffene Entscheidung durch Desertion korrigierten. Selbst diejenigen, welche freiwillig den preußischen Werbetrommeln folgten und ohne Anwendung von Alkohol und List die Kapitulation unterschrieben, hatten nicht immer die edelsten Motive. Erfüllten sich die Erwartungen nicht, beschäftigte die Enttäuschten nur noch ein Gedanke: die Flucht. Hessen pflegte zum Tode verurteilte Verbrecher durch Dienst in seinem preußischen Regiment zu begnadigen. Kein Wunder, wenn auch diese Soldaten den Dienst haßten und desertierten.[79] Dadurch verlor die Armee von 1713 bis 1740 die erstaunliche Zahl von 30216 Soldaten. Die Führung mußte sich deshalb etwas einfallen lassen, um die Geworbenen bei der Stange zu halten. Immerhin hatte man für sie enorme Summen aufgewendet! Nach einer Aufstellung des Infanterieregiments Nr. 3 von 1736 waren folgende Handgelder üblich.[80]

Größe	**Klasse 1** »schön jung, noch im Wachstum«	**Klasse 2** »nicht häßlich«	**Klasse 3** »mit noch zu erwartender Dienstzeit von mindestens 6–8 Jahren«
		– in Talern –	
6 Fuß 2 Zoll (185 cm)	900	800	500
6 Fuß (180 cm)	540	480	300
5 Fuß 8 Zoll (170 cm)	45	35	25

1 Fuß = 12 Zoll = 30 cm

Es gab daher eine ganze Reihe von Maßnahmen, mit denen die Flucht verhindert werden sollte. Dazu gehörte die Zusammenlegung unzuverlässiger Soldaten mit vertrauenswürdigen Kantonisten ebenso wie die Ausgabe von Urlaubs- und Kommandierungsschreiben, wenn der Soldat sich weiter als 1/4 Meile von seinem Standort entfernen wollte. Diese Bescheinigung mußte auf Verlangen jeder Person (!) gezeigt werden. Außerdem musterten die Wachen an den Stadttoren die Ausreisenden mit Argusaugen. Sie waren durch einschlägige Befehle auf das Unmögliche vorbereitet, so daß ihnen kaum etwas entging:

»Die Unteroffiziers auf den Wachten, nebst den Gefreiten und Schildergästen müssen genau Acht haben auf die großen Frauenzimmer, damit sich kein Soldat verkleidet herausschleicht.«[81]

»Die Wachen an den Landwehren[82] geben wohl Acht auf denen Bauernwagens, dass sich auf selbigen kein Soldat herausschleicht, der keinen Paß hat.«[83]

»Wenn Handwerksburschen oder gemeine Brut aus denen Landwehren gehen und ungefähr die Größe oder ungefähr etwas vom Soldatenwesen an sich haben, soll der Gefreite einen solchen examinieren, wo er hin will, was er vor Profession er hat und wenn was Verdächtiges gefunden wird, so sollen sie angehalten werden.[84]

Am wirksamsten erwies sich indessen das ausgefeilte Verfolgungssystem. Es begann mit einem Kanonenschuß, dem das Sturmläuten der Glocken in den umliegenden Dörfern folgte. Ein Offizier sprang auf das für schnelle Verfolgungen ständig gesattelte Pferd und preschte dem Flüchtigen hinterher. Die Bauern der Umgebung, an die unverzüglich Steckbriefe verteilt wurden, unterstützten ihn bei der Suche, wobei ein Kopfgeld von 12 Talern für den erforderlichen Eifer sorgte.

Die rückläufigen Zahlen belegen den Erfolg der getroffenen Maßnahmen. Während 1713 noch 8% der Soldaten desertierten, waren es 1740 nur noch 0,2%.[85] Dieser Erfolg hatte freilich auch seinen Preis. Die ständige Suche nach Deserteuren und die in der Öffentlichkeit vorgenommenen Disziplinierungen führten dazu, daß die Bevölkerung keine allzu gute Meinung von der Armee hatte.

Alles in allem hat sich das preußische Rekrutierungssystem jedoch bewährt. Sein besonderer Vorteil lag in der Mobilmachung. Innerhalb von 12 Tagen – später sogar nur 6 Tage – konnte die volle Kriegsbereitschaft hergestellt werden, während andere Staaten dafür weitaus länger benötigten. Einen ersten Beweis lieferte die Armee im Jahre 1734, als ein vom Kaiser im Verlauf des Polnischen Erbfolgekrieges angeforderter preußischer Pontontrain komplett bis zum letzten Nagel, mit besten Pferden und allen Knechten ausgestattet, bereits nach 8 Tagen zur Verfügung stand.[86]

Nicht zuletzt förderte das System auch die Kameradschaft unter den Soldaten. Da die Kantone der Regimenter stets dieselben blieben, dienten häufig ganze Dörfer geschlossen in einem Regiment. In sieben der zwölf Kompanien eines Berliner Regiments, deren Soldaten aus der Zauche stammten, wurde deshalb sogar in wendischer Sprache kommandiert![87]

Die gemeinsame Herkunft bewirkte ein Zusammengehörigkeitsgefühl, das nirgendwo besser zum Ausdruck kommt als in den uns überlieferten Soldatenbriefen. Die darin immer wiederkehrende Koppelung persönlicher Nachrichten an die eigenen Angehörigen mit der Übermittlung von Grüßen und Informationen an die Familienmitglieder der Kameraden bedeutet mehr als ein Freundschaftsdienst für die des Lesens und Schreibens unkundigen Zeltgenossen. Sie ist ein überzeugender Beweis für die fast familiäre Verbundenheit unter den Soldaten, die vieles – wenn nicht alles – erträglicher machte.

Eine allgemeine Wehrpflicht begründete das Kantonsystem freilich noch nicht. Dafür gab es zuviele Ausnahmen. Manufakturarbeiter, Söhne reicher Bürger (ab 10000 Taler), Angehörige geistlicher Berufe, Einzelkinder von Bauern sowie Bürger ganzer Städte (z.B. Berlin) brauchten nicht zu dienen. Ebenso waren Streubesitzungen in Grenzgebieten militärfrei.[88] Zu leicht hätte man sich dort der Wehrpflicht durch Flucht entziehen können. Deshalb begnügte sich der Staat in diesen Gegenden mit einer Ersatzabgabe.

Der Verzicht auf die allgemeine Wehrpflicht hatte wohl auch noch andere Gründe. Was der Landesherr damals benötigte, war eine schlagkräftige Angriffsarmee. Die Defensive hatte untergeordnete Bedeutung. Gerade in der Verteidigung liegt aber die Stärke einer Wehrpflichtarmee, ist doch der Wehrwille besonders stark, wenn es um die territoriale Integrität und den Erhalt wohl erworbener Rechte geht. Umso erstaunlicher sind die Leistungen der preußischen Armee, steckten die staatsbürgerlichen Rechte doch erst in den Anfängen. Der ungebildete und so oft geschmähte einfache Soldat ahnte die Werte, die in diesem Staat angelegt waren.

2. Die Ausbildung

»Ich habe exerziert,
ich exerziere,
ich werde exerzieren.«
Kronprinz Friedrich, Ruppin

Der erste Gang des angehenden Soldaten führte nach seiner Meldung beim Regiment in die Kleiderkammer. Es kam aber auch vor, daß der Kompaniefeldwebel Rock, Hosen, Schuhe, Stiefelletten, Hut und Halsbinde in das Privatquartier brachte.[90] Ein Rechnungsbuch, in das die empfangenen Bekleidungsstücke einzutragen waren, wurde gleich mitgeliefert.
Noch am selben Nachmittag erfolgte die Vereidigung, bei der Auditeur, Kapitän, Kompaniefeldwebel und der Freikorporal mit der Fahne anwesend waren. Mit eindringlichen Worten wurden dem jungen Soldaten zunächst die Folgen des Meineides vor Augen gehalten, danach die Kriegsartikel vorgelesen und ggf. übersetzt. In diesem Augenblick wehte zum ersten Male der rauhe Wind des Soldatenalltags, denn die Bestimmungen sahen unter anderem vor:

1. Ein jeder Soldat, und wer sich sonsten bey denen Regimentern, Bataillons und Compagnien aufhält, muß sich eines Christlichen und Gottesfürchtigen Wandels befleißigen, alles üppigen und ärgerlichen Lebens sich enthalten, bey den Predigten und Gottes-Diensten zu gehöriger Zeit sich fleißig... einfinden, und solche ohne Ursach nicht versäumen, sich auch des Mißbrauchs des allerheiligsten Nahmens Gottes, und seiner Sacramenter durch Fluchen und Schweren bey Straffe des Stockhaues, Phahls, Spißruthen oder anderer arbitrairen Straffe gäntzlich enthalten ...

6. So sollen auch alle und jede Unter-Officirer und Soldaten denen Ober-Officirern vom ersten bis zum letzten, sie seyn von demselben oder einem anderen Regiment, mit allen gebührenden Respect und Gehorsam begegnen.

7. Welcher Soldat aber der Ober-, auch nach Gelegenheit der Unter-Officirer Ambts-Commando sich entgegen setzet, es sey auch nur mit Worten, oder raisonniret, derselbe soll, nach Condition des Beleydigten und der beschaffenen Umständen mit dreyßig-mahligem Gassenlaufen belegt; Wer aber zu dem Ende seinen Degen entblößet, oder ander Gewehr ziehet, arquebusiret werden.

8. Alle Schlägereyen und unnöthigen Händel werden bey Straffe der Spißruthen verbothen, und soll jeder Soldat sein Gewehr nicht anders als zur Noth und Gegenwehr brauchen; Wer aber darwider handeln und vorsetzlich, es sey Unter-Officir oder Gemeiner, seinen Cameraden damit verletzen und beschädigen oder gar entleiben solte, derselbe wird nach befundenen Umständen und Erkäntniß des Kriegs-Rechts an Leib und Leben gestraffet...

10. Das Spielen, es geschehe mit Karten oder Würffeln, wird bey Straffe der Spißruthen verbothen.

11. Welcher Soldat nach dem Zapffen-Schlage sich in seinem Quartier nicht finden lässet, soll mit Gassen-Lauffen gestraffet werden...

14. Wer die Wache versäumet, oder truncken darauf kommt, daß er sie nicht bestellen kann, soll mit Gassen-Lauffen bestraffet werden.

15. Wer auf der Schildwache schläft, oder gehet vor der Ablösung weg, der trincket sich so voll, daß er die Wache nicht-versehen kann, soll, wann es im Felde und bey Belagerungen, da man gegen den Feind stehet, geschiehet, arquebusiret, außer dem aber, wo dergleichen Gefahr nicht ist, mit dreyßig-mahligem Gassen-Lauffen gestraffet werden...

17. Zum Marche und zum Commando auf die gewöhnlichen Sammelplätze, muß sich jedweder Soldat, so bald dazu umgeschlagen wird, einfinden, die Zug-Ordnung richtig halten, von seiner Fahne sich nicht absentiren und dahinter bleiben, bey Straffe der Spißruthen; Derjenige Soldat, der im Lager, in der Vestung, in Quartieren und Garnison, es sey in kleinen oder großen Städten, eine Viertel-Stunde ab- oder seitwärts, absonderlich auf Marche, dergestalt betroffen würde, daß er mit dem Gesichte sich zurück kehrete, und dazu keinen Urlaub hat, noch andere redliche Ursachen anzeigen und erweisen kan, soll als ein Deserteur an Leib und Leben gestraffet werden.

18. Welcher Soldat auch, es sey in Schlachten, Scharmützeln, Stürmen oder bey was Gelegenheit es immer wolle, vor dem Feind zuerst die Flucht nimmt, und seinen Posten, Schildwache, oder andere Herren-Dienste verlässet, ehe er seine Pflicht und Schuldigkeit rechtschaffen erwiesen, soll, wofern man seiner wieder habhafft werden kann, sonder alle Gnade am Leben gestraffet werden.

19. Welcher Soldat gar meyneidiger Weise davon läuft, es sey auf Marchen, im Felde, Lager oder Garnisonen, derselbe soll, wann er wieder ertappet wird, ohne alle Gnade mit dem Strang vom Leben zum Tode gebracht werden...

21. Wer zum Feinde überläufft, dessen Name soll an Galgen geschlagen, und da er wieder ertappet wird, ohne alle Gnade gehencket werden...

23. Wer eine Weibes-Person mit Gewalt schändet, desgleichen diejenige, welche das Laster der zwiefachen Ehe mit dem Ehebruch begehen, sollen an Leib und Leben gestraffet werden...

26. Welcher Soldat seinen Wirth, Wirthin oder Gesinde ungebührlich tractiret, soll aufs schärfste nach Beschaffenheit der Umstände und Erkäntniß des Kriegs-Rechts gestraffet werden.

27. Welcher Soldat sein Gewehr, Waffen und Kleidung, auch alles andere, was zur Herren-Mondur gehöret, wegwirft, muthwillig verderbet, verkauffet, versetzet oder auf Spiel bringet,

soll das erste und zweyte mahl mit Gassen-Lauffen, das dritte mahl aber am Leben gestraffet werden...

30. Alle Diebereyen und gewaltsamen Einbrüche sollen ohnnachlässig am Leben gestraffet werden...

34. Da der Sold, oder auch das Brodt, nicht allemahl richtig zu rechter Zeit folgen könnte, solle Se. Königl. Majestät Soldaten dennoch ihre Dienste willig leisten und gewärtig seyn, daß ihnen alles, so sich nach gehaltener Abrechnung finden wird, richtig und gut gethan werden soll.[91]

Das war fürwahr eine scharfe Kost, die da verdaut werden mußte. Nach kurzer Besinnung versicherte der Soldat, alles wohl verstanden zu haben, berührte die Fahne mit der Hand und verpflichtete sich feierlich, die Artikel einzuhalten:

»Ich N. N. Mousquetier/Unteroffizier des N. N. Regiments, gelobe und schwöre zu GOTT dem Allmächtigen einen körperlichen Eyd, daß dem Allerdurchlauchtigsten, Großmächtig-Königе, und Herrn, FRIEDRICH, König in Preussen; Marggraffen zu Brandenburg, des Heiligen Römischen Reichs Ertz-Cämmerern und Churfürsten, Unserem allergnädigsten Könige und Krieges-Herrn, wie auch Dero Königreich und Landen, ich getreu, gehorsam, willig und redlich dienen, was die mir vorgelesene Krieges-Articul in sich begreiffen, nach äusserster Möglichkeit thun und lassen, allen Sr. Königl. Maj. und Dero Landes-Feinden mit Leib und Blut, so lange ich in Dero Diensten bin, tapfern und männlichen Wiederstand thun, auch mich nach meinem äussersten Vermögen dahin befleißigen will, damit allerhöchstgedachter Sr. Königl. Majestät und Dero Landen, Schaden, Verderb und Nachtheil abgewendet, dagegen aber deren Nutz und Wohlfahrt gesuchet, geschaffet, und befördert, auch alles nachtheilige, und schädliche angezeiget werden möge; ich will auch meinen Befehlshabern in dem, was zu Sr. Königl. Maj. und Dero Armée, Nutzen, und Besten, in Wachten, Arbeiten, und andern fürfallenden Nothwendigkeiten mir anbefohlen und verordnet wird, und Gehorsam leisten, von der Compagnien, und Fahne, worunter ich gehöre, es sey im Felde, Besatzungen, Schlachten, Scharmützeln zu Wasser oder zu Lande, und bey anderer Gelegenheit nicht weichen, oder mich heimlich verbergen, sondern demselben, so oft es mir angesaget wird, auch so lange es mein Leben, und Gesundheit zulässet, willig und gerne folgen, und mich sonsten nach denen Kriegs-Articuln also erzeigen, wie einem fleißigen, und getreuen, auch gehorsamen, ehrlichen, und unverzagten Soldaten, und Kriegs-Mann gebühret, und wohl anstehet, auch mein Amt erfordert.
So wahr mir Gott helffe, und sein heiliges Wort durch Jesum Christum. Amen«[92]

Anschließend schwenkte der Freikorporal das Fahnentuch über den Kopf des Neulings und die Zeremonie war beendet.[93]

In den darauffolgenden Tagen tat sich zum großen Erstaunen des jungen Soldaten zunächst einmal nichts. Ihm sollte Zeit gegeben werden, sich auf seinen neuen Stand zu besinnen. Er war jedoch gut beraten, die kurze Pause zu nutzen und sich von einem älteren Stubenkameraden in die Handhabung des Gewehrs, in das Frisieren und in die Reinhaltung der Montur einweisen zu lassen, weil dadurch der spätere Dienst leichter fiel. Erst in der zweiten Woche ging es zur Sache, wenn der Rekrut auf den Paradeplatz des jeweiligen Standortes befohlen wurde. Dort erblickte der Neuling zum ersten Mal den Mann, von dem sein weiteres Schicksal abhängen würde, den Korporal. Dessen Miene und respektheischende Positur ließen keinen Zweifel darüber aufkommen, was er mit dem Rekruten vorhatte, nämlich

»den Kerl zu dressieren und ihm das Air von einem Soldaten beizubringen, daß der Bauer herauskommt.
Wozu gehöret:
- wie er den Kopf halten soll, nemlich denselben nicht hangen lasse, die Augen nicht niederschlage,
- daß ein Kerl den Leib gerade in die Höhe halte, nicht hinterwärts überhange und den Bauch vorausstrecke,
- daß ein Kerl steif auf den Füßen und nicht mit gebogenen Knieen marschiere.«[94]

Hatte der Soldat in schweren Stunden diese Lektion gelernt, kam es darauf an, das Gewehr richtig auf der Schulter zu tragen, bei Fuß zu nehmen, zu strecken und zu präsentieren. Nach diesen sogenannten »Handgriffen« oder dem »Manual« ging es an das Gefechtsexerzieren, die »Chargierung«:

»Man muß in der gantzen Chargierung stille seyn, nicht plaudern, spucken oder sich rühren, auch müssen alle Kerls, sobald das Bataillon, Peleton oder Division geladen und das Gewehr auf der Schulter hat, den Kopf und die Augen gleich nach der rechten Hand haben, das Gewehr wohl tragen, sich in Rotten und Gliedern richten, und mit der Hand nicht in der Tasche oder das Gewehr fassen, sondern unbeweglich stille stehen, wie in den Handgriffen.[95]

Die Verfasser des Exerzierreglements wußten sehr wohl, daß der Auszubildende unmöglich alles auf einmal behalten konnte. Zuviel hätte den Rekruten überfordert, zu hartes Anpacken verschreckt. Deshalb sah das Reglement ausdrücklich vor:

»Damit ein neuer Kerl nicht gleich am Anfang verdrießlich und furchtsam gemacht werde, sondern Lust und Liebe zum Dienst bekommen möge, alles durch gütige Vorstellungen, ohne Schelte und Schmähungen gelernet werden soll. Auch muß der neue Kerl mit Exerzieren nicht auf einmahl so stark angegriffen, viel weniger mit Schlägen traktiret werden.«[96]

Von den Korporalen müssen einige diese Grundsätze allerdings bald wieder vergessen haben. Jedenfalls hatte Bräker vom Regiment Nr. 13 seine Ausbildung anders in Erinnerung. Er lernte nämlich »oft ganze 5 Stunden lang in der Montur eingeschnürt wie geschraubt stehen, in die

Kreuz und Quere pfahlgerad marschieren und ununterbrochen blitzschnelle Handgriffe machen, und das alles auf Geheiß eines Offiziers, der mit einem furiosen Gesicht und aufgehobenem Stock vor uns stand und alle Augenblicke wie unter Kabisköpfe dreinzuhauen drohete.«[97]
Der Franzose Thiébault, der als aufmerksamer Beobachter durch die Berliner Straßen ging, faßte seine Eindrücke in die Worte:

»Ich fragte einmal einige von diesen Soldaten (gemeint sind angeworbene Ausländer), wie sie, um ein paar Tage Arrest zu entgehen, sich in ein Land hätten flüchten können, wo sie täglich mit dem Rohrstock geprügelt würden. Sie antworteten lachend: ›Oh, hier in Preußen ist es keine Schande, Prügel zu bekommen!‹
Ich sprach oftmals mit preußischen Offizieren über diese unmenschliche Prügelei: ›Sie haben Unrecht, sich darüber zu beklagen‹, antwortete man mir! ›Wenn wir nicht so streng wären, würde man Sie in Ihrem eigenen Hause ermorden. Ein Drittel unserer Armee besteht aus Taugenichtsen, die man nur mit der Fuchtel im Zaum halten kann. Die geborenen Preußen brauchen wir nicht so scharf anzufassen, weil sie im allgemeinen gutmütig sind. Aber das andere Pack muß man entweder verprügeln oder aus dem Lande jagen!‹
Man kann keine fünfzig Schritte weit gehen, ohne auf verschiedene Stellen den Rohrstock niedersausen zu sehen. Ich sah einmal einen fünzehnjährigen Junker, der wegen eines geringen Vergehens einen mehr als fünfzig Jahre alten Grenadier vortreten ließ und ihm mit dem Stock aus Leibes Kräften ich weiß nicht wie viele Schläge auf Arme und Schenkel verabreichte. Dem armen Kerl liefen die Tränen über das Gesicht, aber er durfte nicht wagen auch nur ein Wort zu sagen. Ich konnte den Anblick nicht ertragen und entfernte mich schleunigst.[98]

Härtefälle sind bei dem teilweise bis an die Grenze der Menschenwürde gehenden Drill sicherlich vorgekommen. Nicht ohne Grund sind Redensarten wie »kein Pulver in der Pfanne« oder das Wort vom »dicken Ende« (des Ladestocks) in unsere Umgangssprache eingegangen. Bei dem heutigen Abstand zu den damaligen Ausbildungsmethoden darf jedoch nicht übersehen werden, daß die angestrebte hohe Feuergeschwindigkeit und Standfestigkeit der Truppe die Überlebenschance des einzelnen Soldaten erheblich verbesserten. Abgesehen davon waren die Soldaten von Hause aus robustes Anpacken gewohnt. Viele von ihnen hatten bereits im Zivilleben als Lehrjungen oder Knechte saftige Ohrfeigen einstecken müssen. Die körperliche Züchtigung durch Prügel war deshalb etwas so Alltägliches, daß sie nicht als entehrend empfunden wurde. Jeder Vorgesetzte hatte das Recht, Hiebe mit dem Stock zu geben oder austeilen zu lassen. Unteroffiziere durften drei Hiebe aufzählen, wenn sie z. B. auf Wache oder in einer Korporalschaft das Kommando hatten. Entdeckten die Unteroffiziere bei ihren Untergebenen gleich mehrere Nachlässigkeiten, erhöhte sich das zulässige Kontingent entsprechend (z. B. drei Schläge für schlechten Anzug, drei für Rostflecke am Gewehr). Die Unteroffiziere selbst wurden durch Schläge mit der flachen Degenklinge diszipliniert. Dieses sogenannte Fuchteln wurde allerdings für Feldwebel 1741 wieder abgeschafft.
Im übrigen unterschied man sehr genau das »Brutalisieren« von den gerechtfertigten Hieben. Wer einen Mann »ungesund« schlug, wurde selbst hart bestraft. Schließlich hatte der Staat in den zu Bestrafenden eine Menge Geld und Ausbildung investiert. Geprügelt wurde damals in nahezu allen Armeen.[99] Nirgendwo in Europa behandelte man den Soldaten mit besonderer Humanität, aber in der preußischen Armee hatte er gewiß am wenigsten unter der Willkür – nicht Strenge (!) – seiner Vorgesetzten zu leiden.[100]
Tatsächlich lassen sich nicht wenige Beispiele dafür finden, daß ehemalige Soldaten bei ihrem Übertritt in andere Dienste trotz oder gerade wegen der ihnen widerfahrenen Behandlung gern an ihre preußische Zeit zurückdachten. In einer zeitgenössischen Quelle heißt es dazu:

»Auf der Parade einer bischöflichen Residenz hörte ich, wie ein Offizier einen Korporal anhunzte. Der Korporal antwortete mit unbeschreiblichem kalten Stolze nichts weiter als: Herr Offizier, ich habe dem König von Preußen gedient – und der Offizier schwieg.[101]«

Selbst Bräker, der gern als Zeuge für die unmenschliche Behandlung preußischer Soldaten zitiert wird, gelangte in späteren Jahren zu einem positiven Urteil.[102]
Die Grundausbildung des Soldaten erfolgte in den kühlen Vormittagsstunden. Geweckt wurde, wenn die Nachtwache auf 200 Schritt jemanden erkennen konnte. An den Nachmittagen hatte der Rekrut dienstfrei. Freilich fand er zumindest in der Anfangszeit seines Soldatenlebens auch dann kaum Ruhe. Denn »kamen wir totmüde ins Quartier, so gings schon wieder über Hals und Kopf unsere Wäsche zurechtzumachen und jedes Fleckchen auszumustern, denn bis auf den blauen Rock war unsere Uniform weiß. Gewehr, Patronentasche, Koppel, jeder Knopf an der Montur, alles mußte spiegelblank geputzt sein. Zeigte sich an einem dieser Stücke die geringste Untat, oder stand ein Haar der Frisur nicht recht, so war, wenn er auf den Platz kam, die erste Begrüßung eine Tracht Prügel.«[103]
Deshalb wurde es in der Regel Abend, bis der Rekrut zur privaten Gestaltung des Tages übergehen konnte. Viel Zeit blieb ihm dafür allerdings nicht, denn mit dem Zapfenstreich, der von Mitte September bis Mitte März um

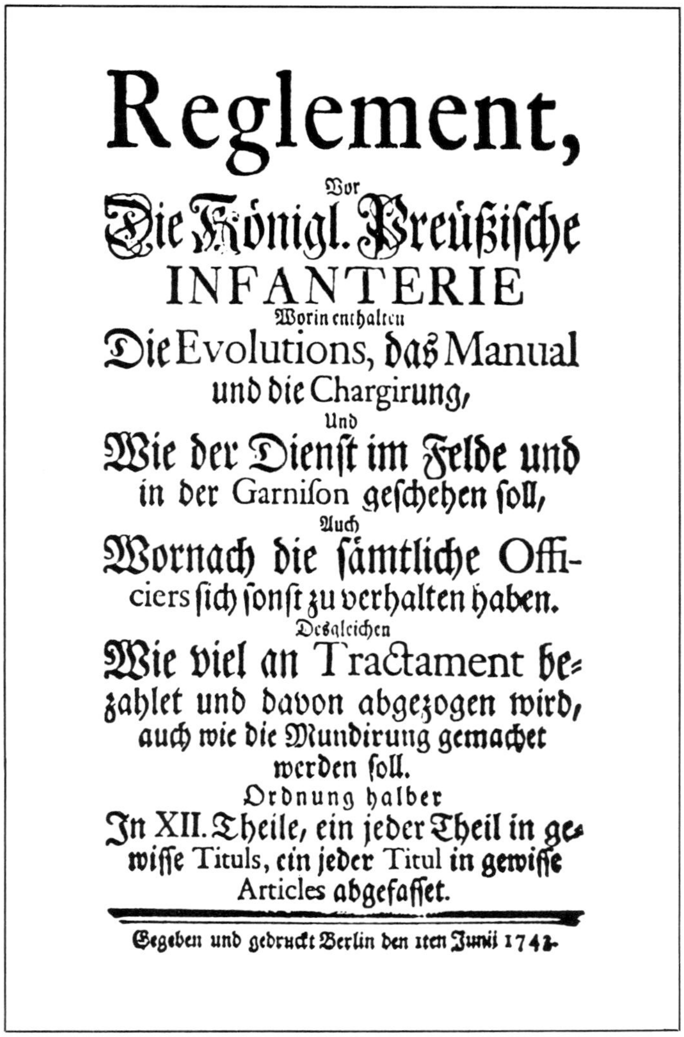
Reglement,
Vor
Die Königl. Preußische
INFANTERIE
Worin enthalten
Die Evolutions, das Manual
und die Chargirung,
Und
Wie der Dienst im Felde und
in der Garnison geschehen soll,
Auch
Wornach die sämtliche Officiers sich sonst zu verhalten haben.
Desgleichen
Wie viel an Tractament bezahlet und davon abgezogen wird,
auch wie die Mundirung gemachet werden soll.
Ordnung halber
In XII. Theile, ein jeder Theil in gewisse Tituls, ein jeder Titul in gewisse Articles abgefasset.
Gegeben und gedruckt Berlin den 1ten Junii 1743.

Deckblatt des Infanteriereglements von 1743

Das Reglement hatte Taschenbuchformat und durfte von den Offizieren nicht aus der Hand gegeben werden.

20 Uhr, in den übrigen Monaten um 21.30 Uhr ertönte, mußten die Soldaten die Kneipen räumen.[104] Sogenannte Bierpatrouillen, die aus einem Unteroffizier und zwei Soldaten bestanden, sorgten in den Garnisonen dafür, daß dieser Befehl eingehalten wurde. Abend für Abend, Jahr für Jahr klapperten die Patrouillen die verräucherten Kneipen ab. Wer nicht gehorchte, wurde in Arrest genommen.

Die Grundausbildung dauerte ein Jahr. Erst danach durften die Rekruten in die Kompanien übernommen werden. Ebenso mußten Beurlaubte bei längerer Abwesenheit zunächst nachexerziert werden, bevor sie wieder in ihre Kompanie eingegliedert wurden.[105]

Die Regimenter exerzierten mit ihren Kompanien nur in den Exerziermonaten, und zwar jeden dritten Tag, wobei die Übung nicht länger als drei Stunden dauern durfte. Bei warmem Wetter begann der Dienst schon relativ früh:

»Morgen exerciert das Regiment und stehen die Kompagnien um 6 Uhr auf der Contreescarpe. Der Mann hat zehn Patronen. Die Kompagnien sollen nicht zugeben, daß sich die Leute heute lange in die Wirtshäuser aufhalten, damit morgen keiner besoffen kommt.«[106]

oder noch eher:

»Das Regiment steht morgen um 1/2 6 Uhr auf dem Glacis, also kommen die Kompagnien um 5 Uhr vor ihre Kapitänsquartiere.«[107]

»Die Grenadire von Haack und von Forcade stehen morgen 3/4 auf 4 vor dem General von Haack.«[108]

Sobald die Kompanien auf dem Exerzierplatz eingetroffen und nebeneinander aufmarschiert waren, erfolgte die Formierung der Bataillone, wobei die Musketiere jedes Bataillons durch den Adjutanten in 4 Divisionen und 8 Peletons zu 3 Gliedern eingeteilt wurden.[109]
Der Gliederabstand betrug 4 Schritte, der Zwischenraum der einzelnen Rotten ab 1743 eine Armlänge, damit die Soldaten, ohne sich zu berühren, exerzieren konnten. Die Füße waren eine Spanne auseinandergestellt. Alle Offiziere und Unteroffiziere nahmen in einem bzw. zwei Gliedern vor der Front des Bataillons Aufstellung, bevor sie nach Dienstalter (Offiziere) oder nach der Größe

Dienstplan im Vergleich
(Sommerhalbjahr)

	damals (1763)	heute (1984)
4.00 Uhr	Wecken	
4.15 Uhr	Frühstück	
5.00 Uhr	Antreten	Wecken, Körperpflege
5.05 Uhr		Stubendurchgang
5.30 Uhr	Dienstbeginn	Stuben/Revierreinigen
6.00 Uhr	Formalausbildung	Frühstück
7.20 Uhr	Waffenausbildung (Manual)	Fertigmachen zum Dienst
7.30 Uhr		Kontrolle Stuben und Ausrüstung Antreten und Befehlsausgabe
7.50 Uhr		Beginn des Ausbildungsdienstes
8.40 Uhr	Kampfausbildung (Chargierung)	
11.50 Uhr	Dienstschluß	
12.40 Uhr		Beginn der Mittagspause
12.50 Uhr		Mittagessen
13.20 Uhr		Stubenreinigen
13.30 Uhr	(Putzen und Flicken)	Fertigmachen zum Dienst
13.40 Uhr		Fortsetzung des Ausbildungsdienstes
16.45 Uhr		Ende des Ausbildungsdienstes Mo-Do
17.00 Uhr		Abendessen
18.00 Uhr		Stuben/Revierreinigen
21.30 Uhr	Zapfenstreich	
22.00 Uhr		Zapfenstreich

(Unteroffiziere) auf die Divisionen und Peletons verteilt wurden. Die aufgeteilten Offiziere traten zunächst 8 Schritte vor die Front ihrer Einheit, die Unteroffiziere an die Flügel bzw. vier Schritte hinter das letzte Glied. Die vor der ersten Division stehenden Gefreitenkorporale mit den fünf Fahnen marschierten vor die Mitte des Bataillons. Je drei Tambours standen auf den Flügeln des Bataillons und vor den rechten Flügeln der 2., 3. und 4. Division, die Hautboisten vor dem linken Flügel der 2. Division des I. Bataillons. Nur der Major und der Adjutant waren zu Pferde. Der Major lenkte sein Tier, nachdem er dem in der Mitte stehenden Kommandeur gemeldet hatte, auf den rechten Flügel, der Adjutant hinter die Mitte des Bataillons. Auf einen Trommelwirbel marschierten die Offiziere, Unteroffiziere und Gefreitenkorporale schließlich hinter das Bataillon, so daß die Front frei wurde. Der rechte Flügelmann trat alsdann 24 Schritte vor, so daß das ganze Bataillon ihn sehen konnte, und die Handgriffe nach dem Vorbild des Flügelmannes nahmen ihren Lauf.[110] Da die Reihenfolge stets dieselbe war, konnten die Kommandos auch unterbleiben. Starke Schläge an das Gewehr und lautes Beitreten galten als schön.

Zur Ausführung der Chargierung mußte sich das Bataillon aus der beschriebenen geöffneten Grundaufstellung durch Aufrücken auf die »Spitze des Säbels« des Vordermannes zunächst einmal schließen. In die Mitte zwischen 3. und 4. Division traten die Fahnen ein, je zwei in das 1. und 3. Glied, eine in das 2. Glied, rechts und links von ihnen die Grenadierzimmerleute mit geschultertem Gewehr.[111] Die Spielleute standen bei der Chargierung je zur Hälfte auf beiden Flügeln, die Hautboisten hinter der Mitte des I. Bataillons. Die Offiziere, welche die Peletons kommandierten, traten auf die rechte Seite ihrer Züge, die übrigen 2 Schritte hinter die Unteroffizierlinie. Der Kommandeur befand sich beim Exerzieren 6 Schritte vor den Fahnen, der Major zu Pferd hinter dem rechten Flügel, der Adjutant hinter der Mitte.[112]

Das Bataillon feuerte auf der Stelle, im Avancieren und im Retirieren mit Peletons oder Divisionen von den Flügeln zur Mitte hin. Beim Kommando »mit Peletons im Avancieren chargiert« fiel das 1. Glied beim dritten Schritt auf das rechte Knie und stellte das Gewehr ab, das 2. rückte mit einem halben Schritt nach rechts dicht heran, das 3. mit einem ganzen Schritt nach rechts auf die Lücke.[113] Nach dem Abfeuern sprang das 1. Glied sofort auf, gleichzeitig gingen die hinteren auf »halbe Distanz« (2 Schritte) zurück, um Platz für das Laden zu haben. Der Pulververbrauch bei diesen Übungen war hoch. Vom Regiment Nr. 23 wissen wir, daß allein für eine Exerziersaison 33 1/2 Zentner verschossen wurden.[114]

Musketierzug auf »Luke« stehend und feuerbereit:

```
                          Front

L  M M M M M M M M M M M M M M M M M M M M M   L
       M M M M M M M M M M M M M M M M M M M
U      M M M M M M M M M M M M M M M M M M M M   U

       U          U          U          U

                          L
```

Ein praktisches Beispiel für eine Regimentsübung liefert uns ein Befehl wiederum des Regiments Nr. 23 aus dem Jahre 1751:

»Die Grenadiere der Regimenter von Haack und von Forcade stehen morgen dreiviertel auf vier vor dem General von Haack. Das Bataillon kommandiert der Major von Schlieben und hat die Tete. Der General von Phax den linken Flügel. Sobald die Linie in Marsch ist, wird kommandiert: Mit Zügen links schwenkt Euch! Wenn die Linie wohl aligniert, wird dreimal mit Plotons auf der Stelle und zweimal mit Bataillons chargiert. Das geschieht wechselweise. Nach dem wird »rechts um! Kehrt Euch!« kommandiert und zweimal mit Plotons chargiert. Alsdann wird links gestellt und avanciert, beim siebenten Schritt wird marsch! kommandiert und stark angetreten. Wenn nun so weit marschiert als möglich, wird viermal mit Plotons im Avancieren chargiert. Kurz darauf wird kommandiert: halt! Richt Euch! – Wie deployert soll werden wird noch gesagt werden. Im Deployeren aber marschiert ein Zug nach dem anderen auf.«[115]

Die Marschgeschwindigkeit sollte beim Avancieren gemäß Ordre vom 2. Mai 1747 in der ersten Minute 90–95, dann 70–75 Schritte betragen. Neben diesem sogenannten Taktschritt existierte noch der Deployierschritt (120 Schritt in der Minute) für den Aufmarsch und das Einschwenken in die Linie, wo es auf Geschwindigkeit ankam. Die Ausführung der Bewegung überwachte der König mit größter Strenge. Die Frontlinien mußten im »Avancieren und Chargieren« »wohl aligniert sein.« Der Offizier, der hier eine Nachlässigkeit duldete, wurde mit Arrest bestraft, denn von der Geschlossenheit der Front hing erfahrungsgemäß nicht selten der Ausgang einer Schlacht ab.

In der Regel exerzierte jedes Regiment für sich. Die einzige Gelegenheit, bei der die Soldaten in größeren Verbänden übten, waren die Revuen, durch die sich der König persönlich vom Ausbildungsstand seiner Armee überzeugte. Stand eine solche Übung bevor, bei der den scharfen Augen des Königs nichts, aber auch gar nichts entging, stiegen nach einem Chronisten »die Wünsche von Frauen, Kindern, Freunden mit Inbrunst zum Himmel, daß die Ihren in diesen fürchterlichen drei Tagen nicht unglücklich werden möchten.«[116]

Die in der Mark Brandenburg stehenden Regimenter übten in und bei Berlin, die magdeburgischen versammelten sich in Magdeburg, die pommerschen bei Stettin, und zwar stets in kompletter Sollstärke. Das bedeutete für jede Kompanie 38, für das Bataillon 190 volle Rotten. Fielen mehr als 8 Soldaten wegen Krankheit oder aus sonstigen Gründen aus, durften die Musketierkompanien das Fehl aus den Überkompletten der übrigen Kompanien decken. Auf dem Revueplatz angetreten, bestanden die Regimenter somit aus:

	I. Bataillon	II. Bataillon
Offiziere	25	25
Unteroffiziere	59	59
Pfeifer	3	3
Rgt. Tambour	1	–
Hautboisten	6	–
Grenadiere	120	120
Zimmerleute	6	6
Musketiere	570	570
Tambour in Rgt. tambourfunktion	–	1+

+ bei der 1. Kompanie

Die Dispositionen zeigen ein immer wiederkehrendes Bild. Die Infanterie, die etwa 10 Regimenter stark war, wurde in einem einzigen Treffen aufgestellt, die Kavallerie am rechten Flügel postiert. Nachdem der König die Front mit den üblichen Ehrenbezeigungen abgeritten war, begann die Übung, wobei Kanonenschüsse die einzelnen Abschnitte markierten.

Stärkemeldung des Regiments Bornstedt (Nr. 1) für die auf den 20. September 1785 angesetzte Potsdamer Revue.

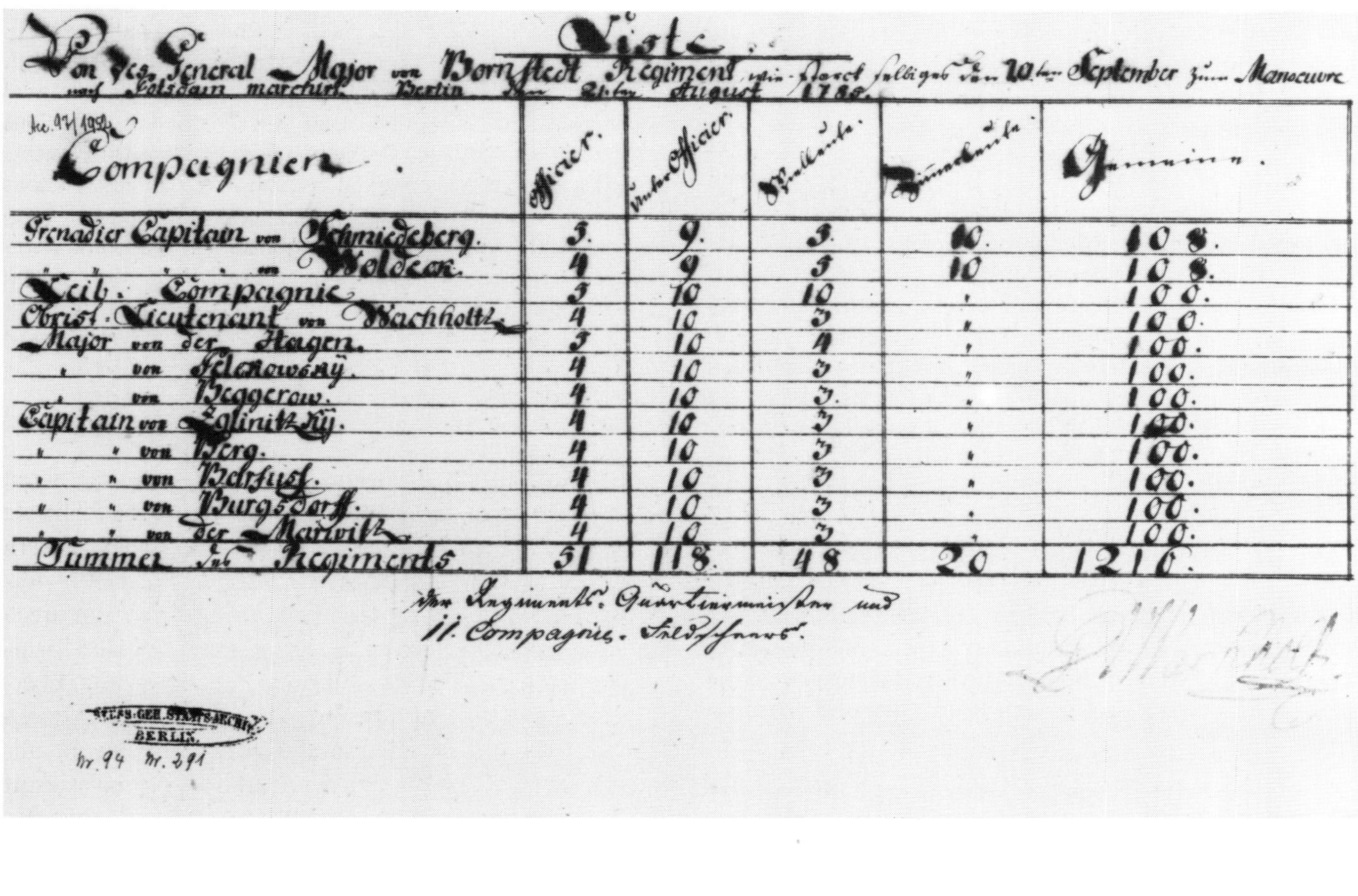

Liste Von des General Major von Bornstedt Regiment

Compagnien	Officier	Unter Officier	Spielleute	Zimmerleute	Gemeine
Grenadier Capitain von Schmiedeberg	3	9	3	10	108
von Woldeck	4	9	3	10	108
Leib Compagnie	3	10	10	.	100
Obrist Lieutenant von Wachholtz	4	10	3	.	100
Major von der Hagen	3	10	4	.	100
von Pelkowsky	4	10	3	.	100
von Beggerow	4	10	3	.	100
Capitain von Zaelinitzky	4	10	3	.	100
von Berg	4	10	3	.	100
von Behrfuß	4	10	3	.	100
von Burgsdorff	4	10	3	.	100
von der Marwitz	4	10	3	.	100
Summe des Regiments	51	118	48	20	1216

Eine Gefechtsidee gab es nicht, der Gegner wurde nicht angenommen und schon gar nicht dargestellt. Die ganze Linie machte dasselbe Schulexerzieren durch wie das einzelne Bataillon. Danach folgte als das eigentliche Hauptstück der ganzen Schau die Chargierung mit den Abteilungen und Peletons auf der Stelle, im Angriff und im Rückzug. Danach wurden Karrees gebildet, bis schließlich der Abmarsch in Parade erfolgte.[117]

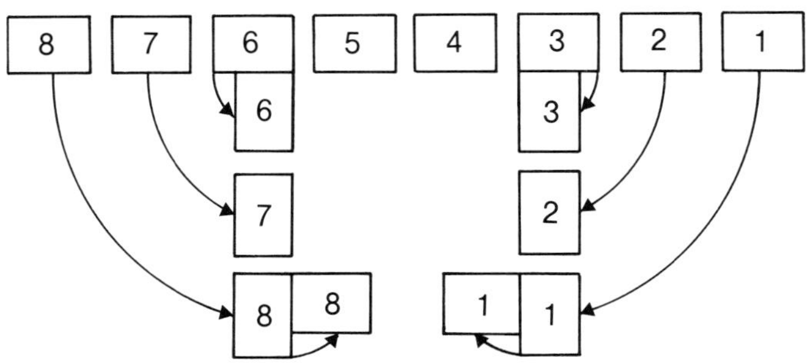

Formierung eines Bataillonskarrees

Im Grunde lernten und zeigten die Truppen nichts anderes als was sie einzeln auf ihren Exerzierplätzen geübt hatten. In einem zeitgenössischen Bericht aus dem Jahre 1786 liest sich das Ganze wie folgt:

»Der König hält gewöhnlich zu Anfange des Monats Mai die Spezialrevue über sämtliche in Garnison liegende Infanterie- und Kavallerieregimenter im Tiergarten. Den 19. und 20. des Monats pflegen noch 6 Regimenter Infanterie, nämlich fünf Feldregimenter und ein Garnisonregiment, in die Stadt auszurücken, und vor dem Hallischen Tor kampiert ein Kavallerieregiment. Den 21. pflegt der König mit diesen sämtlichen Truppen, die zusammen 30000 Mann ausmachen, drei Tage nacheinander Große Revue gewöhnlich auf der Ebene bei Tempelhof zu halten. Die Kavallerie macht die zwei ersten Tage zuerst ihre Evolutionen und Manöver, so daß, wenn solche abmarschiert ist, die Infanterie erst aufmarschiert. Den ersten Tag marschiert sowohl die Kavallerie als Infanterie in Parade mit klingendem Spiele, fliegenden Fahnen und ihren Regimentsstücken bei dem König vorbei. Den dritten läßt der König gemeiniglich von der ganzen Armee eine besondere Attacke machen. Den 24. Mai marschieren sodann sowohl die fremden Regimenter als auch die Beurlaubten der Garnison wieder fort.«[118]

Einen besonderen Ruf hatte das erste größere Feldmanöver von 1753 bei Spandau erlangt. Husarenposten umstellten das Gelände, um ungebetene Zuschauer, die das Gesehene an andere hätten weitergeben können, abzuhalten. Damit die bei den Revuen gewonnenen Erfahrungen unter allen Umständen im Lande blieben, durften in aller Regel selbst von den eigenen Offizieren nur diejenigen anwesend sein, die dazu gehörten. Für Neugierige jeder Art hatte Friedrich überhaupt nichts übrig. Hier verstand er keinen Spaß. Mit welcher Sorgfalt im einzelnen abgeschirmt wurde, zeigen uns verschiedene Regimentsbefehle von Nr. 23:

»Wenn sächsische Offiziers herein passieren, soll ihnen von der Wacht ein Unteroffizier mitgegeben werden, welcher so lange bei ihnen bleiben muß, bis er durch einen Ordonanzunteroffizier abgelöst wird.«[119]

»Wenn fremde Leute auf die Parade kommen, soll man genau auf sie Acht haben und sehen, wer sie seien.«[120]

»Wenn Offiziers von anderer Herren Truppen bei dem Exercieren kommen, soll ihnen durch einen Adjutanten gesagt werden, es sey nicht erlaubt zuzusehen.«[121]

Das Resultat der gründlichen Ausbildung waren Soldaten, die sich wie ein Uhrwerk bewegten, und dabei drei Schuß in der Minute aus einem Gewehr von 155 cm Länge auf 200 m Entfernung abfeuerten. Um diese Leistung richtig qualifizieren zu können, müssen wir uns vergegenwärtigen, wie viele Handgriffe damals für einen einzigen Schuß erforderlich waren:
Zunächst hatte der Mann mit der rechten Hand die Patrone aus der Patronentasche zu nehmen und das Papier abzubeißen, das Kugel und Pulver umhüllte (mutwilliges Ziehen der Vorderzähne galt deshalb als Selbstverstümmelung!). Aus der angebissenen Patrone wurde eine Prise Pulver auf die geöffnete Pfanne gegossen, danach der Pfannendeckel geschlossen. Nun wurde das Gewehr auf die linke Seite genommen, das restliche Pulver in den Lauf geschüttet, dann Papier und Kugel als Propf nachgeschoben. Danach wurde der Ladestock herausgezogen und mit seinem dicken Ende in den Lauf gesteckt, um die Ladung festzustoßen. Anschließend wurde der Stock zurückgesteckt und das Gewehr geschultert. Der Soldat war nun feuerbereit. Auf das Kommando »fertig!« nahm er das Gewehr mit dem Schloß in Gesichtshöhe vor sich und spannte den Hahn. Es folgten: »Schlagt an!« und schließlich »Feuer!«[122]
Demgegenüber schoß der europäische Normalsoldat lediglich ein- bis zweimal pro Minute aus einem 140 cm langen Gewehr auf 150 m wirksam. Diese Unterschiede haben bei sonst gleichen Umständen den Infanteriekampf mit derselben Sicherheit entschieden, wie 150 Jahre später das Zündnadelgewehr die Schlachten von 1866.[123]

3. Bekleidung und Erscheinungsbild des Infanteristen

Bis zum Jahre 1631 stand die Bekleidung im Belieben des einzelnen Soldaten. Im allgemeinen trug er ein Lederwams mit einreihiger Knöpfung, darunter ein Hemd mit aufgesetztem Kragen. Weite Pumphosen mit Schleifen an den Knien ergänzten das Bild. Das uneinheitliche Äußere hatte in den Schlachten der frühen Neuzeit nicht selten fatale Folgen. Im Pulverqualm konnten die Soldaten den Freund kaum vom Feind unterscheiden. Feldzeichen wie Fahnen, Reisig am Hut oder farbige Bänder um Arm oder Leib gebunden halfen da wenig. Selbst beigebrachte Verluste waren deshalb keine Seltenheit. Außerdem waren die Soldaten ohne einheitliche Uniform schwer zu kontrollieren. Die Geschichte kennt viele Fälle, in denen sich Truppen als Feinde ausgaben und mit dieser Tarnung raubend und marodierend durch die Straßen zogen.[124]

Die Anfänge der Uniformierung fallen in die Regierungszeit des Sonnenkönigs. Dabei entschieden sich die englischen Soldaten für das von Cromwell ausgewählte Rot, weil die Gestehungskosten für diese Farbe besonders gering waren. Österreich und die übrigen katholischen Staaten wählten die weiße, Sachsen die weiß-rote und Brandenburg-Preußen die blaue Uniformierung. Das Blau wurde jedoch zunächst nicht durchgehend verwendet. Erst Friedrich I. verfügte die einheitliche Einfärbung der Bataillone, und zwar mit weißen Abzeichen für die Garde und roten für die Linie.[125] In Form und Schnitt richtete er sich wie das übrige Europa nach der französischen Mode.

Bedeutende Änderungen erfolgten unter Friedrich Wilhelm I. Praktische und wirtschaftliche Gründe waren dafür maßgebend. Zunächst einmal störten die weiten Ärmel beim Gebrauch der Waffen. Vor allem aber ärgerte den Soldatenkönig die Verschwendung an Stoff. Hier konnte und mußte in seinen Augen erheblich gespart werden.

Das Reglement für die Infanterie von 1714 enthielt erstmals genaue Bestimmungen über die höchstzulässige Stoffmenge und den Preis der Mannschaftsmonturen. 1718 wurde beides auch für die Offiziersmonturen festgelegt und die Gesamtbearbeitung dem Oberst Detlev von Massov anvertraut. Trotzdem mußten die Uniformproben weiterhin vom König genehmigt werden. Auch sonst griff Friedrich Wilhelm häufig in die Geschäfte ein. Immer wieder entdeckte der König ein Zipfelchen Stoff, das aus seiner Sicht überflüssig war. Fortlaufend wurde weiter gekürzt. Während 1714 für den Rock eines preußischen Infanteristen noch fünf Ellen Tuch benötigt wurden, betrug der Tuchverbrauch 1752 für das vom Berliner Schneider Steudner entwickelte Uniformmuster nur noch 2 3/4 Ellen, 1786 nur noch ganze 2 1/2.[129]

Uniformschnitt im Vergleich
links französisches, rechts preußisches Muster

Die Uniformtuche stammten ausschließlich aus preußischer Fertigung, weil Friedrich Wilhelm I. darin eine gute Gelegenheit sah, die einheimische Textilindustrie zu fördern. Durch seine protektionistische Wirtschaftspolitik entwickelte sich Berlin bald zur größten Wollweberstadt. Über 300 Unternehmer stellten dort auf mehr als 3000 Stühlen 113104 Stück schwerer und leichter Wollstoffe her, wobei das 1715 eröffnete Lagerhaus eine bedeutende Rolle spielte. Bereits ein Jahr nach der Eröffnung war es imstande, den Heeresbedarf an Tuchen vollständig zu decken.[127] Als weitere Maßnahme schaffte Friedrich Wilhelm I. die bis dahin zur Grundausstattung gehörenden Mäntel ab, die von den Soldaten auf der Schulter zusammengerollt getragen worden waren. Mäntel erhielten fortan nur noch die Wachen und das auch nur in der Zeit vom 1. November bis 30. April.[128] Ferner sorgte er dafür, daß die roten Strümpfe durch weiße, später schwarze Gamaschen ersetzt wurden.

Bei Dienstantritt erhielt jeder Soldat die großen Montierungsstücke wie Rock, Kamisol, Hose und Hut aus Regimentsbeständen. Die kleinen Montierungsstücke wie Hemden, Halsbinde, Schuhe und Stiefeletten stellte die Kompanie. Bestimmungsgemäß war die Truppe nur mit einer Garnitur ausgestattet. Vielfach wurde jedoch aus Erparnissen, etwa durch das Auslassen eines Einkleidungstermins, eine zusätzliche zweite Garnitur erwirtschaftet. Im allgemeinen galten folgende Tragezeiten:

Kleidungsstück	– in Jahren –			
	1	2	3	5
Rock	X			
Hose	X			
Kamisol	X			
Halsbinde	X			
Hut	X			
Stiefeletten	X			
Handschuhe (nur Uffz)			X	
Säbelquaste		X		
Strümpfe	X			
Grenadiermütze (ohne Blech)		X		
Schärpe für Offz				X
Portepee für Offz	X			

Umtauschtermin war für alle Regimenter der Armee der Monat Mai.[129] Standen jedoch Revuen bevor, konnte der Termin auch etwas früher, und zwar jeweils rechtzeitig vor den Paraden liegen.

Die Kommandeure mußten den Bedarf an großen Montierungsstücken mindestens 6 Monate vorher beim Generalkriegskommissariat melden, bevor sie mit den inländischen Lieferanten schriftliche Verträge abschließen durften. Die Generalkriegskasse überwies den Regimentern die hierfür erforderlichen Mittel. Die Summe war beträchtlich. Insgesamt wurden für die Bekleidung der Infanterie pro Jahr 503650 Taler aufgewendet.[130]

Im Krieg wurden die etatmäßigen Kleidergelder nicht von der Generalkriegskasse an die Regimenter ausgezahlt. Stattdessen meldeten die Truppen beim Beziehen der Winterquartiere ihren Bedarf dem Flügeladjutanten, der den dringendsten Bedarf aus den Magazinen entnahm und mit dafür sorgte, daß der Rest in den Städten bestellt wurde. Nachdem die Truppe versorgt war, wurde sofort Ersatz für die Magazine beschafft.

Von dem alten Kamisol hatte der Soldat Schlafmütze, Brusttücher oder Handschuhe anfertigen zu lassen. Über den Rest durfte er frei verfügen, da die Uniform aus den Soldabzügen des Soldaten als bezahlt galt. Es kam allerdings gelegentlich auch vor, daß das eine oder andere Stück auf Kammer genommen wurde. Damit sollten Verluste durch desertierte Soldaten ausgeglichen werden, falls die dafür an sich vorgehaltene Reserve von 14 Stück je Regiment nicht ausreichte.[131]

Auf diese Weise besserte sich nicht nur der Bekleidungszustand der Bevölkerung erheblich, die Uniform wurde so auch zur Volkstracht der Männer. Die Häufigkeit der Uniform im Straßenbild des alten Preußen findet darin ihre einfache Erklärung.

Der *Mannschaftsrock* bestand aus dunkelblauem Tuch, der seit 1726 mit rotem Wollstoff gefüttert war, während die Ärmel rohes Leinwandfutter hatten. Der Saum hörte gerade da auf, wo ihn der Mittelfinger am gestreckten Arm erreichen konnte. Der Rock sollte bestimmungsgemäß so gefertigt sein, daß er im Winter geschlossen getragen werden konnte, denn dem Soldaten stand, wie wir wissen, kein Mantel zu. Stattdessen wurden die Brustklappen der Röcke bei Kälte übergeknöpft oder der Rock, wo solche fehlten, zugehakt. Auf der linken Schulter des Uniformrocks befand sich in der Höhe des Schulterblattes eine Schulterklappe (»Dragoner«). Sie bestand bei den Musketieren aus rotem, bei den Grenadieren aus weißem Tuch. Die Klappe diente dazu, den Patronentaschenriemen zu halten.

Die Rockschöße waren mit den Vorder- und Rückenteilen aus je einem Stück geschnitten, also nicht mit

Titelblatt des Erlasses von 1718, mit dem die einheimische Tuchindustrie gestärkt werden sollte.

CVI.

EDICT,

Daß

Die Königlichen Bedienten

und Vasallen

Kein ander

Roth noch blau

Tuch/

Als was im Lande fabriciret ist/ auch zu den

Livréen oder Bekleidung der Domesti-

quen keine andere als

Einländische Tücher/

Zeuge/ Strümpffe und Hüte

gebrauchen sollen.

De Dato Berlin/ den 26. Aprilis 1718.

BERLIN/

Druckts Christoph Süßmilch/ Königl. Preuß. Hof-Buchdrucker.

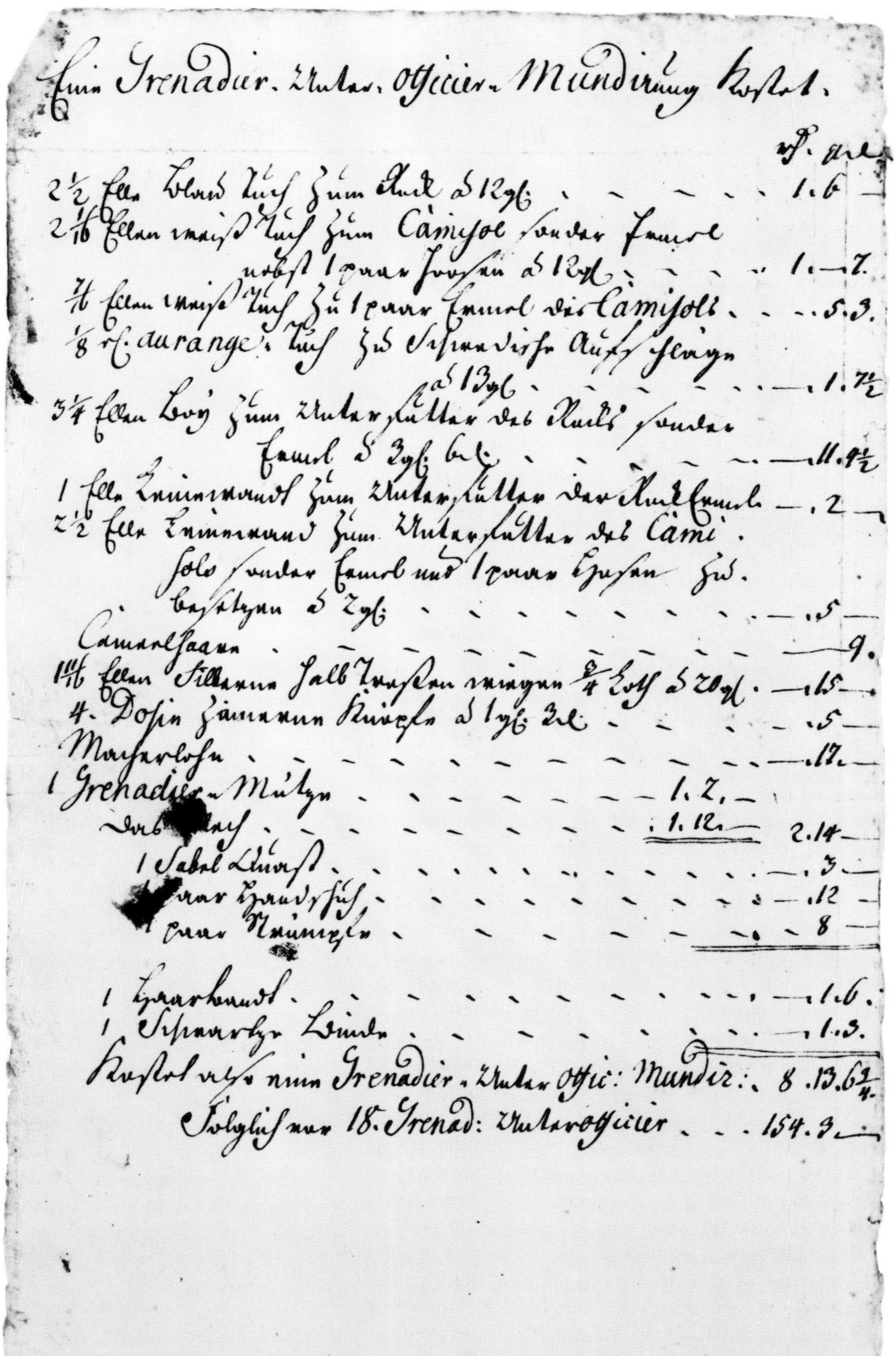

Ein Grenadier-Unter-Officier-Mundirung kostet.

	rt. gr. pf.
2½ Ellen blau Tuch zum Rock à 12 gr	1.6 –
2 1/16 Ellen weiß Tuch zum Camisol sonder Ermel nebst 1 paar Hosen à 12 gr	1.–.7.
7/16 Ellen weiß Tuch zu 1 paar Ermel des Camisols	–.5.3.
1/8 Ell: aurange Tuch zu Schwedische Aufschlägen à 13 gr	–.1.7½
3¼ Ellen Boy zum Unterfutter des Rocks sonder Ermel à 3 gr 6 pf	–.11.4½
1 Elle Leinwand zum Unterfutter der Rockermel	–.2 –
2½ Ellen Leinwand zum Unterfutter des Camisols sonder Ermel und 1 paar Hosen zu besetzen à 2 gr	–.5 –
Camelhaar	––9.
1 1/16 Ellen silberne halb Tressen wiegen ¾ Loth à 20 gr	–.15 –
4. Dosin zinnerne Knöpfe à 1 gr 3 pf	–.5 –
Macherlohn	–.17.
1 Grenadier-Mütze 1.2.– / Das [illegible] 1.12.–	2.14 –
1 Säbel Kuppel	–.3 –
1 paar Handschuh	–.12 –
1 paar Knieriemen	–.8
1 Haarband	–.1.6.
1 schwarze Binde	–.1.3.
Kostet also eine Grenadier-Unter-Offic: Mundir:	8.13.6¾
Folglich vor 18. Grenad: Unterofficier	154.3.–

Zeitgenössische Aufstellung der für die Einkleidung eines Grenadierunteroffiziers entstehenden Kosten

Naht angesetzt, von den Taillenknöpfen ab in drei Falten gelegt und mit zwei weiteren Knöpfen geschlossen. Beim gemeinen Soldaten wurden sie stets mittels eines Knopfes und eines an jeden Rockzipfel angenähten dunkelblauen, rot unterfütterten Latzes aufgeschlagen. In den Schößen befanden sich quergesetzte Taschen mit Patten und drei Knöpfen. Die Ärmel wurden sehr eng, die kleinen runden Aufschläge meistens rundherum angenäht. In früheren Zeiten (1729) hatte der Rock einen kleinen, daumenbreiten Stehkragen vom Grundtuch, seltener einen farbigen liegenden Kragen, der später zu einem flach aufgenähten Tuchstreifen wurde.
Die Regimenter unterschieden sich im Besatz des Uniformrocks und in den Ärmelaufschlägen. Selbst die Uniformknöpfe, die in der Regel aus Messing oder Zinn bestanden, hatten damals eine von Regiment zu Regiment unterschiedliche Form.[132]

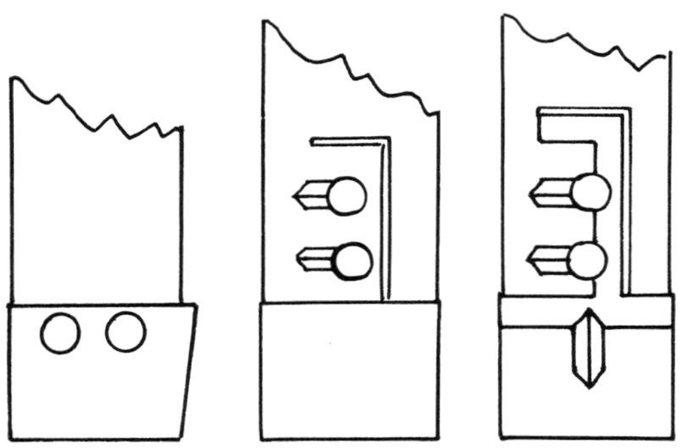

Ärmelaufschläge preußischer Infanterieuniformen
links sog. schwedischer, rechts sog. brandenburgischer Aufschlag (Musketier und Unteroffizier)

Weitaus prächtigere Besätze als die der Mannschaften und sogar Unteroffiziere zierten die Tamboure und Hautboisten. Deren Tressen waren geradezu verschwenderisch. Die Uniform der Hautboisten charakterisiert im übrigen deren besondere Stellung. Von den Unteroffizieren hatten sie den Hut, von der Leibkompanie die weiße Säbelquaste. Zugerechnet wurde sie dem Unterstab des jeweiligen Regiments. Für moderne Ohren war die Zusammensetzung der Regimentsmusik recht eigenartig. Eine Trompete, zwei Fagotte, drei Oboen und eine Klarinette mühten sich redlich, gegen 32 große Trommeln anzukommen. Der Trompeter gab dabei den Ton an. Sein Instrument bestand aus Messing, gelegentlich durch Stiftung aber auch aus Silbermetall (z.B. bei Nr. 11). Das Ansehen der Hautboisten bei der Truppe war nicht immer das beste. Gelegentlich sagte man ihnen nach, in kritischen Momenten lautlos zu verschwinden.[133]
Das *Kamisol* war eine Ärmelweste, die seit 1728 aus Tuch gefertigt und mit Leinwand gefüttert wurde. Die Anpassung an die nach Jahreszeit unterschiedlichen Temperaturen wurde denkbar einfach gelöst: Im Sommer trennte man die Ärmel ab, im Winter nähte man sie wieder an. Das Kamisol wurde mit einer Reihe von Knöpfen geschlossen, die im Sommer bis auf den untersten offen blieben. Die Grundfarbe der Weste war weiß, stroh- oder hellgelb.
Das *Hemd* bestand aus grober Leinwand und wurde, wie damals üblich, hinten geschlossen. Darüber trug der Soldat auf der Brust ein fein gefaltetes Halbhemd.

Das schmale *Halsband* – bei den alten Regimentern rot, bei den neu aufgestellten Füsilieren schwarz – war mit Pappeinlage gesteift. Der Kragen des Oberhemdes wurde als weißer Randstreifen darübergeschlagen.
Die *Kniehose* hatte dieselbe Farbe wie das Kamisol. Über den bis über das Knie reichenden weißwollenen Strümpfen – im Sommer Leinwandsocken – trug der Soldat im Dienst stets *Stiefeletten*, die an der Seite durch 14 kleine Messingknöpfe geschlossen wurden. Die Gamaschen bestanden ab 1744 im Sommer aus weißer und im Winter aus schwarzer Leinwand.
Der *Hut* war aus schwarzem Filz gefertigt. Er hatte bei herabgelassener Krempe die ursprüngliche kurfürstliche runde Form. Die Krempe war mit einer schmalen weißen Tresse aus Wolle eingefaßt. In der aufgeschlagenen dreieckigen Form wurde die Krempe vorn links durch einen Messingknopf gehalten. Darüber saß auf der Innenseite ein Puschel in den Wappenfarben des Regimentschefs. Dieselbe Farbe hatte die auf der Naht zwischen Krempe und Hutkopf angebrachte Hutschnur (Kordon), die in zwei Quasten endete. Der Hut von 1740 besaß eine Vorderspitze, die ausgesprochen nach vorne ragte. Der zur Zeit des Siebenjährigen Krieges verwendete Hut war vorne auch nur wenig steiler. Adolf von Menzel, der den Dreispitz stets mit senkrecht aufgerichteter vorderer Spitze zeichnete, ist deshalb nicht ganz genau. Sein Hutmuster wurde erst nach 1763 eingeführt.[134]
Die Hüte mußten einmal im Jahr aufgeformt und die Wolltressen ausgewaschen werden. Im übrigen lagen bei jedem Regiment genügend Hüte und Puschel auf Kammer, die bei Paraden oder sonstigen wichtigen Anlässen gegen schlechtere Stücke ausgetauscht werden konnten.
Grenadiere erhielten ab 1725 die *Grenadiermütze.* Die Ornamentik auf dem Mützenschild war zur Zeit Friedrichs des Großen nicht mehr gestickt, sondern in Messing gestanzt, so daß der Stoff darunter hervortrat.[135]
Die Mütze war dadurch haltbarer und der Messingschild konnte genauso blank wie die Knöpfe gehalten werden.
Die Grenadiermützen hatten sich merkwürdigerweise konfessionsbedingt entwickelt. Während die protestantischen Heere die eben beschriebene Blechmütze bevor-

Preußische Infanterie

Grenadier des I. Bataillons Leibgarde (Nr. 15a)

Der Soldat trägt Hut, gehört also nicht zu den Flügelgrenadieren. Die weißen Handschuhe wurden nur von den Mannschaften dieses Bataillons getragen.

Grenadier des III. Bataillons Garde (Nr. 15c)

Der Soldat gehört zu einer der 5 Normalkompanien. Als Flügelgrenadier müßte er eine rote Mütze tragen.

Musketier des Regiments Nr. 10

Der Soldat des »gelben Regiments zu Fuß« mit Garnison in Bielefeld/Herford trägt die schwarzen Wintergamaschen. Die Troddel weist ihn als Angehörigen des II. Bataillons aus.

Füsilier des Regiments Nr. 37

Der Soldat trägt die typische, der Grenadiermütze ähnelnde Füsiliermütze. Das schwarze Halsband deutet an, daß er Angehöriger eines neu aufgestellten Regiments ist.

Grenadiermütze des I. Bataillons Leibgarde

Diese Mütze wurde nur von den Angehörigen der Grenadierkompanie, den sogenannten Flügelgrenadieren, getragen. Die übrigen Soldaten – obwohl ebenfalls Grenadiere genannt – trugen Hüte. Die abgebildete Mütze war das Vorbild für die 1894 eingeführte Parademütze des 1. Garderegiments zu Fuß.

Füsiliermütze des Infanterieregiments Nr. 32

Die der Grenadiermütze angeglichene Form und die platzende Granate auf der Mützenspitze sind gut zu erkennen.

Unteroffizier des Regiments Nr. 2

Der Dienstrang ist erkennbar an dem über Kreuz eingefärbten Hutpuschel, dem breiten goldenen Hutband, dem goldenen Uniformbesatz (Mannschaft rot), der schwarz-weißen Troddel, den Stulpenhandschuhen und dem Stock.

Offizier des Regiments Nr. 8

Die schmale goldene Huttresse, das weiße Halsband, der goldene Besatz des Rockes, Schärpe, Stock und Portepee weisen den Abgebildeten als Offizier aus. Er könnte Leutnant oder Hauptmann sein (Stabsoffiziere trugen Stiefel).

Freikorporal des Regiments Nr. 1

Als Unteroffizier trägt auch er einen über Kreuz eingefärbten Hutpuschel, breite Tressen, Stulpenhandschuhe und einen Stock, der am 2. rechten Brustknopf hing, wenn er nicht in die Hand genommen wurde.

Offizier des I. Bataillons Leibgarde

Die ganze Pracht des Rokoko kommt in dieser Uniform zur Entfaltung. Die Farbe des Besatzes geht auf Friedrich II. zurück, der Silber besonders liebte.

Musketier

Der **Musketier** trägt auf der rechten Hüfte die Patronentasche an breitem, weißen Bandelier. Links hängen Feldflasche, Tornister und (nicht sichtbar) der Brotsack. Auf dem Rücken ist das durch Leder geschützte Schanzzeug gut zu erkennen.
Der **Grenadier** ist ähnlich ausgerüstet. Bei ihm ist der unter dem Tornister hängende Brotsack gut sichtbar. Bajonett- und Säbelscheide werden davon halb verdeckt. Am Bandelier auf der Rückenmitte hängen Zeltheringe.

Grenadier

Tambour der Garnisontruppe

Der für Spielleute ungewöhnlich schlichte Besatz symbolisiert die nachrangige Bedeutung dieser Truppe.

Grenadier-Pfeifer des Regiments Nr. 26

Der aufwendige Ärmelbesatz, das auffälligste Kennzeichen aller Spielleute, ist gut zu erkennen. In dem über der rechten Hüfte hängenden Futteral wurden üblicherweise zwei Querpfeifen verschiedener Größe aufbewahrt.

Grenadier-Zimmermann des Regiments Nr. 22

Zu jeder Grenadierkompanie gehörten 6 mit Äxten ausgerüstete Zimmerleute, die ihre Kameraden bei der Erstürmung von Feldbefestigungen unterstützten.

Feldjäger zu Fuß

Das Bild zeigt einen Feldjäger im Siebenjährigen Krieg, da die goldene Hutborde bereits fehlt. Der Soldat trägt eine Jagdbüchse mit kurzem, gezogenen Lauf. Der Hirschfänger mit der Klingeninschrift »vive le roi et ses chasseurs« ist verdeckt.

Kadett und Unteroffizier des Kadettenkorps

In das Korps wurden junge Adelige ab etwa dem 10. Lebensjahr, aber auch Söhne gefallener oder verdienter bürgerlicher Soldaten aufgenommen. Feldwebel und Offiziere waren erwachsene Soldaten. Unter Friedrich Wilhelm I. wurden etwa 1400, unter Friedrich II. knapp 3000 Kadetten ausgebildet. Der abgebildete kleine Kadett stammt aus der Vorschule in Stolp oder Culm, da er keine Ärmeltressen trägt.

Das alte Kadettenhaus zu Berlin

Typische Giebelhäuser mit Soldatenquartieren

Kuppelbau des Waisenhauses

Die Garnisonstadt Potsdam

Blick vom Lustgarten auf die Garnisonkirche

Preußische Militärjustiz — ***Auditeur*** — ***Profoss***

Zeitgenössische Darstellung der Militärstrafen

Abgebildet ist der hölzerne Esel (vorn links), das Spießrutenlaufen (vorn), die Exekution durch Erschießen (Mitte rechts), das Stehen auf gespitzten Pfählen (Mitte), das Unehrlichmachen Geflüchteter durch schimpfliches Aufhängen eines Bildes am Galgen (hinten rechts) sowie die Prügelstrafe.

zugten, verwendeten die katholischen Truppen die Mütze aus Bärenfell.[136] Letztere finden wir noch heute in Abwandlung bei der britischen, dänischen und niederländischen Armee. Je feiner das Regiment, desto höher mußte die Mütze sein, von der Ausstattung mit prächtigem barocken Dekor ganz zu schweigen. Die Höhe betrug bei der Garde stattliche 28 cm und bei den Liniengrenadieren immerhin noch gute 23 cm.

Die 16 Füsilierregimenter, die Friedrich nach der Eroberung Schlesiens aufgestellt hatte, trugen die sog. *Füsiliermütze.* Sie erinnerte an die Grenadiermütze, hatte aber einen niedrigeren Schild. Der Mützensack aus Tuch oder Wachs war mit Messingschienen verstärkt und schloß oben mit einer kleinen nachgebildeten Bombe ab. Die optische Wirkung beider Mützen war aber gleich stark. Besonders wenn die Sonne auf die in Linie angetretenen Regimenter schien, vermittelten die reflektierenden Strahlen einen prächtigen Eindruck.

Das *Lederzeug* bestand im wesentlichen aus dem über dem Kamisol getragenen Lederkoppel mit Messingschnalle, an dem der Säbel hing. Bei zugeknöpftem Rock wurde der Degengurt über der Uniform getragen. Das Leder mußte von dem Soldaten, wie die Bekleidung überhaupt, auf eigene Kosten gepflegt und geweißt werden.

Die *Uniform der Unteroffiziere* unterschied sich von der ihrer Untergebenen durch reicheren Besatz und goldene Tressen, die entweder in Litzenform oder als Einfassung der Aufschläge getragen wurden. Außerdem fiel der Dragoner weg, weil die Unteroffiziere kein Gewehr hatten und infolgedessen keine Patronentaschen benötigten. Zur weiteren Kenntlichmachung der Dienststellung war der Hut mit einer daumenbreiten Gold- oder Kamelhaartresse, einem schwarz/weiß über Kreuz gefärbten Puschel sowie schwarz/weiß gedrehte Kordonschnüren versehen.

Eine Abweichung gab es bei den Unteroffizieren von Nr. 15, deren Hut eine rote Plumage hatte und mit einer breiten Silbertresse eingefaßt war. Auch die Unteroffiziere von Nr. 3 und 6 fielen aus der Reihe. Sie pflegten im Gegensatz zu den übrigen Regimentern das Gehenk unter der Weste anzulegen, wodurch sie ein offiziermäßiges Aussehen erhielten. Die Unterofffiziere von Nr. 6 unterstrichen diesen Eindruck noch zusätzlich, indem sie weiße Offizierhalsbinden verwendeten.

Alle Unteroffiziere trugen als besonderes Zeichen ihrer Würde einen Stock aus spanischem Rohr, den sie entweder in der Hand hielten oder an einem Rockknopf an der rechten Brustseite befestigten, sowie gelblederne Handschuhe mit kurzen Stulpen.

Die *Offiziere der Infanterie* hatten ebenfalls blaue Uniformen mit roten Aufschlägen, die älteren mit goldenen, die dienstjüngeren mit silbernen Knöpfen. Die Rockschöße waren durch Leinwand gesteift und standen dadurch die Taille betonend etwas vom Körper ab. Die Röcke wurden nur von den Majoren und Adjutanten aufgehakt getragen, da sie beim Exerzieren zu Pferd saßen. Beide trugen deshalb auch Stiefel anstelle der sonst üblichen Gamaschen, wobei um das Knie die sogenannte Stiefelmanschette gelegt wurde, die aus einem weißen Leinwandstreifen bestand.

Dienstgradabzeichen am Uniformrock gab es nicht. Vom Leutnant bis zum General trug jeder die Uniform seines Regiments, der König – wenngleich in abgewandelter Form – die seines I. Bataillons Leibgarde. Generale ab Generalleutnant unterschieden sich allerdings ab 1742 durch den Federrand am Hut (Plumage) von den übrigen Chargen, deren Hüte zunächst nur eine schmale Goldtresse mit Knopf und goldfarbenen Kordons, später einen breiteren Goldrand hatten. Außer der breiten Goldtresse war bei den neuen Regimentern anstelle des Knopfes eine schwarze Kokarde üblich.

Auch die Grenadieroffiziere trugen im Gegensatz zu ihren Soldaten einen Hut. Sie unterschieden sich überhaupt in nichts von den übrigen Offizieren, weil sie nach dem Willen des Soldatenkönigs zum Korps sozial Gleichgestellter gehörten. Es versteht sich aber von selbst, daß der König nur sehr befähigte Offiziere zu Bataillonskommandeuren von Grenadierverbänden machte, und zwar ohne Rücksicht auf das Dienstalter.[137]

Besonderheiten galten für die Offiziersuniform des I. Bataillons Leibgarde. Sie muß als das Schönste gegolten haben, was sich damals ein militärisches Herz für einen Gardeoffizier vorstellen konnte.[138] Ihr Besatz wird charakterisiert durch eine gleichmäßige Reihe großer Schleifen, die Brust und Taille bedeckte. Diese Uniform, die 1753 eingeführt wurde und bis 1787 unverändert blieb, war derart beeindruckend, daß sie bald in den kleinen Armeen Hessens, Braunschweigs und Sachsens nachgeahmt wurde. Den Hut schmückte außer der schwarzen Kokarde eine silberne, reich bestickte Bordüre und ein weißer, sonst nur bei den Generalen üblicher Straußenfederbesatz. Kordonquasten fehlten allerdings. Da die Offiziere ihre Montur selbst bezahlen mußten und allein die Schleifengarnitur 105 Reichstaler verschlang, gab der König für die Leibgarde ausnahmsweise einen Zuschuß. Im Siebenjährigen Krieg wurde diese schmucke Uniform allerdings bis auf den Tressenhut und das silberne Achselband nicht getragen. Für den Aufmarsch im August 1756 war für alle Dienstgrade nur ein einfacher Rock ohne Besatz befohlen.[139]

Zur weiteren Ausstattung der Offiziere gehörte die *Schärpe.* Der Offizier legte sie nur zu dienstlichen

Anlässen an. Sie war ein Überbleibsel aus dem 30jährigen Krieg, wo sich die Parteien nicht durch einheitliche Uniformen – die gab es ja noch nicht –, sondern durch farbige Leibbinden unterschieden (Kaiserliche rot, Protestanten gelb). Die preußische Schärpe bestand aus mit silbernen und schwarzen Fäden durchwirktem Netzwerk. Sie wurde bei geöffnetem Rock darunter und bei geschlossenem darüber getragen.

Der bei den Offizieren ebenfalls übliche *Ringkragen* ist der Rest der »Halsberge«, eines kragenartigen metallenen Rüstungsstücks, das den Hals mit dem Brustharnisch verband und diesen »bergen« (schützen) sollte. Es war das letzte optisch wirksame und daher als Würdesymbol geeignete Stück der alten Rüstung. Die Offiziere trugen den Ringkragen, der bei geöffnetem Rock auf der Brust und bei geschlossenem Rock darüber angelegt wurde, hauptsächlich auf Wache und zur Parade.

Ringkragen der Gardeoffiziere

Der Ringkragen ist der Rest eines kragenartigen metallenen Rüstungsstücks, das den Hals mit dem Brustharnisch verband und diesen schützen sollte.

Schließlich gehörten zur Ausstattung der Offiziere ebenso wie bei den Unteroffizieren gelblederne *Handschuhe* mit kurzen Stulpen und ein *Stock*. Während der Alte Dessauer dazu einen Quergriff bevorzugte, liebten insbesondere die jüngeren Offiziere einen Stab mit einfachem oder künstlerisch verziertem Knauf. Ein häufig verwendetes Dekor war der zur Sonne aufsteigende Adler mit dem Wahlspruch »non soli cedit«, der allerdings unter Friedrich dem Großen durch »pro gloria et patria« ersetzt wurde, weil er in dem alten Spruch eine politische Spitze gegen Frankreich sah. Das Stabband war meist schwarz, jedoch gab es hierfür ebenfalls keine feste Regel. Lange hat sich der Offiziersstock in der preußischen Armee ohnehin nicht gehalten. Während er bei den britischen Streitkräften heute noch üblich ist, kam er in Preußen bald wieder aus der Mode.

Trotz der mäßigen Qualität der Stoffe – die Tragezeit der Uniform war ja nur auf ein Jahr bemessen – sollte der Soldat einen anständigen Eindruck machen. Deshalb kümmerten sich die Vorgesetzten ganz besonders um die Sauberkeit und Pflege der Bekleidung. Die paille oder weiße Kamisole mußten peinlich sauber, das Leder mit Kreide geweißt und ausgebürstet sein, damit es nicht abfärbte. Dasselbe galt für die Handschuhe der Unteroffiziere und die Riemen an den Tornistern.
Besondere Vorkehrungen wurden getroffen, wenn ein Berliner Regiment eine Wache für Potsdam stellen mußte, denn des Königs Augen sahen scharf. Da durfte weder am Mann noch an den Waffen irgendetwas auszusetzen sein.

»Morgen geht ein Kommando nach Potsdam. Dazu gibt das Regiment einen Offizier, einen Unteroffizier, einen Tambour, sieben Gemeine müssen halb drei Uhr Morgen früh am Königstor stehen und sollen Leute von 8 bis 10 Zoll sein, gut aussehend und alle ihre neuen Monturstücke anhabend, auch den besten Hut auf, und der soll gut troussieret sein. Auch soll das Lederzeug gut angestrichen und die Haare sehr weiß gepudert sein; müssen auch Puder mitnehmen, damit sie sich vor Potsdam von neuem pudern können.«[140]

Die Offiziere waren nicht nur angewiesen, auf eine saubere Bekleidung ihrer Soldaten im Dienst zu achten. Sie mußten auch dafür sorgen, daß ihre Soldaten beim Ausgang tiptop bekleidet waren. Zu den Uniformstücken, die bei dieser Gelegenheit unbedingt getragen werden mußten, gehörten Halsbinde, Stiefeletten, frisch geweißtes Lederzeug, Säbel, Hut oder Grenadiermütze (zum Gottesdienst an Sonn- und Feiertagen die volle Montur). Daß alle Teile aus Messing oder Weißmetall wie im Dienst blitzbank geputzt sein mußten, versteht sich von selbst. Viele Soldaten wären deshalb sicherlich gern in Zivil ausgegangen. Hinzu kam, daß die Mannschaften grüßen mußten, wenn ihnen ein Offizier begegnete. Anders als in der Wehrmacht galt diese Pflicht jedoch ähnlich wie in der heutigen Bundeswehr nur gegenüber den direkten Vorgesetzten und Generalen.

Sie wurde trotzdem gelegentlich als lästig empfunden. Schaufenster, die man einer intensiven Betrachtung hätte unterziehen können, gab es damals noch nicht. Der Soldat der altpreußischen Armee verdrückte sich in Hauseingänge. War zufällig eine solche Zufluchtstätte nicht in erreichbarer Nähe, blieb dem Soldaten nichts anderes übrig, als der lästigen Grußpflicht nachzukommen. Dazu hatte er den Hut abzunehmen, diesen am ausgestreckten linken Arm hinter den Säbel zu halten und seinem Gegenüber gerade in die Augen zu schauen.

Neben der Uniform spielte die Körperpflege eine wichtige Rolle. Man wußte warum:

»Die Soldaten müssen in allen Stücken zur Reinlichkeit angehalten werden, u.a. sich die Hände und das Gesicht wohl waschen, auch den ganzen Leib reinhalten, daß sie daher nicht mit der Krätze behafftet werden. Alle Officiers und Unterofficiers müssen dahin arbeiten, daß die Kerls die Ambitionen bekommen, von selbst sich propper zu halten. Denn bevor ein Kerl nicht zu seinem eigenen Leibe Lust hat ist noch nicht der Soldat sondern der Bauer in einem solchem Kerl.«[141]

Dementsprechend streng war die Kontrolle:

»Bei der morgenden Besichtigung müssen die Burschen ordentlich gepudert sein, Ohren recht rein gewaschen, im gleichen die Zöpfe nicht voll Puder. Die Gewehrschäfte und Taschenkästen müssen alle angestrichen werden, in gleichen das Lederzeug geweißt, daß es nicht abfärbt. Die Burschen, die Bärte haben, müssen selbst gut aufstutzen, und daß ja keiner betrunken kommt, auch keine Branntweinpulle bei sich hat!«[142]

Diese Nachschau war notwendig, denn die tägliche Körperpflege durch Waschen entsprach durchaus nicht der damaligen Zeit. Von der sogenannten feinen Gesellschaft besitzen wir seitenlange Beschreibungen aller Einzelheiten der Morgentoilette, vom Haarpudern bis zu Schleifchen an den Schuhen – vom Waschen findet sich nichts. Allenfalls tauchte man die Finger in ein zierliches »Lavoir«, der Rest wurde gepudert oder wegparfümiert.[143] Da bekanntlich das Schludern oben anfängt, können wir davon ausgehen, daß das Bürgertum und der einfache Bauer das Waschen kaum genauer nahmen. Der Soldatenkönig, der sich täglich – ob Sommer oder Winter – mit kaltem Wasser wusch, war die einsame Ausnahme. Vor 1781, als im Hause des Fabrikanten Dittmar das erste Dampfbad entstand, gab es in Berlin keine öffentliche Bademöglichkeit. In den Bürgerhäusern ließ das eigene Badezimmer sogar noch bis in das 19. Jahrhundert auf sich warten. Zu den Berliner Pionieren gehörte Caroline von Humboldt. Wir können sicher sein, daß sie mit ihrem Badezimmer für längere Zeit *den* Gesprächsstoff der Berliner Gesellschaft lieferte.[144]

Zu einem frischen, sauberen preußischen Soldatengesicht gehörte nach den damaligen Vorstellungen unbedingt ein Bart. Der Soldat wurde dazu geradezu ermuntert, weil der dann männlicher aussah:

»Die Chefs und Kommandeure der Kompanie sollen besser danach sehen, wenn ein Kerl ist, der einen Bart tragen kann, besonders wenn er ein gutes Grenadiergesicht hat, solchen stehen lassen soll, des gleichen auch die Rekruten.[145]

Aber der Bart war kein Attribut, an dem jeder Soldat seinen privaten Geschmack hätte entfalten können, ganz im Gegenteil:

»Der König läßt hart verbieten, daß kein Soldat einen gefärbten Bart, sondern so, wie seine Haare tragen soll!«[146]

Die Offiziere bevorzugten dagegen ein glattes Gesicht. Lediglich der Alte Dessauer machte eine Ausnahme. Soweit bekannt, war er der einzige Preußische Offizier, der sich mit einem Bart schmückte.
Viel Kummer bereitete den Soldaten die Frisur. Anders als im 17. Jahrhundert trugen die Männer des Rokoko die Haare in Nachahmung der chinesischen Mode in einem Zopf gebunden. Frei herabhängende Haare waren verpönt, durfte man doch vermuten, daß der Träger darunter das äußere Zeichen erlittener Kriminalstrafe (Abschneiden der Ohren) verbergen wollte.[147] Dem Militär kam die neue Mode sehr entgegen, zumal loses Haar mit dem Aufkommen des Luntengewehrs leicht in Flammen aufgehen konnte. Um einen schrägen Sitz des Hutes zu erreichen, sollte das Haar nach links in 3 und rechts in 2 Locken aufgesteckt werden. Außerdem hatte es hinten bis zum Kreuz als Zopf herunterzuhängen und mit einem schwarzen Band umwickelt zu sein. Der einfache Soldat bediente sich dazu aus Ersparnisgründen der Luntenschnüre.
Während den jüngeren Soldaten das Lockenwickeln leicht von der Hand ging, standen ihre älteren Kameraden, die nur schütteres Haar oder gar eine Glatze hatten, vor unlösbaren Problemen. In solchen Fällen half die Kompanie mit einer Perücke aus Dienstbeständen aus. Diese war nicht billig, und man kann gut verstehen, daß es für den Kompaniechef sehr schmerzlich war, wenn ein Deserteur das Schmuckstück mitgehen ließ. Der Chef hatte dann nämlich die Perücke aus eigener Tasche zu bezahlen.[148]
Offiziere sollten ihre Haare ebenfalls mit einem Band einflechten und eine Perücke nur in »Notfällen« verwenden. Bei Paraden war gepudertes Haar Vorschrift.[149]

4. Ausrüstung

Zur »Feldequipage« der Soldaten gehörten Steinschloßmuskete mit Bajonett, Tornister, lederne Kartuschentasche, Säbel, Brotbeutel und diverse Feldgebrauchsgegenstände wie Feldflasche, Kessel, Axt und Zeltpflöcke.

Das herkömmliche *Gewehr*, das ein Kaliber von 20 mm und eine Länge ohne Bajonett von 155 cm (mit Bajonett 196 cm) hatte, wog ohne Bajonett etwa 5 kg. Es wurde zunächst aus Lüttich von der Firma Henoul (»Henoul-Gewehr«) zu einem Stückpreis von 3 Talern bezogen, ab 1723 in Preußischen Manufakturen der Firma Splittergerber & Daum in Potsdam und Spandau mit einer Jahresproduktion von rd. 12000 Stück gefertigt

Eine Abweichung gab es bei den Füsilieren. Da sich die Soldaten dieser Truppe meist aus den neu hinzugewonnenen Provinzen rekrutierten, wo die Menschen nicht die Statur der Pommeraner und Brandenburger hatten, rüstete Friedrich die Füsiliere mit einer 10 cm kürzeren Muskete aus.[150] Seit dem Siebenjährigen Krieg wurde dieses Gewehr – im Dienstgebrauch »mittleres Gewehr« genannt – auch bei den Musketierregimentern für die Soldaten des 2. und 3. Gliedes eingeführt; ballistisch vorteilhafter war das lange Gewehr, doch forderte es zum Laden eine Armspannweite, die bei größenmäßig gemindertem Ersatz nicht mehr im ganzen Regiment gegeben war. Als 1773 nach einem Entwurf des Prinzen Ferdinand von Braunschweig der zylindrische Ladestock eingeführt wurde, der rd. 450 gr. schwerer als das 1718 verwendete ältere Modell war, verkürzte man zum Ausgleich des Mehrgewichts die restlichen langen Gewehre ebenfalls.

Bei dem zylindrischen Ladestock handelt es sich um ein beidseitig verwendbares Rohr, der das jeweilige Umdrehen vor der Einführung in den Lauf ersparte. Eine weitere sinnvolle Erfindung war 1781 das konische Zündloch durch den Leutnant von Freytag. Sie führte dazu, daß der Verschlußkeil und die beidseitigen Enden des Zündloches abgerundet wurden, wodurch ein Teil der Pulverladung von innen heraus direkt auf die Pfanne gelangte, so daß das Vorfüllen der Pfanne entfiel.

Gleichwohl blieb die Preußische Muskete eine der schlechtesten Europas. Der Abzug lag zu weit vorn und die Schaftnase reichte zu weit nach oben. Am schlimmsten wirkte sich aber aus, daß der Lauf mit Bajonett und Ladestock zu schwer war, wodurch der Soldat zum tiefen Anhalten verführt wurde. Außerdem brach der schmale Hals der Schafts beim harten Exerzieren zu oft ab, und durch ständiges Polieren von außen und die Schmirgelwirkung des schweren Ladestocks innen wurde der Lauf allzubald beängstigend dünnwandig.[151]
Als Farbe für die Schäfte setzte sich erst nach dem Siebenjährigen Krieg Schwarz durch, während zuvor eine breite Farbskala von Zinnoberrot beim 12. Regiment bis zu dunklen Brauntönen üblich war.
Im Feld wurden die Gewehre in der Regel mit aufgepflanztem Bajonett auf der Schulter getragen.[152] Nur bei Regenwetter oder Frost nahmen die Soldaten die Bajonette ab und steckten sie in die neben der Säbeltasche hängenden Bajonettscheide, um die Kameraden im Falle eines Stolperns nicht zu verletzen. Auch im Lager standen die Gewehre mit aufgesteckten Bajonetten unter den Gewehrmänteln, die eigens zu diesem Zweck vergrößert worden waren.
Das ursprünglich zur Abwehr von Reiterangriffen konzipierte *Bajonett* hatte eine schmale, mit einer Metallführung verlötete Dreikantklinge, die zunächst in den Lauf gesteckt wurde und ab 1705 auf die Mündung der Muskete aufgeschoben werden konnte. Ab 1753 war das 1. Glied eines jeden Regiments sogar mit einem 5 cm längeren Bajonett ausgestattet, was sich jedoch nach dem Siebenjährigen Krieg nicht mehr sicher nachweisen läßt.

Die *Patronentasche* wurde über der linken Schulter hinter der rechten Hüfte getragen und von einem »Dragoner« (Schulterklappe) gehalten. Sie bestand aus schwarzem Leder, das ab 1730 glänzend lackiert war. Auf dem Deckel befanden sich in der Mitte die Insignien des Königs, die bei den Grenadieren und Füsilieren an den 4 Ecken durch die »brennende Bombe« eingerahmt waren. Die Tasche enthielt eine Innentasche (sog. Cartouche) mit 30 Patronen in vorbereiteten Rahmen und darunter weitere 30 Patronen.
Die *Patrone* bestand aus einem Röhrchen aus Kartuschpappe, welches mit Schwarzpulver gefüllt war und an einem Ende die Kugel aus Blei trug. Die Kugel selbst wog 31,3 Gramm.
Über der rechten Schulter hing an einem schmalen weißen Lederriemen die *Wasserflasche* aus Zinn.
Der *Tornister* bestand aus gegerbtem Kalbfell. Er wurde neben dem grauleinenen Brotsack etwas versetzt ebenfalls über der rechten Schulter auf der linken Rückenseite direkt hinter dem Säbel an einem weißen Lederriemen getragen. Tief wie er war, enthielt er alles, was der Soldat benötigte: Hemden, Stiefelettenknöpfe, Kniehose, lange Strümpfe, Feuersteine, Haarpuder, Eßbesteck, Salz, Spiegel, Bürste, Schuhwachs, Gewehröl und Schraubenzieher. An dem Tornisterriemen waren außerdem 3 bis 4 hölzerne Zeltpflöcke befestigt. Jede Kompanie besaß

nämlich zwei Unteroffizier- und 20 Gemeinenzelte, wobei die Zeltbahnen auf Pferden mitgeführt wurden.
Der kupferne *Feldkessel* mit Bratpfanne wurde auf dem Marsch in einem Überzug aus Leinen bis 1748 ebenfalls von den Soldaten mitgeführt, danach auf Packpferden des Regiments verladen.
Das *Schanzzeug* trug der Soldat im schwarzen Futteral bei sich.
Der *Säbel* in brauner Scheide war leicht gekrümmt. Griff und Bügel bestanden aus Messing. Er blieb seit 1716 in der Form praktisch unverändert. 1744 wurde allerdings die Klinge um 15 cm auf 61 cm verkürzt. Um den Griff war ein Faustriemen geschlagen, dessen Troddel sich je nach Regiment und Chef unterschied (Leibkompanie weiß). Das Säbelgehenk aus weißem Leder trug der Soldat direkt auf der Weste. Die Waffe hing auf der linken Seite des Koppels in einem Winkel von 30°. Im Kampf wurde der Säbel allerdings so gut wie nie verwendet. Dennoch war und blieb er Ehrensache des Soldaten.
Der Offizier führte einen *Degen*, dessen Scheide aus braunem Leder bestand. Es gab verschiedene Modelle, die jedoch einheitlich in Potsdam gefertigt wurden. Alte Degen wurden in den Familien traditionell weitergeführt.[153] Um das vergoldete Gefäß war der Degenquast (Portepee) aus Silber und schwarzer Seide geschlungen. Er bildete das eigentliche Standesabzeichen des Offiziers. Der Degen wurde unter die Weste geschnallt und hing wie der Säbel bei den Mannschaften schräg.
Das *Sponton* des Offiziers hatte eine Länge von 2,10 m. Die Offiziere nahmen es zur Hand, wenn sie nicht zu Pferde saßen. Das Sponton wurde zwar auch ins Feld genommen, war aber im Grunde nur Parade- und Exerzierwaffe. Großer Beliebtheit erfreute sich dieses Ausrüstungsstück ohnehin nicht. Das Sponton galt bei den Offizieren als alter Zopf und war besonders den jüngeren wegen der komplizierten Handgriffe beim Präsentieren in Halt und Marsch, die im Regliment ganze Seiten füllten, sehr zuwider.[154]
Der Unteroffizier trug als besonderes Standesabzeichen ebenfalls einen Sponton. Es war jedoch länger als bei den Offizieren und hatte darüber hinaus ein anderes Blatt. Bei den Musketieren maß das Kurzgewehr rd. 3,0 m, bei den Füsilieren rd. 2,40 m, bei den Grenadieren sogar etwas über 4,0 m. 1755 wurde das Sponton bei den Musketieren und Grenadierregimentern abgeschafft und fortan nur noch bei den Füsilierregimentern verwendet.

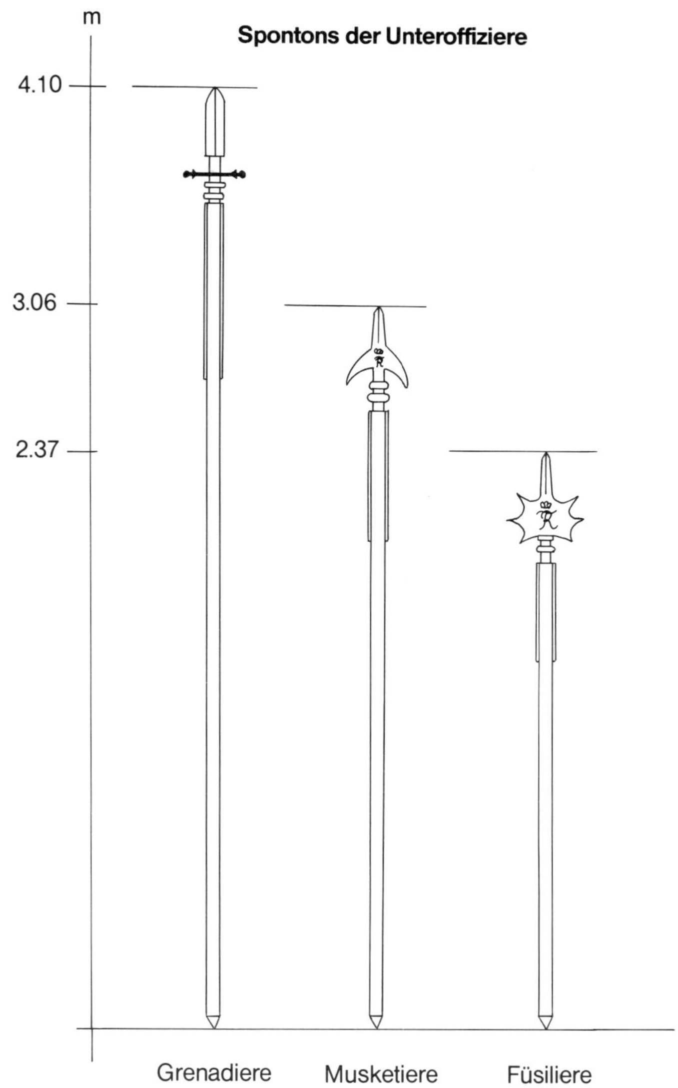

Spontons der Unteroffiziere
(links: Grenadiere, Mitte: Musketiere, rechts: Füsiliere)

5. Verpflegung

Die Soldaten mußten sich von ihrem Wehrsold selbst verpflegen. Allzu wählerisch konnten sie bei den Verpflegungsmitteln allerdings nicht sein, weil vom Wehrsold auch noch die Kosten für die Pflege der Montur bestritten werden mußten. Der private Verpflegungsplan war deshalb denkbar einfach:

»Des Morgens um einen Dreier Fusel und ein Stück Kommißbrot. Mittags holen sie in der Garküche um einen Dreier Suppe und nehmen wieder ein Stück Kommiß. Des Abends um zwei Pfennig Kovent oder Dünnbier und abermals Kommiß. Ja, so kommt man aus und nicht anders nicht.«[155]

Wer kein Geld hatte, um sich von seinem Wirt verpflegen zu lassen oder in den Garküchen der Garnison eine Suppe zu kaufen, schloß sich mit seinen Stubenkameraden zusammen, weil gemeinsame »Menage« die Verpflegungskosten senkte. Oft reichte das Geld trotzdem nicht, was besonders zu Beginn des Dienstes recht häufig vorkam. Dann blieb kein anderer Ausweg als die Versilberung der kümmerlichen privaten Habe oder die Kunst des Improvisierens, um wenigstens etwas zwischen die Zähne zu bekommen. Ein Parolebefehl des Infanterieregiments Nr. 23 zeigt, daß das »Organisieren« von den Soldaten der preußischen Armee schon damals recht gut beherrscht wurde:

»Es sind dem Hofrath v. Simon die vergangene Nacht etliche 60 Stück Hühner und Endten gestohlen worden, in der Gegend vom Stralauer Thor, und sollen desfalls die Quartiers und Reviers fleißig visitiert und morgen früh an Herrn General rapportiert werden.«[156]

Durch den gering dotierten Sold sollte der Soldat zur Sparsamkeit erzogen werden, aber nicht Not leiden. Deshalb wurde der Preis für Brot, das der Soldat ja kaufen mußte, von Staats wegen auf einer angemessenen Stufe gehalten. Genauso wurden die Preise für Fleisch und Bier unter Mitwirkung der Garnisonältesten festgelegt. Stieg der Brotpreis dennoch einmal unerwartet an, erhielt der Soldat täglich 1 $^1/_2$ Pfund Brot von Amts wegen, wofür ihm allerdings 12 Groschen vom Sold abgezogen wurden.[157]
Regelmäßige Brotlieferungen gegen Soldabzug wären ohne Zweifel vorzuziehen gewesen, dagegen wehrte sich jedoch das Bäckereigewerbe. Da die Bäcker eine Konsumtionsakzise zahlten, war auch die königliche Akzisenverwaltung an deren Verdienst interessiert. So blieb es dabei, daß nur besondere königliche Erlaubnis für bestimmte Truppenteile die Magazine öffnete. In diesem Fall traf das Proviantamt entweder ein Abkommen mit den Stadtbäckern, die das Brot für die Garnison aus dem eingelagerten Mehl gegen Bezahlung herstellten, oder es ließ in den Kommißbäckereien backen, die es in Berlin, Potsdam, Magdeburg und an anderen Plätzen gab.[158]

6. Unterbringung

Der Rekrut der Infanterie wohnte bis zum Ende des Siebenjährigen Krieges für gewöhnlich im Privatquartier. Dort durfte er nicht in ungesunden Dachkammern untergebracht werden, auch nicht in Hinterzimmern, weil er sonst das Wecken verschlief oder den Zapfenstreich überhörte. In Potsdam war diese Gefahr freilich gering. Friedrich Wilhelm I. hatte rechtzeitig dafür gesorgt, daß alle neuen Häuser mit Mansarden zur Straßenfront errichtet wurden. Im Stadtbild seiner Residenz sind die Giebelzimmer der Soldaten an den wenigen unzerstörten Häusern auch heute noch gut zu erkennen.

Die Einquartierung verursachte nicht immer Freude. Sie war für die Wirte vor allem dann eine Last, wenn es sich um verheiratete Soldaten handelte. Familiären Anhang hatten insbesondere die älteren Mannschaften, denn das Heiraten wurde vom König im Interesse der Bevölkerungszunahme und Seßhaftmachung der im Ausland Geworbenen begünstigt. Bei der Erteilung der Trauscheine Schwierigkeiten zu machen oder gar Geld dafür zu fordern, war den Regimentern ausdrücklich untersagt, so daß die Soldatenfamilien, insbesondere in den großen Garnisonstädten, einen beträchtlichen Teil der niederen Bevölkerung bildeten.[159]

Für die wirtschaftliche Entwicklung der Garnisonstädte war die starke Einquartierung – Berlin zählte 1740 unter 98000 Einwohnern 21309 Militärs, Magdeburg unter 19580 Einwohnern 5000 Soldaten – allerdings von großem Vorteil. Da die Soldaten, wie wir wissen, für ihre

Verpflegung selbst sorgen und ihren übrigen Lebensbedarf ebenfalls selbst aus der Stadt beziehen mußten, nahmen Handel und Gewerbe stetig zu.
Um eine gleichmäßige Quartierlast besonders in den stark belegten Städten zu erreichen, mußten die Bürger, die von der Einquartierung verschont blieben, eine ihren wirtschaftlichen Verhältnissen angepaßte Summe in die Serviskasse zahlen, aus der Wirte, die Soldaten beherbergten, entschädigt wurden. In Berlin betrug der Servis für einen ledigen Rekruten 10 Groschen, in kleineren Städten weniger. Außerdem wurde aus den eingegangenen Geldern Offizieren, die anderweit in Miete wohnten, statt das angewiesene Quartier in Anspruch zu nehmen, ein bestimmtes Quartiergeld gezahlt.
Eine zusätzliche Einnahmequelle für die Servis-Kasse bildeten die Einzahlungen der Wirte, die sich durch Geld von der Zwangseinquartierung freikauften.
Der Bau von Kasernen für die Infanterie begann erst relativ spät. Die erste wurde 1767 in Prenzlau errichtet. Sie war für 240 Mann konzipiert und kostete 10777 Taler. Im September 1768 genehmigte der König den zweiten Kasernenbau für ebenfalls 240 Mann. Weitere folgten in Berlin mit der Order: »Ich habe zum Soulagement der Berlinischen Bürgschaft resolvieret, für die daselbst in Garnison stehenden 7 Infanterieregimenter Casernen und zwar jede für 240 Mann bauen zu lassen, welcher Bau überhaupt 166173 Reichstaler kosten wird, wovon ich dem Hof Etats Renthmeister Buchholtz Euch (gemeint ist v. Ramin, Gouverneur von Berlin) die Hälffte mit 83068 Reichstalern 12 Groschen zu bezahlen ich bereits befohlen habe, die übrige Hälffte aber Euch künftiges Frühjahr gleichfalls assigniren werde... Die Plätze, wo die Casernen zu stehen kommen sollen, werde ich Euch gelegentlich bekanntmachen, auch die Risse derselben nebst denen Anschlägen annoch zuschicken lassen.«[160]
Gleichzeitig wurden für die in Spandau, Nauen, Neuruppin, Frankfurt O. und Königsberg i.d.N. liegenden Truppen Unterkünfte gebaut. Auch dort betrug die Belegungskapazität je 240 Mann, was wohl mit der hohen Zahl der Beurlaubten zusammenhängt. Die Betten waren für zwei Leute eingerichtet. Mannschaften und Unteroffiziere schliefen grundsätzlich getrennt. Die unsicheren Kantonisten wurden jedoch in die Quartiere der Unteroffiziere gelegt, um Fluchtgedanken erst gar nicht aufkommen zu lassen.

7. Besoldung

Die Vorgänger des Großen Kurfürsten verfügten noch nicht über regelmäßige Einnahmen, aus denen ein stehendes Heer hätte finanziert werden können. Dieser mißliche Zustand änderte sich erst, als im Jahre 1667 die Akzise als Staatssteuer durch den Finanzminister Grumbkow eingeführt wurde. Diese Einnahmen bildeten zusammen mit den Einkünften aus den Subsidienverträgen die erste solide Grundlage für eine kontinuierliche Besoldung der Truppe. Die daraus finanzierten Bezüge der Soldaten waren allerdings knapp bemessen. Sie ließen keine großen Sprünge zu. Die Löhnung der Soldaten betrug lediglich 1 1/2 Taler im Monat. Auch die Offiziere schnitten nicht wesentlich besser ab.

Eine leichte Besserung trat unter Friedrich Wilhelm I. ein. Er erhöhte den Sold auf 2 Taler. Friedrich II. behielt diese Festlegung grundsätzlich bei. Den Soldaten der Regimenter 6 und 15 bewilligte er jedoch wegen ihrer hervorgehobenen Stellung 3 Taler.

Das Etatjahr lief vom 1. Juni bis 31. Mai.[161] Die jedem Truppenteil nach einem vom 2. Departement des Generaldirektoriums aufgestellten Plan zustehenden Gelder wurden von der Generalkriegskasse angewiesen. Die Regimentsquartiermeister nahmen die Summe unter Gegenzeichnung der Chefs in Empfang und verteilten den Betrag auf die Kompanien.
Die Bezahlung der Soldaten erfolgte seit 1714 in sechs Raten zu 8 Groschen, ab 1743 morgens eine Stunde vor der Wachparade. An Sonn- und Feiertagen wurde der Sold nachmittags nach der Predigt ausgezahlt. Im Felde erhielten die Soldaten alle 5 Tage lediglich 6 Groschen, weil 2 Groschen für die Brotlieferung abgezogen wurden.[162]
Die Ratenzahlung sollte verhindern, daß der Soldat, der sich in Friedenszeiten ja selbst verpflegen mußte, den Sold auf einen Schlag ausgab. An einem aus Geldmangel unterernährten und deshalb nicht voll einsatzfähigen Soldaten konnte die Armee kein Interesse haben.

Im einzelnen setzte sich der Sold wie folgt zusammen:

2,5 Taler Traktament
0,5 Taler Zulage (ab 1717)
4 Groschen für »Sauer und Süß«
(Salz, Pfeffer, Essig)

./. 5 Groschen Regimentsunkosten[163]
./. 4 Groschen Kompanieunkosten[164]
./. 11 Groschen Kleidergeld für große Montur[165]
./. 8 Groschen Kleidergeld für kleine Montur

2 Taler

(1 Taler = 24 Groschen = 30 DM)

Trotz der Anhebung auf zwei Taler erlaubte der Sold dem Soldaten nur eine dürftige Lebensführung. Immerhin kosteten damals:

○ ein Paar Schuhe	1 Taler 2 Groschen
○ ein Hemd	12 Groschen
○ ein Paar Leinwandhosen	7 Groschen
○ ein Paar gute Stiefel	6 Taler
○ ein Pfund Soldatentabak	5 Groschen
○ ein Mittagessen	2 Groschen
○ ein mittelmäßiges Reitpferd	12 Taler[66]

Viele Soldaten arbeiteten deshalb zur Aufbesserung ihrer Finanzen als Handlanger bei Maurern und Zimmerleuten oder anderswo. Häufig sah man an der Spree »hundert Soldatenhände mit Aus- und Einladen der Kaufmannswaren beschäftigt« oder Soldaten an belebten Straßenecken auf sonstige Gelegenheitsarbeiten warten.[167] Einige von ihnen verdienten dabei nicht schlecht. Vor allem standen sich diejenigen recht gut, die als selbständige Unternehmer Zimmer mit Frühstück vermieteten, Metzgereien, Spinnereien oder Schneidereien betrieben. Ihr Engagement war teilweise sogar so stark, daß sich die Innungen über die lästige Konkurrenz beschwerten. Die Handwerksmeister sahen es verständlicherweise lieber, wenn die an Zucht und Ordnung gewohnten Soldaten bei ihnen als Gesellen arbeiteten.

Preußischer Taler von 1786
Vorder- und Rückseite

Eine weitere recht häufige Art des Geldverdienens, die sich beinahe schon zu einer Gewohnheit entwickelt hatte, bestand darin, die Hunde reicher Leute zu »stehlen« und für das Wiederbringen eine gute Belohnung zu kassieren.[168] Bei der Beliebtheit der Schoßhunde, Möpse und Bologneser Hündchen in der damaligen Zeit war das ein mindestens ebenso einträgliches Geschäft. Friedrich der Große, dessen Hunde von den Bediensteten mit »Sie« angeredet werden mußten und in der sechsspännigen Kutsche stets bevorzugte Plätze bekamen, schien diese Liebe allerdings nicht auf fremde Tiere auszudehnen. Er ordnete an, daß streunende Hunde aller Art sofort zu erschießen seien.[169]

Schließlich gab es als zusätzlichen Gelderwerb noch das allerdings strikt verbotene Glücksspiel. Am beliebtesten waren bei den Soldaten das Riemchenstechen und das Scheffelspiel. Bei dem ersteren knüllte der Bankhalter einen drei Ellen langen Riemen zusammen, wobei er die Enden in den Händen behielt. Der Spieler trieb einen Nagel oder Stock durch das Knäuel, ohne den Riemen dabei zu durchstoßen. Zog nun der Bankhalter an den beiden Enden und löste sich das Knäuel auf, hatte er gewonnen; blieb der Riemen dagegen hängen, war der Spieler Sieger.

Beim Scheffelspiel handelte es sich um eine Art Roulette. Man bediente sich dazu einer Schale, in deren Boden Löcher mit verschiedenen Zahlen angebracht waren. In die Schale wurde eine Kugel geworfen. Gewonnen hatte der Spieler, der die höchste Zahl erreichte.

Weit besser als die gewöhnlichen Soldaten standen sich die Offiziere. Die Musketierkapitäne verdienten im Monat 45 Taler, 15 Groschen, die Grenadierkapitäne 48 Taler und 22 Groschen. Gänzlich ungetrübt war die Freude an dieser Summe aber nicht, weil die Offiziere einen Teil für die Instandsetzung der Gewehre, Säbel und Bajonette – dem »eisernen Bestand« der Kompanie – sowie sonstigen Kompaniegeräts wie Trommeln und Tornister verwenden mußten. Außerdem konnten sich die Soldaten an die Offiziere halten, wenn Schuh- und Knieschnallen gerissen waren. Als kleine Entschädigung für alle diese Aufwendungen sah das Infanteriereglement vor, daß die ausscheidenden oder versetzten Offiziere ihre Nachfolger zur Kasse bitten durften. Die neuen Chefs mußten für die Übernahme des eisernen Bestandes 800 Taler zahlen, wenn die Ausrüstung weniger als 10 Jahre alt war. Bei höherem Alter flossen immerhin noch 500 Taler in die Tasche der Vorgänger. Die Regimentschefs bezogen monatlich 414 Taler. Damit wurde ihre Doppelfunktion als Chef und Führer der ersten (Leib-)Kompanie honoriert. Ebensowenig wie die Kompaniechefs durften die Regimentschefs über die volle Summe ihres Gehalts frei verfügen. Auch sie mußten für die Sonderausgaben ihrer Truppe aufkommen, die bei einem Regiment verständlicherweise weit höher lagen als bei einer Kompanie.

Besoldungstabelle

		– pro Monat –	
Dienstgrad	**Taler**	**Groschen**	**Pfennige**
Obrist	414	22	6
Obrist-Lieutenant	72	10	6
Major	63	23	2
Musketier-Capitaine	45	15	2
Grenadier-Capitaine	48	18	10
Premier-Lieutenant	13	–	–
Seconde-Lieutenant	11	–	–
Fähnrich	11	–	–
Sergeant	4	1	–
Mittel-Unter-Offizier	3	–	6
Corporal	3	3	–
Feldscher	4	2	–
Gefreyter	2	–	9
Grenadier	2	–	–
Musketier	2	–	–
Pfeifer	2	–	–
Tambour	2	–	–
Adjutant	14	20	–
Regimentsquartiermeister	23	2	–
Regimentsfeldscher	82	–	–
Feldprediger	15	12	–
Auditeur	14	12	–
Regimentstambour	3	–	–
Hautbois	4	9	–
Büchsenmacher	4	9	9
Büchsenschäfter	4	18	9
Profos	2		–

Quelle: InfRegl. 1743, S. 609 ff

8. *Heilfürsorge*

Kranke und im Dienst verletzte Soldaten meldeten sich bei der Kompanie. Sie wurden vom Dienst suspendiert und von dem Kompaniefeldscher versorgt. Die Kompaniefeldschere rekrutierten sich – wie ihr Name andeutet – aus dem Barbiergewerbe. Sie mochten flinke Hände beim Scheren der Bärte von Grenadieren und Musketieren haben, eine medizinische Ausbildung aber hatten sie nicht. Ihr Wissen gründete sich auf Erfahrung, die jedoch mehr als dürftig war, weil die Pflege von Kranken damals zu den Aufgaben der Familie oder wohltätiger Organisationen gehörte. Ein kranker Soldat wird deshalb alle nur denkbaren Mittel der Heilung selbst versucht haben, bevor er sich in die unsicheren Hände des Feldschers begab.

War der Kompaniefeldscher mit seinem Latein am Ende, was in der Regel sehr bald geschah, wurde der kranke Soldat in das Lazarett des Bataillons- oder Regimentstandortes überwiesen. Dort übernahm eine medizinische Fachkraft in Person des Regimentsfeldschers die weitere Behandlung. Er wurde von einem Fachunteroffizier (capitain d'armes) und weiteren Hilfskräften unterstützt.[170] Durch die fachmännische Betreuung und die Anordnung eines Pflegedienstes rund um die Uhr unterschied sich diese zweite Phase von der ersten sehr wesentlich, so daß sich die Aussichten auf Heilung dadurch für den Patienten beträchtlich besserten.

Behandlung und Medizin waren für die Mannschaften kostenlos. Offiziere mußten die verabreichten Arzneien bezahlen. Dasselbe galt für den Kapitän, wenn er einen seiner Soldaten von Dritten behandeln ließ.[171]

Bevor der Regimentsfeldscher zu seinem Regiment kommandiert wurde, hatte er seine Fachkenntnisse vor einer Prüfungskommission unter Beweis zu stellen. Die Kommission bestand aus Professoren des Collegium Medico-Chirurgici in Berlin. Außerdem mußte der Generalchirurgus der Armee seinen Segen erteilt haben, bevor der frisch gebackene Regimentsfeldscher, vor Ort durch den Auditeur und Regimentskommandeur unter Eid genommen, ans Werk gehen konnte. Der Eid hatte folgenden Inhalt:

»Ich, N. N., schwöre zu Gott dem Allmächtigen, daß, da ich von Ihro Königl. Majestät, meinem allergnädigsten König und Herrn, bey Dero N. N. Regiment als Regimentsfeldscher bestellt worden bin, ich in solcher meiner Function, mit allem nötigsten Fleiß verfahren, wann und so ofte sich bey gedachtem Regiment Krancke, oder Blessirte finden, dieselben mit aller Sorgfalt und Mühe, als mir immer möglich, mit innerlichen und äusserlichen Arzneyen versehen, bey Tag und Nacht, wann meine Hülffe erfordert werden möge, es sey im Hospital oder

sonsten, meine Dienste treulich thun und verrichten, auch mich in allen Stücken dergestalt verhalten wolle, wie ich es bey Gott dem Allmächtigen, bey meinem allergnädigsten Könige, und bey meinen Fürgesetzten, auch in meinem eigenen Gewissen, es zu verantworten, mich getraue.
Im Falle auch Se. Königl. Maj. gefällig seyn möchte, mir dereinst zuständige Medicamenta anzuvertrauen, will ich solche zu nichts anderes als zum Nutzen derer Krancken bey dem Regiment, wo ich stehe, anwenden, keinen Wucher noch Profit dadurch suchen, sondern damit dergestalt verfahren, wie ich es jederzeit zu verantworten vermeyne.
Ich will auch von dem Regiment dabey ich gesetzet bin, mich nicht entfernen, sondern so ofte ich commandirt werde, es sey in Bataillen, in Belagerungen, im Lazareth oder anderen Kriegsoccasionen, mich allezeit willig und bereit finden lassen, auch mich dergestalt erweisen, wie es einem ehrlichen und getreuen Regimentsfeldscher gebühret und wohl anstehet. So wahr mir Gott helfe durch Jesum Christum.«[172]

Der Regimentsfeldscher seinerseits wählte die Kompaniefeldschere aus, besoldete und überwachte sie fachlich. Bei diesem Verfahren stand ein bedeutender fürsorglicher Gedanke Pate: Ob der Regimentsfeldscher seine Auswahl aus Verantwortungsgefühl besonders sorgfältig traf oder dabei aus Eigennutz handelte – schließlich hing der Umfang seiner Arbeit von der Güte der Vorbehandlung ab – den größten Nutzen hatten stets die Patienten.
Seuchen waren schon damals sehr gefürchtet. Hygienevorschriften und morgendliche Kontrollen sollten vorbeugen. Jeden Morgen um elf Uhr hatte der Regimentsfeldscher dem Kommandeur über das Ergebnis der täglichen Visite zu berichten. Außergewöhnliche Vorkommnisse mußten sofort gemeldet werden. Traten Epidemien auf, herrschte in den Garnisonlazaretten höchste Alarmstufe. Wegen der Ausbreitungsgefahr stimmten die Regimentsfeldschere und ortsansässigen Zivilärzte in diesen Fällen die zu treffenden Maßnahmen untereinander ab.
Die Anweisungen zur medizinischen Vorsorge entsprachen dem damaligen Wissensstand. Es gab Vorschriften, die das Überheizen von Wachstuben zum Schutz vor Erkältungskrankheiten untersagten, Verbote über die Einnahme von Schnaps oder sonstigen Getränken auf dem Marsch in erhitztem Zustand bis hin zu der unsinnigen Empfehlung, statt Obst lieber Brot zu essen.
Bereits Friedrich Wilhelm I. hatte die Notwendigkeit einer ausreichenden ärztlichen Versorgung erkannt. Neben der Theologie war die Medizin die einzige Wissenschaft, die sich seiner Protektion erfreute. An die Spitze des Medizinalwesens stellte er den fähigen Generalstabsmedicus Eller und den ebenso qualifizierten Holtzendorf, denen 1744 und 1760 der Generalstabsmedicus Cothenius und die Generalchirurgen Bonneß, Schmudler und Theden folgten. Auch wurden 1744 ein Dutzend französische Chirurgen in den preußischen Sanitätsdienst eingestellt, die unter Aufsicht des Generalchirurgus in den Feldlazaretten als »maitres« oder »compagnons« dienten.[173] Wesentlich vorangebracht haben alle diese Maßnahmen den preußischen Sanitätsdienst jedoch nicht. Die sanitätsdienstliche Versorgung steckte damals bis auf Frankreich als vielleicht einzige Ausnahme überall noch in den Anfängen.

9. Urlaub

Die Kantonisten durften nach der Grundausbildung für neun Monate im Jahr beurlaubt werden. Voraussetzung war, daß sie sich im Alarmfall rechtzeitig (innerhalb von 12 Tagen) zurückmeldeten und der Kompanie noch so viele Musketiere verblieben, daß davon 20 auf Wache ziehen und anschließend zwei oder drei Nächte wachfrei haben konnten. Den geworbenen Soldaten standen nach Abschluß ihrer Ausbildung im allgemeinen vier freie Tage in der Woche zu. Für die Exerziermonate (1. April bis 1. Juni) galt allerdings eine absolute Urlaubssperre.

Die Kapitäne, welche die Urlaubseinteilung vornahmen, machten davon gern Gebrauch, weil der Wehrsold der Beurlaubten in ihre eigene Tasche floß. Die Zahl der Beurlaubungen war deshalb so groß, daß in der späteren Armee von rund 200000 Mann lediglich 2/3 jederzeit einsatzbereit waren. Der Staat hatte mit dieser großzügigen Beurlaubungspraxis freilich weniger das Wohlergehen der Soldaten und Kapitäne als die Förderung des Gewerbes im Auge. Denn das Volksvermögen ließ sich nur steigern, wenn die Zeit, in der die Arbeitskräfte dem zivilen Markt durch Militärdienst entzogen waren, auf ein Minimum beschränkt blieb.

Während des Urlaubs galt Uniformpflicht selbst dann, wenn der Soldat auf dem Felde arbeitete. Zumindest mußte er aus Dienstbeständen Rock, Hose und Hut tragen, um jederzeit als Soldat erkennbar zu sein.

Für die Unteroffiziere galten schärfere Urlaubsbestimmungen. Von ihnen durften, wenn es sich nicht gerade um Freikorporale, Tamboure und Pfeifer handelte, die überhaupt keinen Urlaubsanspruch hatten, höchstens zwei die Kompanie gleichzeitig verlassen. Die Urlaubslänge und Mindestfrist für die Rückrufung waren allerdings dieselben wie bei den gemeinen Soldaten.
Bei den Offizieren waren die Urlaubschancen keineswegs rosiger. Wie bei den Unteroffizieren durften höchstens zwei pro Bataillon gleichzeitig beurlaubt werden. Außerdem mußten der Urlaubszweck und der Aufenthaltsort angegeben werden. Nur bei unaufschiebbaren privaten Geschäften hatte der Antrag Aussicht auf Erfolg. Selbst dann war der Urlaub auf höchstens vier Tage und die Provinz der Garnison beschränkt. Benötigte der Offizier mehr Zeit oder wollte er in eine andere Provinz reisen, mußte der König gefragt werden.
Wer sich lediglich ein paar schöne Tage machen wollte, brauchte sich erst gar nicht zu bemühen. Urlaub zu anderen Zwecken als der Regelung privater Geschäfte gab es nicht. Erholungsurlaub war zur damaligen Zeit undenkbar.

10. Beförderung

Bei den Beförderungen zum Stabsoffizier übte Friedrich II. große Zurückhaltung. Als General von Wunsch 1773 mit Blick auf die Besetzung der Stabsoffiziersstellen neuer Regimenter darum bat, an die kriegserfahrenen Stabskapitäne zu denken, die zum Teil schon 50 Jahre alt waren, antwortete der König: »Alte Officiers sind ein Schatz, den man beim Regiment zu conservieren suchen muß.«[174] Folglich hatten die meisten Stabsoffiziere zumindest in Friedenszeiten bereits die 50 weit überschritten, wenn sie Regimentskommandeure wurden. Die Generale blickten im Zeitpunkt ihrer Beförderung auf 52 Jahre zurück. Die Generalfeldmarschälle zählten bei ihrer Ernennung im Durchschnitt sogar 59 Jahre.
Das soll nicht heißen, daß die Generale nicht ihr Bestes gegeben hätten. Aber ihre Leistungsfähigkeit war doch wohl schon sehr eingeschränkt, zumal die damaligen Kampfhandlungen mit erheblichen körperlichen Strapazen verbunden und die Offiziere daran bis in die höchsten Ränge aktiv beteiligt waren. Dafür ist die Zahl der Gefallenen oder tödlich Verwundeten ein deutlicher Beleg. Immerhin sind bei der Infanterie in der Zeit von 1740–1786 von 23 Generalfeldmarschällen zwei (8%), von den 98 Generalleutnanten sieben (7%) und von den 198 Generalmajoren 21 (10%) durch Kriegseinwirkungen umgekommen. Ihren trotz fortgeschrittenen Lebensalters hohen militärischen Wert verdeutlicht die Vereinbarung des »Cartels über Auswechslung und Ranzionierung der Kriegsgefangenen zwischen Sr. Kgl. Majestät in Preußen und der Königin von Ungarn Maj. Dc.« vom 9. Juli 1741, wonach für die höheren Stabsoffiziere die höchsten Preise zu zahlen waren:

Dienstgrad	**Köpfe**		**Gulden**
Generalfeldmarschall	3000	oder	15000
General	2000		10000
Generalleutnant	1000		5000
Generalmajor	300		1500
Oberst	130		650
Oberstleutnant	60		300
Kapitän	16		80
Leutnant	6		25
Feldwebel	2		10
Regimentstambour	1		5
Grenadier	1		5
Oberauditeur	8		40
Stabsquartiermeister	5		25
Stabswagenmeister	5		25

Freie Subalternoffizierstellen waren innerhalb von drei Monaten neu zu besetzen. Deshalb mußte sich der Regimentskommandeur unverzüglich nach einem geeigneten Ersatz umschauen, den er dem König vorschlagen konnte. Der Kommandeur tat gut daran, die Auswahl sorgfältig zu treffen, denn der König machte ihn dafür persönlich verantwortlich. Die besten Chancen auf Beförderung hatten adlige Unteroffiziere, die mindestens drei Jahre im Regiment gedient hatten. Fiel das Auge des Kommandeurs auf einen bürgerlichen Unteroffizier, mußte dieser mindestens 12 Jahre Soldat gewesen und durch besondere Leistungen vor allem beim Exerzieren aufgefallen sein. Außerdem war ein gewisses Maß an Intelligenz nicht schädlich. Erfüllte der Kandidat alle Voraussetzungen, stieg er unter Auslassung des Fähn-

richs gleich zum Seconde-Lieutenant auf. Weitere Beförderungen waren dann allerdings so gut wie ausgeschlossen.
Freiwerdende Unteroffizierstellen, die mit jungen Adligen besetzt waren, mußten in der Regel ebenso nachbesetzt werden. Das Vorschlagsrecht hatte der Kapitän. Die Ernennung sprach der Regimentskommandeur aus. War der adlige Kandidat zuvor Kadett, rückte er sogleich auf. Ohne militärische Vorbildung mußte er zunächst für drei Monate Wachdienst leisten, um die erforderliche Diensterfahrung zu sammeln. Dabei trug er bereits die Unteroffiziersmontur.

Für die Nachbesetzung freigewordener bürgerlicher Unteroffizierstellen brachte der Kapitän drei Soldaten in Vorschlag, die mindestens vier Jahre als Musketier oder Grenadier gedient haben und möglichst auch schreiben können mußten. Der Regimentskommandeur wählte den Tüchtigsten unter ihnen aus. Verfügte die Kompanie über keinen geeigneten Kandidaten, ernannte der Regimentskommandeur einen förderungswürdigen Soldaten der Nachbarkompanie. Für diesen Fall mußte die empfangende der abgebenden Kompanie Ersatz stellen. Soldaten, die sich vor dem Feind besonders verdient gemacht hatten, sollten vorrangig befördert werden.

11. Entlassung

Ausgebildete und erfahrene Soldaten sind für jede Armee von großem Wert. Deshalb galten im preußischen Heer für ihre Entlassung strenge Bestimmungen. Gemeine Soldaten durften in der Regel nur entlassen werden, wenn sie durch Kriegseinwirkungen, Alter oder Krankheit dienstunfähig geworden waren. Die invaliden Soldaten schickte man am 20. Februar jeden Jahres nach Berlin, wo ihre Dienstuntauglichkeit noch einmal intensiv geprüft wurde. Im Falle der Bestätigung folgte die Entlassung. Ergab die Prüfung, daß der Soldat weiter verwendungsfähig war, wurde er zum Regiment zurückgeschickt. Die Kosten der Rückführung hatte der Regimentskommandeur zu tragen. Wir können deshalb davon ausgehen, daß nur absolut klare »Fälle« nach Berlin abgingen.

Davon abgesehen waren vorzeitige Entlassungen nur denkbar, wenn der dienstmüde Soldat für sich einen Ersatz stellte, der bessere Qualitäten hatte als er selbst. Adlige Unteroffiziere konnten vom Regimentskommandeur nur mit Erlaubnis des Königs entlassen werden. Dafür waren die Gründe der Entlassung anzugeben. Gleichzeitig mußte dem König mitgeteilt werden, ob sich der Unteroffizier für eine Beförderung zum Offizier eignen würde.

Die verabschiedeten Soldaten erhielten einen Entlassungsschein, der vom Regimentskommandeur unterschrieben und mit dem Regimentssiegel versehen war.

Für die Offiziere war der Abschied ebenfalls schwer zu erlangen. Besonders jüngeren Offizieren erteilte ihn der König ungern, damit sie nicht, wie mehrfache Erfahrung gezeigt hatte, in fremde Dienste gingen und dort ihre in Preußen erworbenen Kenntnisse verwerteten. Die früher so häufigen Ausbildungsreisen junger Edelleute nach Frankreich, Holland oder England sah er aus ähnlichen Gründen nicht gern. Besonders empfindlich reagierte der König bei Abschiedsgesuchen, wenn er argwöhnte, daß sich ein Offizier nur krankstellte. Aus diesem Grunde verlor Generalleutnant von Stutterheim im März 1778 nicht nur sein Regiment, sondern auch den schwarzen Adlerorden.[175]
Jeder Offizier, der in Ehren den Abschied erlangte, erhielt eine schriftliche »Demission«. Die Urkunde hatte im allgemeinen folgenden Inhalt:

»Nachdem Se. Königl. Majestät in Preußen usw. Unser allergnädigster König und Herr, dem bisherigen Lieutenant beym N. N. Regiment Infanterie N. N. auf seyn allerunterthänigstes Ansuchen die Dimission aus Dero Kriegsdiensten in Gnaden zugestanden und ertheilet; als thun sie auch solches hiermit und in Krafft dieses attestieren; und bezeugen darneben in Gnaden, daß jetzt gedachter Lieutenant N. N. die gantze Zeit seiner obgehabten Kriegesdienste und bey allen darin vorgefallenen Kriegsbegebenheiten sich jedesmahl getreu, tapfer, und unverweißlich aufgeführet und dergestalt betragen habe, daß allerhöchst gedachte Se. Königl. Majestät damit beständig allergnädigst wohl zufrieden gewesen, und dannenhero jedermänniglich nach Standes Erfordern dessen Person hierdurch bestens recommandiren. Dessen zu Urkund haben Se. Königliche Majestät diese Dimission eigenhändig unterschrieben und mit Dero Insiegel bedrucken lassen. So geschehen und gegeben Berlin den ... 17. ...[176]

Ein schimpflich entlassener Offizier bekam keinen schriftlichen Abschied, sondern lediglich einen Reisepaß mit dem Inhalt:

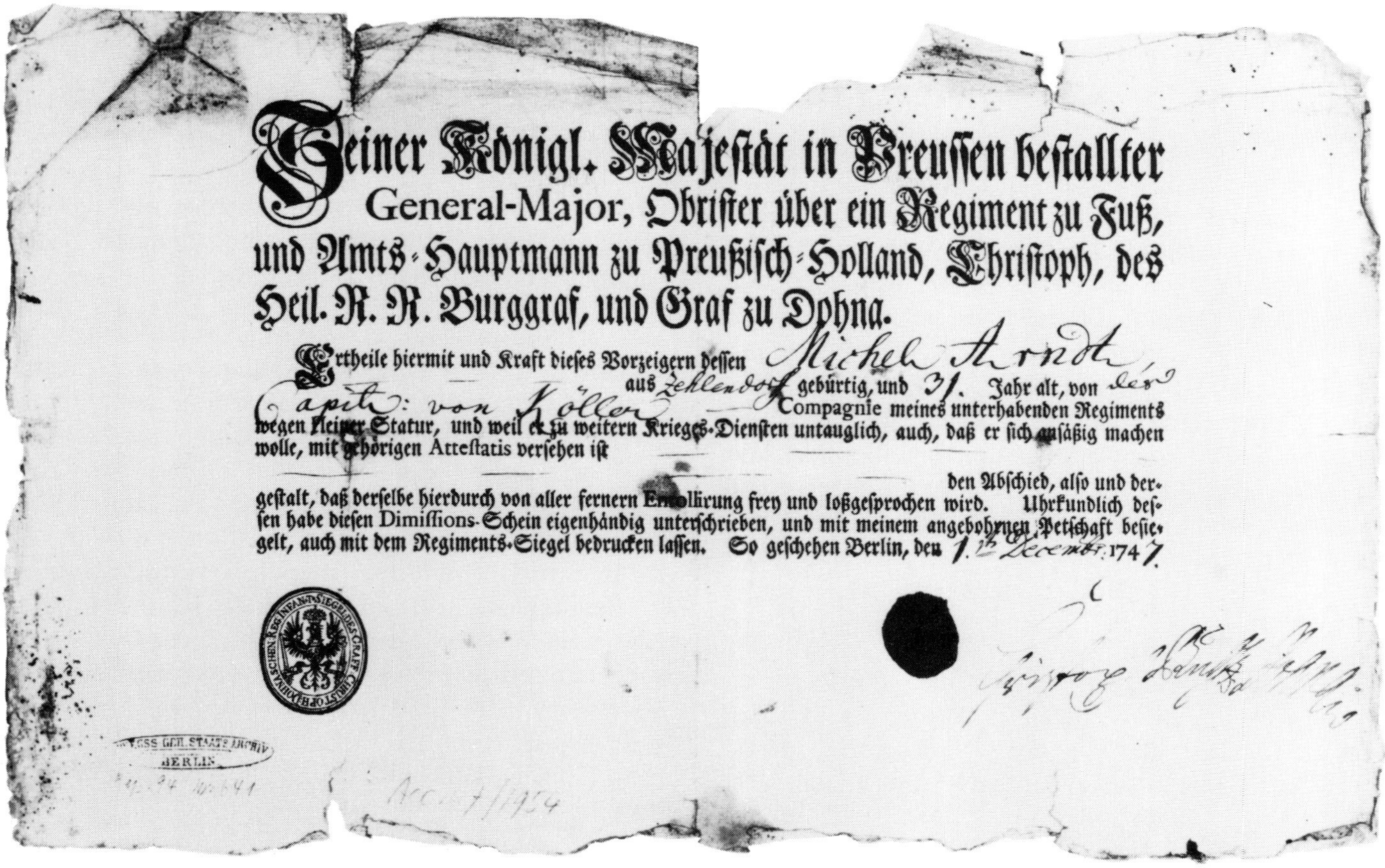

Seiner Königl. Majestät in Preussen bestallter General-Major, Obrister über ein Regiment zu Fuß, und Amts-Hauptmann zu Preußisch-Holland, Christoph, des Heil. R. R. Burggraf, und Graf zu Dohna.

Ertheile hiermit und Kraft dieses Vorzeigern dessen Michel Arndt aus Zehlendorf gebürtig, und 31. Jahr alt, von der Capit: von Köller Compagnie meines unterhabenden Regiments wegen kleiner Statur, und weil er zu weitern Krieges-Diensten untauglich, auch, daß er sich ansäßig machen wolle, mit gehörigen Attestatis versehen ist den Abschied, also und dergestalt, daß derselbe hierdurch von aller fernern Enrollirung frey und loßgesprochen wird. Uhrkundlich dessen habe diesen Dimissions-Schein eigenhändig unterschrieben, und mit meinem angebohrnen Petschaft besiegelt, auch mit dem Regiments-Siegel bedrucken lassen. So geschehen Berlin, den 1. ten December 1747.

Entlassungsschein eines Musketiers vom Regiment Nr. 23

»Nachdem N. N. ein abgedankter Offizier des hochlöblichen N. N. Regiments von hier nach N. zu gehen gewilliget; als wird jedermänniglich ersucht, obbemeldeten N. N. ohngehindert passiren zu lassen, solches werde ich gegen einen jeden nach Landesgebühr zu erkennen wissen.«[177]

Wer einmal verabschiedet war, vor allem wer im Laufe eines Krieges den Abschied genommen hatte, besaß keine Aussicht, später wieder eingestellt zu werden. Friedrichs Grundsatz:

»Die Armee ist kein Bordell, wo man herein- und herauslaufet, hat er quittirt, so hat er keine Ambition, und dergleichen Officirs sind mir ein Greuel!«[178]

12. Altersversorgung

Weil Friedrich glaubte, alte Soldaten wegen ihrer Erfahrung so lange wie möglich der Truppe erhalten zu müssen, waren ergraute Kämpfer in den Reihen der Infanterie nicht selten. Viele von ihnen konnten als ehrwürdiges Vorbild für die jungen Rekruten gelten, aber es gab auch traurige Gestalten, die kaum noch einzusetzen waren und lediglich mit durchgeschleppt wurden. Ging am Ende nichts mehr und war die Entlassung unausweichlich, durften die Veteranen mit einer bescheidenen Versorgung rechnen. Dafür wurden sie in drei Klassen eingeteilt:

1. solche, »so noch zu kleinen Bedienungen gebraucht werden können«
2. solche, »so zu dergleichen nicht zu gebrauchen sind, die dennoch aber vor sich etwas vermögen und zu leben haben«
3. solche, »welche sich gar nicht helfen konnten.«

Soldaten der ersten Kategorie fanden sich in den Garnisonregimentern wieder oder wurden von den Kriegs- und Domänenkammern mit kleineren Posten versorgt. Bis es soweit war, erhielten sie einen Taler Wartegeld.

Soldaten der zweiten Kategorie bezogen eine Unterhaltsbeihilfe in Höhe von einem Taler aus der Invalidenkasse und waren im übrigen sich selbst überlassen.

Die absolut untauglichen Soldaten der dritten Kategorie wurden in dem 1747 in Berlin gegründeten und nach militärischen Prinzipien geführten Invalidenhaus untergebracht, das dem Intendanten der Armee unterstand. Das Invalidenkorps hatte drei Kompanien und zählte außer dem Kommandanten und dem Hauspersonal 12 Offiziere, 30 Unteroffiziere, sechs Tambours und 564 Gemeine. Auf Retzow's Meldung über die Eröffnung des nach den Plänen des Ingenieurkapitäns Petri errichteten Hauses und die dankbare Freude seiner Bewohner erwiderte der König im November 1748, es werde »dieses Bataillon wohl das einzige von der ganzen Armee sein, über welches ich mich am meisten alsdann freuen werde, wenn es niemalen wird komplett werden können!«.

Neben dem Invalidenkorps gab es noch das Korps der ausrangierten Gardeinvaliden in Werder bei Potsdam, das die Invaliden des Regiments Nr. 6, des II. und III. Bataillons Garde und der Garde du Corps aufnahm.[179]

Kaum besser ging es den dienstuntauglichen Offizieren. Nicht mehr felddienstfähige Generale und höhere Offiziere erhielten Gouverneur- oder Kommandantenposten in den Festungen, Verwendungen bei den Garnisonregimentern oder eine der 40 Amtshauptmannschaften, die je 500 Taler einbrachten. Absolut untaugliche Offiziere konnten mit etwas Glück auf eine kleine Pension hoffen. Da die Invalidenkasse in erster Linie für Unteroffiziere und Soldaten bestimmt war, wurden die Offizierspensionen hauptsächlich aus dem Etat der Generalkriegskasse genommen. Das konnte aber erst geschehen, wenn dort durch Tod eines Empfängers Mittel freiwurden. Die Bearbeitung dieser vielfach sehr traurigen Fälle oblag dem Generaladjutanten.[180]
Jede Versorgung war reine Gnadensache und erfolgte nach dem persönlichen Urteil des Königs unter Berücksichtigung der individuellen Verhältnisse. So erhielt z. B. der Kriegsminister von Wedell 1779 den Abschied ohne Pension in allen Gnaden. Offiziere, denen der König wegen der Kapitulation von Maxen, schlechter Haltung ihrer Regimenter bei Zorndorf, oder aus sonstigen Gründen zürnte, konnten ihre Hoffnungen auf ein Ruhegeld begraben:

»Ich habe ihm ein Regt. geben wollen das hat er refusirt. Die Pensions sind nur vor invalide nicht aber vor faule Officiers.«[181]

Generale, mit denen der König zufrieden war, bezogen 1000 bis 2000, Stabsoffiziere einige hundert Taler, Kapitäne und Leutnante weit weniger.

Um die Not der zahlreichen Witwen von Offizieren zu lindern, wurden die Zinsen der Kapitalien, die der König den landwirtschaftlichen Kreditverbänden gewährte, zu deren Unterstützung bestimmt. Dadurch erhielten in den letzten Jahren des Königs die Offizierwitwen etwa 30000 Taler. Außerdem wurde dem Potsdamer Waisenhaus 1774 ein Offiziertöchterinstitut (Fräuleinhaus) für 16 arme Offiziertöchter angegliedert und 1775 durch die Bemühungen des Ministers von der Schulenburg eine allgemeine Witwenanstalt eingerichtet, der im Frieden auch Offiziere beitreten konnten. Trotzdem blieb die Versorgung insbesondere wegen des Fehlens eines gesetzlichen Anspruchs lückenhaft. Erst Friedrich Wilhelm II. hat auf diesem Gebiet durchgreifende Reformen bewirkt.
Etwas besser war es dank der in die Zukunft reichenden Fürsorge Friedrich Wilhelms I. um die verwaisten Kinder der Soldaten bestellt. Er stiftete 1724 das Große Militärwaisenhaus in Potsdam, das zunächst für die Kinder seines Leibregiments gedacht war. Später fanden dort auch die Kinder anderer Soldaten Unterkunft, so daß das Haus bereits 1742 erweitert werden mußte. Bald erwies sich der alte Bau wiederum als zu klein, so daß Friedrich der Große 1771 einen Neubau errichten ließ, denn die Zahl der Kinder war stetig angewachsen: 500 im Jahre 1724, 1000 1734, 1250 1744, und ab 1758 sogar 2000.[177] Je voller das Haus wurde, desto größer wurden aber auch die Mißstände. Es gab in Potsdam oder Berlin kaum einen Fabrikanten, der in den Waisen nicht billige Arbeitskräfte erkannt hätte, und die Kinder für seine Fabrik anforderte. Erst General v. Rohdich, der ab 1779 für das Militärwaisenhaus verantwortlich war, stellte die Ausbeutung ab, indem er dafür sorgte, daß die Kinder nur an namentlich bekannte Handwerker abgegeben wurden, die für deren Wohlergehen geradezustehen hatten.

13. *Die höheren Kommando- und Verwaltungsbehörden*

Die kennzeichnende Eigentümlichkeit der Organisation der höheren militärischen Dienststellen und Behörden, wie sie sich unter Friedrich Wilhelm I. herausgebildet hatte und in den Grundzügen auch von Friedrich II. beibehalten wurde, war der persönliche Charakter. Der König verteilte die Aufgaben nach praktischem Bedürfnis an Männer seines Vertrauens. Es gab weder ein Kriegsministerium noch einen Generalstab noch ein Militärkabinett im neueren Sinne.

Auch kannte man in Friedenszeiten keine höheren Befehlshaberstellen für größere Truppenverbände. Nur in Ostpreußen und Schlesien, den beiden meist bedrohten Provinzen, übten zwei Generalfeldmarschalle die Befugnisse kommandierender Generale über alle dort stehenden Truppen und die Festungen aus.[182]

Berichte und Anträge der Chefs und Kommandeure der 55 Infanterie- und 32 Kavallerieregimenter, der Artillerie, der Garnisontruppen, der Gouverneure und Kommandanten von über 20 größeren und kleineren festen Plätzen sowie der Heeresverwaltung gingen unmittelbar an den König. Die Ausfertigung der Befehle und Entscheidungen erfolgte nach seinen persönlichen Weisungen durch einen Kabinettsekretär.

Routinepost, insbesondere die Patente, Kapitulationen, Entlassungen usw. bearbeitete auf Grund der ihr zugehenden Kabinettweisungen oder Notifikationen sowie der monatlichen Ranglisten und Schreiben der Regimenter die *Geheime Kriegskanzlei,* die aus einem Chef und sieben Mitgliedern bestand.[183]

Nach dem Siebenjährigen Krieg wurde das Berichtswesen geändert. Fortan gingen alle Eingaben der Regimenter über den betreffenden *Generalinspekteur,* dem sie unterstellt waren. Das blieb oft nicht ohne Reibereien, zumal Alter oder Rang der Inspekteure zum Teil unter dem der unterstellten Einheitsführer lag. Der alte Zieten z.B. war als General der Kavallerie einem Inspekteur im Rang eines Obersten unterstellt. Von Brunnek bekleidete die Stellung sogar als Oberstleutnant. Außer ihm haben sich als Generalinspekteure bewährt: v. Seydlitz, v. Bülow, v. Stutterheim, v. Ramin, v. Rohr, v. Rohdich, v. Saldern, v. Tauentzien, v. Prittwitz, Herzog Karl Wilhelm Ferdinand v. Braunschweig, v. Möllendorf.[184] Von der Infanterie durften nur das Grenadiergarde Bataillon (Nr. 6), das erste Bataillon Leibgarde (Nr. 15a), das Regiment Garde (Nr. 15b, c) sowie alle den königlichen Prinzen anvertrauten Regimenter weiterhin dem König direkt berichten.[185]

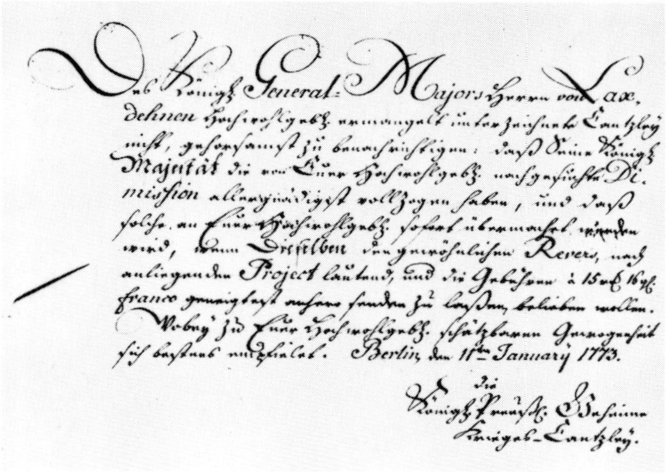
Des Königl. General-Majors Herrn von Laxdehnen Hochwohlgeb. ermangelt die Kanzley nicht, gehorsamst zu benachrichtigen: daß Seine Königl. Majestät die von Eur Hochwohlgeb. nachgesuchte Dimission allergnädigst vollzogen haben, und daß solche an Eur Hochwohlgeb. sofort übermachet werden wird, wann Dieselben den gewöhnlichen Revers, nach anliegendem Project lautend, und die Gebühren à 15 rthl. 16 gr. franco gefälligst anhero senden zu lassen, belieben wollen. Wobey zu Eur Hochwohlgeb. schätzbaren Gewogenheit sich bestens empfiehlet. Berlin, den 11ten January 1773.
Die Königl. Preußische Geheime Kriegs-Canzley.

Schreiben der Königlichen Preußischen Geheimen Kriegskanzlei vom 11. Januar 1773 an den Generalmajor Laxdehnen

Eine *Adjutantur* wurde 1740 geschaffen. Sie bestand aus zunächst sieben Generaladjutanten, die meist Obristenrang hatten, und den Flügeladjutanten. Der erste Generaladjutant hatte im Frieden das »Detail von der Armee«, d.h., er war für das Listen- und Rapportwesen (Soll- und Ist-Stärke) verantwortlich. Ferner gehörten Pensions- und Invalidenfragen in seine Zuständigkeit. Er traf außerdem die Vorbereitungen zu den Revuen und Manövern. Im Felde hatte er aus den Tageslisten der Truppen die Frontstärke festzustellen, führte die Dienstaufsicht über das gesamte Personal des Hauptquartiers und kommandierte die Feldjägerkorps zu Fuß und zu Pferde.

Die Zahl der Generaladjutanten, die Friedrich bei seinem Regierungsantritt ernannt hatte, reduzierte sich bis zum Jahre 1758 kontinuierlich. Von den sieben blieben schließlich nur einer übrig.[186] Hake, Borcke, Buddenbrock, Wobersnow, Krusemarck und Winterfeldt bekleideten dieses wichtige Amt. Dagegen nahm die Zahl der Flügeladjutanten von zunächst vier im Laufe der Jahre beträchtlich zu. Ihr Zuständigkeitsbereich war nicht fest umrissen. Ihr Einsatz erfolgte nach den jeweiligen Aufträgen des Königs, wobei ihnen militärische, politische oder gar wirtschaftliche Aufgaben unterschiedlicher Dauer übertragen werden konnten. In Kriegszeiten erhielten die älteren Flügeladjutanten vielfach selbständige Verwendungen als Kommandeure von Grenadierbataillonen. Gelegentlich wurden sie auch hohen Offizieren als Berater beigegeben, wie z.B. v. d. Goltz Lehwaldt in Ostpreußen. Die jüngeren versahen den eigentlichen Adjutanturdienst, indem sie Befehle überbrachten, das Gelände erkundeten oder

Marschkolonnen führten. Dem Range nach waren sie Kapitäne oder sogar nur Leutnante.[187] Ihrer besonderen Zuordnung entsprechend standen die General- und Flügeladjutanten nicht im Etat der Generalkriegskasse, sondern bezogen ihre Gehälter aus der Hofstaatkasse.[188]

Im Laufe der Zeit entwickelte sich aus diesen Anfängen auch eine Art *Generalquartiermeisterstab* mit Brigademajoren u.ä., alles jedoch wiederum auf den jeweiligen Bedarf abgestellt. 1786 zählten dazu neben dem Generalquartiermeister drei Quartiermeister, sieben Kapitäne und ein Rittmeister.[189] Der Generalquartiermeister hatte im Frieden das für Revuen und Manöver in Aussicht genommene Gelände nach militärischen Zwecken und Ernterücksichten zu erkunden. Im Kriege traf er Anordnungen für das Feldlager und die Marschrouten. Generalquartiermeister waren u.a. die Generale v. Schmettau und Wilhelm v. Anhalt.

Der *Generalauditeur* war der Chef des Militärgerichtswesens. Neben der Dienst- und Fachaufsicht über die Regimentsauditeure, denen die Rechtsprechung im nachgeordneten Bereich oblag, führte er den Vorsitz im Kriegskonsistorium. Im Krieg überwachte der Generalauditeur das Marketenderwesen, vernahm die Gefangenen und besorgte den Austausch der Gefangenen. Generalauditeur war zunächst Christian Mylius, mit dem Friedrich Wilhelm I. im Köpenicker Kronprinzenprozeß gute Erfahrungen gemacht hatte. Er wurde 1752 durch seinen Stellvertreter Pawlowsky ersetzt.

Der *Generalstabsmedicus* hatte die Oberaufsicht über die Kranken- und Verwundetenpflege. Inhaber dieses Postens war zunächst Theodor Eller, der zugleich dem Collegium medico chirurgicum, der obersten Prüfungsbehörde für das Sanitätspersonal, vorstand. Ihm folgte der Leibarzt des Königs, Christian Cothenius.

Der *Intendant* hatte die Aufsicht über das Magazinwesen und die wirtschaftlichen Angelegenheiten des Invalidenhauses. Er stellte zu Beginn eines jeden Feldzuges auf Grund der vom König befohlenen Verteilung der Streitkräfte die Feldkriegskassenetats und die Rations- und Portionsetats für die Korps auf, nach denen die Feldkriegskommissariate den Truppen Gelder zahlten. Vor Beginn und während der Operationen war es Aufgabe des Intendanten, die rechtzeitige Füllung und Verschiebung der Magazine durch das zuständige Feldkriegskomissariat zu veranlassen. Ferner hatte er die Einrichtung der Feldbäckerei, die Märsche der Mehlkolonnen, die ihr das Backmaterial aus den Magazinen zuführten, und den Verkehr der Brotwagen zwischen der Armee und der Bäckerei zu regeln. Auf dem Gebiete des Sanitätswesens war das Wirken des Intendanten ebenfalls von Bedeutung, weil die Kranken und Verwundeten der Regimenter mit den entleerten Brotwagen zu den Feldlazaretten befördert wurden, die sich in der Regel in denselben Orten befanden wie die Feldmagazine. Außerdem mußten Lagerstroh, Brennholz und Verpflegung beschafft und aus den Städten und Dörfern der Umgebung Arzneimittel, Verbandstoffe und Strohsäcke besorgt werden, damit die Lazarette ihren Betrieb aufnehmen konnten. Vor allem nach großen Schlachten erforderte diese verantwortungsvolle Aufgabe den ganzen Mann.

14. Militärgerichtsbarkeit

Die preußischen Soldaten, Reservisten, deren Familienangehörige und das Armeegefolge unterstanden einer besonderen Militärgerichtsbarkeit. Militärgerichte entschieden alle Streitigkeiten, die zwischen den erwähnten Personengruppen auftraten, oder gegen diese von Zivilisten geführt wurden (Passivprozesse). Wollten Soldaten oder deren Angehörige ihrerseits gegen Zivilisten vorgehen (Aktivprozesse), mußten sie sich an die ordentlichen Gerichte halten.

Die in die Zuständigkeit der Militärgerichte gehörenden Streitfälle konnten geistlichen oder weltlichen Inhalts sein. Zu den ersteren zählten alle Angelegenheiten des Militärgottesdienstes, die Ehesachen von Offizieren und Mannschaften sowie alle Dienstaufsichtsangelegenheiten über Feldprediger.[190] Zur zweiten, viel wichtigeren Gruppe gehörten die bürgerlichen Streitigkeiten sowie alle Strafsachen, egal ob es sich dabei um militärspezifische Delikte, wie etwa Befehlsverweigerung und Wachvergehen oder um allgemeine Straftatbestände handelte.[191]

Das Kriegsgericht für die geistlichen Fälle war das Konsistorialgericht, dem – wie wir wissen – der Generalauditeur vorsaß. Die weltlichen Streitfälle teilten sich je nach der Schwere des Vorwurfs das General- oder Ober-

kriegsgericht mit einem Offizier im Generalsrang als Vorsitzenden und das Regiments- oder Unterkriegsgericht mit einem Stabsoffizier als Präsidenten.[192]
Die Militärgerichte arbeiteten trotz der auch hier üblichen Rechtsmittel in einem beschleunigten Verfahren, von dem die rechtsuchenden Zivilisten nur träumen konnten. Während die lange Prozeßdauer der ordentlichen Gerichte die Parteien kräftig nervte, trafen die Kriegsgerichte ihre Entscheidungen innerhalb kürzester Zeit. Es wundert deshalb nicht, daß viele Zivilisten ihren Prozeß durch Strohmänner oder andere Manipulationen zu einer Militärsache zu machen suchten.
Der Strafprozeß begann in aller Regel mit dem Arrest des Beschuldigten. Stabsoffiziere wurden in ihrem Quartier arretiert. Ein Unteroffizier und drei Mann hielten Wache, wobei der Unteroffizier den Raum mit dem Beschuldigten zu teilen hatte. Kapitäne und Subalternoffiziere setzte man in Garnisonen, wo Regimenter oder Bataillone lagen, auf der Hauptwache fest.[193]
Stabsoffiziere wurden vom Kommandeur, Subalternoffiziere durch einen Kapitän vernommen, wobei in aller Regel ein weiterer Offizier als Zeuge zugegen war.[194]
In der Hauptverhandlung ermittelte und subsumierte der General- bzw. Regimentsauditeur als juristischer Fachmann den Tathergang. Außerdem überwachte er die Ordnungsmäßigkeit des Verfahrensablaufs. Assessoren führten das Protokoll. Da man großes Vertrauen in die Objektivität der verhandlungsführenden Militärs setzte, waren zivile Advokaten für die Verteidigung des Angeklagten nicht zugelassen. Der Angeklagte konnte aber, wenn er wollte, den Auditeur eines anderen Regiments als Rechtsbeistand hinzuziehen. Das abschließende Urteil fällte ein 7- bis 13köpfiges Offiziersgremium, dessen Zusammensetzung sich nach dem Dienstgrad des Angeklagten richtete. Bei der Festlegung

Besetzung der Kriegsgerichte

Delinquent	Verhör durch	Gerichte für Delikte mit Todesstrafe	Sonstige Delikte
Stabsoffizier	Kommandeur 1 Stabsoffizier		1 General als Präs. 2 Obristen 2 Oberstleutnante 2 Majore 2 Kapitäne
Kapitän	1 Stabsoffizier 1 Kapitän	1 Oberst als Präs. 2 Oberstleutnante 2 Majore 3 Kapitäne 3 Leutnante 3 Fähnriche	1 Oberstleutnant als Prä. 2 Majore 2 Kapitäne 2 Leutnante 2 Fähnriche
	1 Kapitän 1 Subalternoffizier	1 Oberstleutnant 2 Majore 3 Leutnante 3 Fähnriche	1 Stabsoffizier 2 Kapitäne 2 Leutnante 2 Fähnriche
Unteroffizier	1 Leutnant 1 Fähnrich	1 Stabsoffizier 3 Kapitäne 3 Leutnante 3 Fähnriche 3 Sergeanten 3 Korporale	1 Kapitän 2 Leutnante 2 Fähnriche 2 Sergeanten 2 Korporale
Gemeiner	Premierleutnant	1 Stabsoffizier 3 Kapitäne 3 Leutnante 3 Fähnriche 3 Sergeanten 3 Korporale 3 Gefreite 3 Gemeine	1 Kapitän 2 Leutnante 2 Fähnriche 2 Sergeanten 2 Korporale 2 Gefreite 2 Gemeine

Quelle: Infanteriereglement von 1743, S. 550

des Strafmaßes votierte der dienstjüngere Offizier vor dem dienstälteren.

Der bekanntlich hohe Anteil an Ausländern erforderte als Gegengewicht zu deren latentem Hang zur Desertion eine Vielzahl von Strafen. Selbstverständlich gab es aber auch unter den einheimischen Preußen manchen »unsicheren Kantonisten«, der scharf angepackt werden mußte. Die von den Ober- und Unterkriegsgerichten verhängten Strafen waren deshalb hart, teilweise sogar drakonisch, wenngleich in Preußen schon frühzeitig versucht worden ist, die schlimmsten Auswüchse der aus der Constitutio Criminalis Carolina von 1532 überkommenen Rechtsfolgen zu mildern. In Preußen wurde z. B. der zum Tode durch das Rad Verurteilte vorher unmerklich erdrosselt, um ihm die in den Nachbarländern durchaus noch übliche viehische Quälerei zu

Militärstrafen nach dem Infanteriereglement von 1743 (Auszug)

Delikt	Mannschaft	Unteroffiziere	Offiziere
Mutwilliges Beschädigen von Waffen	Spießruten	–	–
Schlechte Pflege der Gewehre (Versagen)	–	–	Arrest
Wahrheitswidriges Rapportieren	–	–	Entlassung
Wachvergehen	Spießruten	3 × 24 Stunden Krummschließen, Soldabzug	Arrest bis 1 Jahr Festung
Trunkenheit im Dienst	10 × Spießruten durch 200 Mann	–	–
Ungehorsam im Gewehr	20 × Spießruten durch 200 Mann	–	–
Gewalttätigkeiten untereinander	Spießruten	–	Entlassung
Bedrohung von Vorgesetzten	Erschießen	–	Festung auf Lebenszeit
Bedrohung von Quartierwirten	Spießruten	–	–
Tätlicher Angriff auf Zivilisten	Spießruten	Arrest	–
Tätlicher Angriff auf Vorgesetzte mit Waffe – im Dienst – außer Dienst	 Erschießen Erschießen	Arrest	 Enthauptung Erschießen
Störung des Gottesdienstes	Arrest	–	–
Aufnahme von Krediten	Spießruten	Schildwache	Arrest
Urlaub ohne Uniform	12 × Spießruten, bei Wiederholung 20 – 30mal	–	–
Glückspiel	8 × Spießruten	–	–
Verstöße bei der Werbung	–	Karre bis zu 3 Jahren	Entlassung
Duell	–	–	Soldabzug bis Enthauptung

ersparen.[195] Die Folter als Mittel der Beweisführung war für Soldaten bereits 1725, also lange vor dem allgemeinen Verbot Friedrich des Großen, abgeschafft worden. Auf Fahnenflucht stand nach dem Infanteriereglement von 1743 der Tod durch Erhängen. Bei Ungehorsam mit Gegenwehr drohte die Todesstrafe durch Erschießen:

»Heute war Execution im Thiergarten. Ein Grenadier vom Regiment Ramin wurde arquebusieret, weil er beim Exercieren nach dem Lieutenant v. Kottwitz desselben Regiments geschlagen.«[196]

Diese Hinrichtungsart galt als ehrlicher Soldatentod, wobei der Verurteilte das 6köpfige Peleton aus seinen Kameraden selbst zusammenstellen durfte. Die Tötung eines Kameraden wurde mit dem Tod durch das Schwert geahndet. Dieselbe Strafe stand auf Hochverrat, Zusammenrottung und die allgemeinen Delikte Notzucht, Bigamie und Ehebruch.

Geringere militärische Delikte, wie etwa Wachvergehen oder die Veruntreuung von Ausrüstungsstücken, wurde mit Spießrutenlauf belegt, der für damalige Zeiten wohl typischsten Militärstrafe. Das Spießrutenlaufen geht auf Gustav Adolf zurück und war eigentlich eine Verlegenheitslösung. Weil die Theologie nach des Schwedenkönigs Ansicht die Todesstrafe verbot, und die üblicherweise vom Henker vollzogenen Strafen den Bestraften nach damaligem Verständnis »ehrlos« und damit für den Kriegsdienst unbrauchbar machten, mußte ein Kompromiß gefunden werden. Prügelstrafe, durch Soldaten vollstreckt, wirkte, ohne den Bestand an Soldaten zu gefährden.

Beim Spießrutenlauf sollte der Verurteilte nicht rennen. Deshalb schritt ein Unteroffizier mit »verkehrtem« Sponton, dessen Spitze gegen die Füße des Verurteilten gerichtet war, voran. Weitere Unteroffiziere überwachten die aufgereihten Soldaten, daß sie mit den vom Profos ausgehändigten Ruten auch tatsächlich kräftig dreinschlugen. Zu demselben Zweck galoppierte der Bataillonskommandeur hinter den Reihen auf und ab. Strafen von mehr als zehnmaligem Gassenlaufen wurden gewöhnlich auf mehrere Tage verteilt. 36maliges Gassenlaufen kam einer Hinrichtung gleich.[197] Trommel- und Pfeifenklang begleiteten den Strafvollzug, um die Schmerzensschreie des Deliquenten zu übertönen.

Das Spießrutenlaufen war eine Strafe für die Mannschaften. Nie und auf keinen Fall konnte und durfte ein Offizier geschlagen werden. Literatur und Film verraten tiefste Unkenntnis der Strukturen der altpreußischen Armee, wenn sie einen Offizier Spießruten laufen lassen, und das womöglich noch durch die eigene Kompanie.[198]

Minderschwere Strafen waren das Krummschließen, wobei die jeweils entgegengesetzten Arme und Beine mit Lederriemen eng aneinander gefesselt wurden, ferner das Eselreiten auf einem scharfkantigen Holzpferd, das Zucht- und Stockhaus sowie die Zwangsarbeit als Festungsgefangener, die sog. »Karre«. Darüber hinaus war die Degradierung einzelner Soldaten und sogar ganzer Regimenter üblich.

Ehrlos entlassene Soldaten wurden zum »Schelm« erklärt und gebranntmarkt, um sich gegen deren Wiedereintritt zu schützen:

»Wenn die Regimenter Leute wegjagen, so sie ein »S« auf die Hand brennen lassen, so soll solches tief eingeschlagen werden, und dann sollen sie noch einige Tage sitzen bleiben, damit sie es nicht können wieder ausmachen und sich in der Armee wieder anwerben lassen.«[199]

Das Offizierkorps bestand auch nicht nur aus Musterknaben. Kriegsgerichtsverfahren gegen höhere Offiziere sind in mehreren Fällen nachzuweisen, wobei der König gelegentlich wie bei Oberst v. Zitzewitz zum Nachteil des Angeklagten eingriff. Dieser Offizier wurde im Verlauf des Siebenjährigen Krieges bei Burkersdorf zur Rechenschaft gezogen, weil bei seiner Truppe Unregelmäßigkeiten beim Fouragieren vorgekommen waren. Das Gericht sprach v. Zitzewitz zwar frei, dennoch schickte ihn der König für 4 Wochen in Arrest. Besonders nach der Schlacht bei Maxen, die mit der Selbstaufgabe einer ganzen Armee endete, kannte sein Zorn keine Grenzen mehr. Eine ganze Flut von Verfahren war die Folge.

15. Militärseelsorge

Zu den liebenswertesten Zeichnungen altpreußischer Soldatenszenen gehört Menzels Feldprediger, der mit drohend erhobener Faust Freikorpssoldaten auf den Pfad christlicher Tugend zurückzuführen versucht. Nach Körperhaltung und Gesichtsausdruck einem Mitdreißiger ähnlich, verkörpert der Pastor den typischen Feldprediger, für dessen Ordination ein Mindestalter von 25 Jahren vorgeschrieben war.

Außer den evangelischen Militärpfarrern kümmerten sich katholische Priester in brüderlichem Nebeneinander um das Seelenheil der Soldaten. Das erscheint uns für Preußen selbstverständlich. Schließlich hatte Friedrich der Große selbst verfügt:

Die Religionen müssen alle Tolleriret werden und Mus der fiscal nuhr das auge darauf haben das keine der andern abruch Tuhe, den hier mus ein jeder nach seiner Faßon selich werden

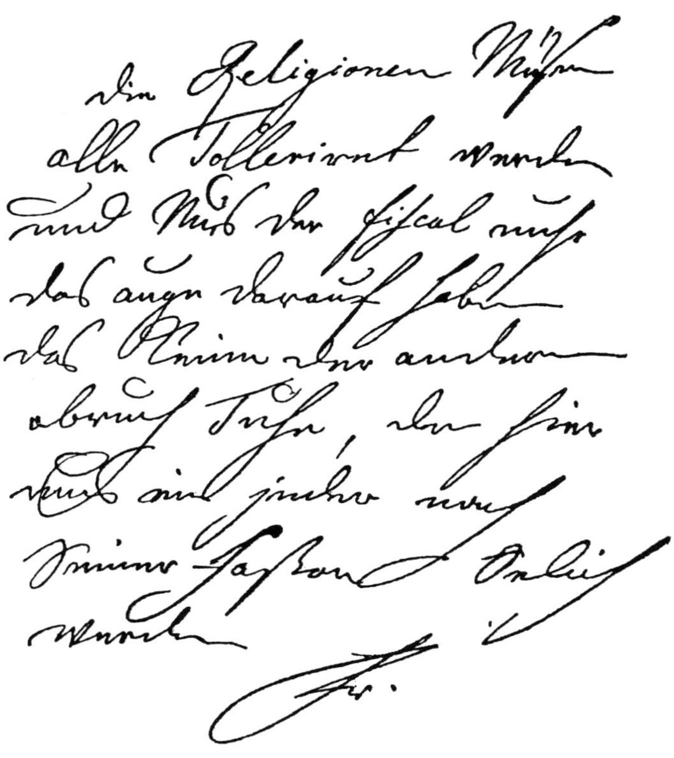

Wer jedoch hinter diesem Ausspruch, der fast schon zu einem geflügelten Wort geworden ist, christlich motivierte Toleranz vermutet, irrt. Friedrich stand den Feinheiten der Glaubensrichtungen eher gleichgültig gegenüber. »Man braucht weder Luther noch Calvin, um Gott zu lieben«, hat er an anderer Stelle einmal gesagt. Wenn ihn die Glaubensfreiheit interessierte, dann aus politischen Gründen. Für Friedrich war sie in erster Linie ein Mittel, seinen Staat für Ausländer, die aus religiösen Gründen heimatlos geworden waren, attraktiv zu machen:

alle Religionen seindt gleich und guht wann nuhr die Leute so sie profesiren Ehrliche leute seindt, und wen Türken und Heiden Kähmen und Wolten das Landt Pöpliren, so wollen wier Sie Mosqueen und Kirchen bauen (s. rechts oben).

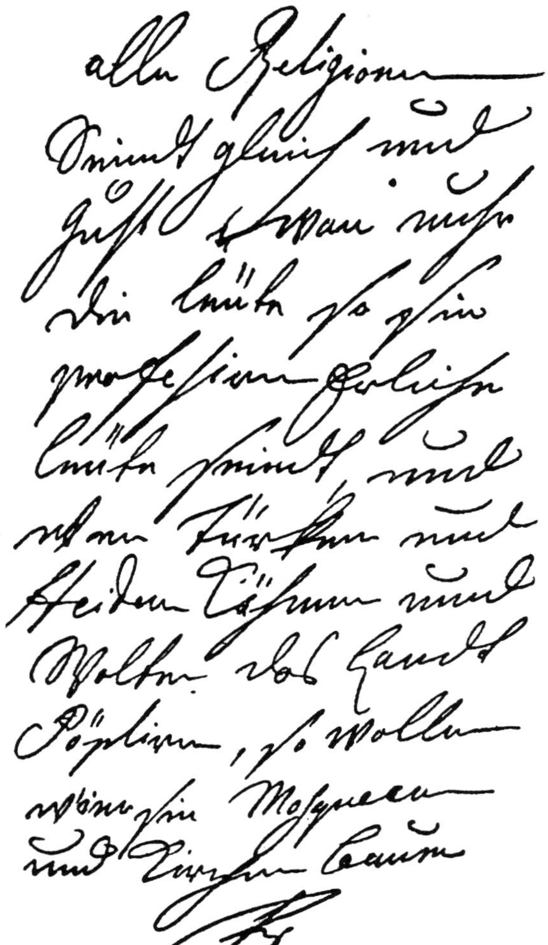

Zwölf Jahre später schreibt Friedrich in seinem politischen Testament von 1752:

»Katholiken, Lutheraner Reformierte, Juden und zahlreiche andere christliche Sekten wohnen in Preußen und leben friedlich beieinander. Wenn der Herrscher aus falschem Eifer auf den Einfall käme, eine dieser Religionen zu bevorzugen, so würden sich sofort Parteien bilden. Allmählich würden Verfol-

Feldprediger, begleitet von seinem Küster
im Vordergrund Freikorps-Soldaten der preußischen Armee

gungen beginnen, und schließlich würden die Anhänger der verfolgten Religionen ihr Vaterland verlassen. Tausende von Untertanen würden unsere Nachbarn mit ihrem Gewerbefleiß bereichern und deren Volkszahl vermehren.«[200]

Trotzdem ist es richtig, Preußen auch als Hort christlich motivierter Toleranz zu feiern, nur, daß die Wurzeln dafür zeitlich viel früher liegen. Kurfürst Johann Sigismund hat diese Toleranz weit vor allen anderen Fürsten als erster proklamiert und vorgelebt, als er 1614 zum calvinistischen Glauben konvertierte und gleichzeitig auf das ihm zustehende Religionsbestimmungsrecht über seine Untertanen – cuius regio eius religio – verzichtete:

»Auch wollen Seine Kurfürstlichen Gnaden zu diesem Bekenntnis keinen Untertanen öffentlich oder heimlich zwingen, sondern den Kurs und Lauf der Wahrheit Gott allein befehlen.«[201]

Zeichen christlicher Toleranz setzte auch Friedrich Wilhelm I., der in seinem politischen Testament von 1722 formulierte:

»Indessen bin ich versichert, daß ein Lutherischer, der da gottselig wandelt, ebenso gut selig werde als die Reformierten und der Unterschied nur herrühre von Prediger Zänkereien... Tut beiden Religionen Gutes und macht keine Unterschiede! Dafür wird Euch Gott segnen.«

Mehr als jedem anderen preußischen Herrscher lag ihm die religiöse Erziehung seiner Untertanen am Herzen. Für die katholischen Soldaten stellte er 1722 den Pater Dominicus Torck aus dem Dominikanerkloster Halberstadt ein, das während des ganzen 18. Jahrhunderts die Mehrzahl der katholischen Geistlichen für die preußische Armee stellte. Für die in seiner Armee dienenden Russen forderte Friedrich Wilhelm I. 1733 sogar einen Popen aus Moskau an, der in einer eigens errichteten Kapelle in Potsdam Gottesdienste nach griechisch/katholischem Ritus hielt.
Für den Soldatenkönig selbst war Religiosität kein leeres Wort. Die Neubauten der Garnisonkirchen in Berlin (1722) und Potsdam (1732) sind Ausdruck einer tiefempfundenen, schlichten Frömmigkeit, die Friedrich Wilhelm I. bis an sein Lebensende beherrschte, und die er durch eine straffe militärische Kirchenverwaltung auf seine Soldaten zu übertragen wußte.

An der Spitze der Militärkirche standen das Kriegskonsistorium und der Feldprobst, der seit 1742 seinen ständigen Wohnsitz in Potsdam hatte und dort zugleich Garnisonprediger war. Der Feldprobst prüfte und ordinierte die von den Regimentschefs empfohlenen Feldprediger, er übte die Fachaufsicht über sie aus, und er schlug dem König in jährlichen Listen verdiente Feldprediger für die Übernahme ziviler Pfarren vor. Der Feldprobst war damit der eigentliche Mann, der das höhere kirchliche Personal in der Hand hatte. Die Zivilkirche sah sich zurecht zurückgedrängt und wollte sich mit der Zweitrolle nicht zufrieden geben. Der erste Versuch, der Verselbständigung der Militärkirche Einhalt zu gebieten und deren dominierende Stellung zu erschüttern, wurde 1718 eingeleitet. Dabei war der Zivilkirche nicht nur das Feldpredigerexamen vor dem Feldprobst ein Dorn im Auge, das ursprünglich von den Konsistorien abgenommen wurde. Noch mehr wurmte sie, daß für die bereits zivilkirchlich ordinierten Kandidaten eines Feldpredigeramtes ein Kolloquium mit dem Feldprobst vorgeschrieben war. Am meisten aber bedrückte die Zivilkirche, daß umgekehrt ein Feldprediger für die Übernahme eines zivilen Amtes keines zivilkirchlichen Kolloquiums vor dem Konsistorium bedurfte, weil ihr dadurch ein Kontroll- und Abwehrmechanismus genommen war.
Die starke Stellung, die der Feldprobst vor allem seiner Nähe zum König als Garnisonprediger in Potsdam zu verdanken hatte, machte die meisten Versuche der

Zivilkirche zunichte. Alles, was letztendlich erreicht wurde, war, daß Feldprediger, die eine zivile Pfarre übernehmen wollten, anstelle von 6 fortan 8 Jahre lang Militärpfarrer gewesen sein mußten. An der eigentlichen Kirchenstruktur, in der die Militärkirche als gesonderter Organismus den zivilen Kirchenbehörden gegenüberstand, hat die Landeskirche zumindest in der altpreußischen Epoche nichts ändern können.
Die militärische Seelsorge oblag knapp 120 Geistlichen, die als Feldprediger bei den Regimentern und Grenadierbataillonen, als Garnisonprediger oder als Institutsprediger beim Kadettenkorps sowie den Invaliden- und Waisenhäusern eingesetzt wurden. Voraussetzung für die Ordination war der erfolgreiche Abschluß eines Theologiestudiums an der Universität Halle oder Königsberg.
Über Anzahl, Inhalt und Dauer der Gottesdienste gab es bindende Vorschriften:

»Den öffentlichen Gottesdienst muß der Feld-Prediger gehörig abhalten, und zwar so, daß er des Sonn- und Fest-Tages, zumahlen im Felde, nur eine Stunde daure, die tägliche Morgen- und Abend-Betstunde aber, in einer Viertelstunde geendigt werde. Zu welchem Ende er in Guarnison sich zur gewöhnlichen Zeit in die Kirche, oder wo sich seine Gemeinde versammlet, begeben, im Felde aber, nach geendigter Wacht-Parade, und Nachmittags, nach ausgegebener Parole, vor der Fronte des Regiments, oder bey dem Gezelte des Commandeurs einfinden muß.
Die Predigten und Betstunden muß er gründlich, deutlich und erbaulich einrichten, wie es besonders einem rechtschaffenen Feld-Prediger gebühret.
Die täglichen Morgen- und Abend-Betstunden im Felde, sind so einzurichten, daß man zuvor aus einem Liede einige Verse singe, und hernach einen Psalm, oder so er lang ist, einige Verse aus ihm, oder einen andern Text herlese, dessen Inhalt kurtz anzeige, daraus eine Ermahnung gebe, das Morgen- und Abend-Gebet darnach einrichte, und zum Beschluß wieder aus einem Liede einen Vers absinge.«[202]

Die Qualität der Predigten wurde vom Feldprobst überwacht. Dem jährlichen Leistungsbericht über die vollzogenen Taufen, Konfirmationen und Eheschließungen hatten die Feldprediger eine schriftliche Musterpredigt zur Begutachtung beizufügen. Die Ergebnisse kennen wir im einzelnen nicht, doch können wir wohl davon ausgehen, daß nicht alle Feldprediger mit zündenden Predigten zu überzeugen vermochten. Bohrende Langeweile muß sich manchmal ausgebreitet haben, dies immerhin so häufig, daß in das Infanteriereglement von 1743 die Passage aufgenommen werden mußte:

»Alle Officiers sollen mit in die Kirche und nebst den Soldaten nicht eher aus der Kirche gehen, bevor Vormittag der Priester von der Cantzel und Nachmittag die Kirche gantz aus ist; Dieserhalb, damit nemlich kein Unterofficier oder Gemeiner aus der Kirche gehen kan, vor jeder Kirchenthüre ein Unterofficier mit dem Kurtzgewehr gesetzet werden soll...
Wann Soldaten in der Kirche lärmen, Possen treiben oder dergleichen Scandale geben, sollen sie nach der Predigt in Arrest geschicket und davor bestraffet werden.«[203]

Ob die Predigten im Kriege packender gewesen sind, mag dahinstehen. Der Wille, wenigstens quantitativ zuzulegen, muß so übermächtig gewesen sein, daß mit Vorschriften gebremst werden mußte:

»Es soll keine Bethstunde mit Singen und Bethen länger als eine viertel Stunde dauern; dem Priester, welcher darüber schreitet, soll vor ein jedesmahl 1 Reichsthaler zu der Invalidencasse abgezogen werden.«[204]

Es gab aber auch bequeme, denkfaule Pastoren. König und Kirchenverwaltung kannten offenbar ihr Pappenheimer:

»Der öffentliche Gottesdienst wird zwar wie gewöhnlich mit Gesang angefangen, doch muß nicht zu lange gesungen werden, damit die Zeit zu der Predigt nicht verkürtzt werde.«[205]

Diese humoristisch anmutenden Aspekte dürfen allerdings nicht darüber hinwegtäuschen, daß der einfache Soldat oft eine ehrliche, zu Herzen gehende Frömmigkeit empfand. Von den auf den Schlachtfeldern gefundenen Briefen ist kaum einer ohne Bitte um Gottes Trost und Hilfe für die Angehörigen und tiefes, ehrlich empfundenes Gottvertrauen. Wie des Soldatenkönigs persönliche Überzeugung ein handfestes, von theologischen Spitzfindigkeiten freies praktiziertes Christentum war, so lebte in allen Schichten der Armee ein ernstes und starkes sittliches Gefühl. Der preußische Grenadier stand um das Jahr 1740 hoch über dem verwilderten Kriegsknecht, der 100 Jahre zuvor Schrecken und Verachtung des friedlichen Bürgers erregt hatte.[206] Die hohe sittliche Empfindung des damaligen Soldaten findet ihren wohl besten Ausdruck im intuitiven, von keinem Offizier befohlenen Anstimmen des Chorals »Nun danket alle Gott« nach der Schlacht von Leuthen und nicht minder in dem erst wenige Stunden davor verklungenen Soldatenlied:

»Gib, daß ich tu' mit Fleiß, was mir zu tun gebühret,
Wozu mich Dein Befehl in meinem Stande führet...«[207]

Diese Strophe umfaßt in wenigen Worten alles, was die Innere Führung des einfachen Soldaten damals ausmachte: Schlichtes Gottvertrauen und tiefempfundenes Pflichtbewußtsein.

---

69 Die Kabinettorder datiert vom 1. Mai 1733 (Jany, Bd. 1, S. 692)
70 Jany, Bd. 1, S. 693

71 Friedrich II., Band 7, S. 170
72 Jany, a.a.O.
73 zitiert bei Cyran, S. 172
74 Bleckwenn, Preußenadler, S. 63
75 Über die Dauer der Rekrutenzeit gab es keine Vorschriften. Friedrich erwähnt in seinen Generalprincipia vom Kriege eine Zeitspanne von 2 Jahren (Jany, Bd. 1, S. 697).
76 Jany, Bd. 2, S. 77
77 Jany, Bd. 2, S. 645
78 Jany, Bd. 2, S. 244
79 Uhle Wettler, S. 33
80 Jany, Bd. 1, S. 710
81 v. Witzleben, S. 65
82 Stadttor
83 v. Witzleben, S. 18
84 v. Witzleben, S. 19
85 1755 desertierten bei der Infanterie monatlich 5 bis 18 Mann, und zwar hauptsächlich in Wesel. Desertion aus Garnisonen war besonders schwierig, auch in Berlin. Die nahe sächsische Grenze wurde scharf bewacht. Feldjägerkommandos lagen in Köpenick, Teltow, Zossen und Zehlendorf (Jany, Bd. 2, S. 248).
86 Bleckwenn, Preußenadler, S. 80
87 Bleckwenn, a.a.O., S. 70
88 Müller, Kriegsrecht, S. 119; Jany, Bd. 1, S. 693; Bd. 2, S. 9, 88, 237 ff.
89 Soldat der Bundeswehr, S. 29
90 Bräker, S. 91
91 Fiedler, Militärgeschichte, Bd. 1, S. 123 ff.
92 Müller, Kriegsrecht, S. 142 ff.
93 Bräker, S. 94; Müller, Kriegsrecht, S. 135
94 InfRegl. 1743, S. 43
95 InfRegl. 1743, S. 70
96 InfRegl. 1743, S. 187
97 Bräker, S. 101
98 zitiert bei Cyran, S. 174
99 siehe hierzu Uhle Wettler, S. 37 ff.
100 Rohdich, S. 232
101 zitiert bei Cyran, S. 173
102 Bleckwenn, altpr. Uniformen, S. 25
103 Bräker, S. 101
104 InfRegl. 1743, S. 466; Jany, Bd. 2, S. 466
105 InfRegl. 1743, S. 189
106 Witzleben, S. 9
107 Witzleben, S. 68
108 Witzleben, S. 69
109 Vor 1740 wurde in 4 Gliedern formiert (Jany, Bd. 2, S. 91).
110 Ab 1748 wurden die Handgriffe nicht mehr nach dem vorgreifenden Flügelmann im Bataillon, sondern im kompanie- und divisonsweisen Exerzieren geübt (Jany, Bd. 2, S. 305)
111 Nach Zuweisung der Zimmerleute an die Bataillonskanonen traten an ihre Stelle die Feldwebel (Jany, Bd. 2, S. 309)
112 Jany, Bd. 1, S. 815 ff
113 Müller, Der wohl exercirte Soldat, S. 40
114 v. Witzleben, S. 72
115 v. Witzleben, S. 69
116 Cyran, S. 179
117 Jany, Bd. 1, S. 833 ff
118 Friedrich Nicolai in »Berliner Hausbuch«, S. 23
119 v. Witzleben, S. 73
120 v. Witzleben, a.a.O.
121 v. Wirtleben, a.a.O.
122 Bleckwenn, Preußenadler, S. 63
123 Bleckwenn, a.a.O., S. 64
124 Hermann, Militaria, S. 9 u. 12
125 Hermann, Militaria, S. 15
126 Berckenhagen, Bunter Rock, S. 52 u. 54
127 Berckenhagen, a.a.O., S. 50
128 InfRegl 1743 I, S. 514; Jany, Bd. 2, 514, 597. Die Abschaffung der belastenden Mäntel hatte Leopold v. Anhalt schon bei Höchstätt (1703) gefordert.
129 vor 1725 erfolgte die Neueinkleidung im Zweijahresrythmus
130 Friedrich II., Werke Bd. 7, S. 180
131 Man rechnete demnach damit, daß pro Jahr 1 bis 2 Mann je Kompanie desertierten (Jany, Bd. 1, S. 707).
132 Bleckwenn, altpr. Uniformen, S. 40
133 Bleckwenn, Preußenadler, S. 132
134 Kordonschnur und Puschel der Garde (Nr. 15 a, b) waren blau-weiß-rot eingefärbt.
135 Das vollmetallene Vorderblech wurde 1738 eingeführt
136 Fiedler, Grenadiermützen, S. 9
137 Fiedler, Grenadiermützen, S. 13
138 Bleckwenn, altpr. Uniformen, S. 32, Preußenadler, S. 105
139 Piecha, S. 33
140 v. Witzleben, S. 31; Aust, 3/76, S. 75
141 InfRegl. 1743, S. 644 u. 648
142 v. Witzleben, S. 29
143 Cyran, S. 27
144 Cyran, S. 33
145 v. Witzleben, S. 29
146 v. Witzleben, a.a.O.
147 Cyran, S. 28
148 Aust, 3/76, S. 75
149 Jany, Bd. 1, S. 770
150 Jany, Bd. 2, S. 6
151 Duffy, S. 119
152 Jany, Bd. 2, S. 82
153 Bleckwenn, Preußenadler, S. 110
154 Bleckwenn, a.a.O.
155 Bräcker, S. 94
156 v. Witzleben, S. 23
157 Jany, Bd. 2, S. 250
158 Jany, a.a.O.
159 Jany, Bd. 1, S. 9; Bd. 2, S. 251
160 Priesdorff, Bd. 2, S. 10 ff.
161 Jany, Bd. 2, S. 4 u. 5
162 InfRegl. 1743, S. 618
163 Die Regimentsunkosten flossen im wesentlichen in die Invalidenkasse, dienten aber auch zur Besoldung überzähliger Offiziere.
164 Aus den Kompaniegeldern wurden u.a. die Arzneimittel finanziert.
165 Die Abzüge für die große Montur gingen in die Regimentskleiderkasse, die für die kleine Montur in die Kompaniekasse.
166 InfRegl. 1743, S. 616; Bräker, S. 94
167 Bräker, S. 96
168 v. Witzleben, S. 25
169 v. Witzleben, S. 27
170 Lazarettfeldschere in den Armeehospitälern trugen zum Unterschied zu den Kompaniefeldscheren rote statt blaue Kamisole (Piecha, S. 57).
171 Müller, Kriegsrecht, S. 74
172 Müller, S. 142
173 Lange, S. 88
174 Murawski, S. 63
175 Jany, Bd. 2, S. 234
176 Müller, Kriegsrecht, S. 210
177 Müller, Kriegsrecht, S. 211
178 Murawski, S. 49
179 Jany, Bd. 2, S. 254
180 Jany, Bd. 2, S. 235
181 Murawski S. 56
182 v. Lewaldt in Ostpreußen, v. Buddenbrock in Schlesien (Jany, Bd. 2, S. 198)
183 Jany, Bd. 2, S. 200
184 Priesdorff, a.a.O.
185 Priesdorff, Bd. 2, S. 8
186 Jany, Bd. 2, S. 200
187 Bleckwenn, altpr. Uniformen, S. 105. Im Felde und seit 1746 auch im Frieden gab es neben den Flügeladjutanten auch noch die »Adjutanten bei Generals« im Fähnrichs- oder Leutnantsrang. (Jany, Bd. 2, S. 204)

188 Jany, Bd. 2, S. 200
189 Aus dieser Institution ist später der »Große Generalstab« hervorgegangen.
190 Dancko, Kriegsrecht, S. 82 und 83
191 Dancko, Kriegsrecht, S. 92
192 Dancko, Kriegsrecht, S. 89; Müller, Kriegsrecht, S. 569
193 InfRegl. 1743, S. 550, 553
194 InfRegl. 1743, S. 551, 553
195 Cyran, S. 164; Jany, Bd. 1, S. 714; Bleckwenn, Preußenadler, S. 67
196 v. Witzleben, S. 10
197 Jany, Bd. 1, S. 714
198 Bleckwenn, Preußenadler, S. 155
199 v. Witzleben, S. 11
200 Friedrich II., Bd. 7, S. 148. Bedürftig, Preußisches Lesebuch, S. 50.
201 Schoeps, Preußen, Bilder und Zeugnisse, S. 8
202 Renovirtes Militair-Consistorial-Reglement und Kirchen-Ordnung des Feld-Ministerii vom 15. 7. 1750; II. Hauptstück, Abschnitt II
203 InfRegl. 1743, S. 386
204 InfRegl. 1743, S. 308
205 Militair-Consistorial Reglement, a. a. O.
206 Jany, Bd. 1, S. 713
207 Uhle-Wettler, S. 17

Der Dienst im Krieg

1. Zur Strategie des 18. Jahrhunderts

Die offene Feldschlacht war im 18. Jahrhundert nicht das unmittelbare Ziel der Kriegführung. Sie wurde sogar als die letzte aller möglichen Arten der kriegerischen Auseinandersetzung betrachtet. Die geworbenen und unter großem Aufwand ausgebildeten Soldaten waren zu kostbar, als daß man größere Verluste auf einen Schlag riskieren konnte. Stattdessen bevorzugten die Feldherren die Ermattungsstrategie, die darin bestand, den Gegner zunächst durch Märsche auszumanövrieren oder durch vorgetäuschte Aktionen zur Zersplitterung seiner Kräfte zu verleiten und dann bei nächstbester Gelegenheit gewissermaßen in kleinen Stücken zu vernichten.

Ein weiteres, damals häufig praktiziertes Vorgehen bezweckte, den Gegner von seinen Magazinen abzuschneiden. Weil die Kriege in der Regel immer wieder auf denselben Schauplätzen geführt wurden und diese aufgrund der Verheerungen für die Verpflegung der Soldaten bald nichts mehr hergaben, waren die Truppen im wesentlichen auf die Magazine angewiesen. Gingen diese verloren, konnten Hunger und regelmäßig darauf folgende Fahnenflucht oft mehr Schaden anrichten als eine blutige Schlacht.

Die strategischen Pläne Friedrichs des Großen waren demgegenüber weitgehend von politischen Erwägungen abhängig. Da er sich in aller Regel gleich gegen mehrere Gegner behaupten mußte, kam es ihm in erster Linie darauf an, ihr Zusammenwirken bereits im Ansatz zu verhindern oder mit beeindruckenden Einzelerfolgen die Herauslösung einzelner Bündnispartner zu erreichen und dadurch Friedenschancen zu eröffnen.

»Friedrich darf nicht auf ein starres System festgelegt werden, da er sich durch Erfahrungen leiten ließ. Der Streit, ob Friedrichs Kriegsführung mehr der Ermattungsstrategie oder der Vernichtungsstrategie zuzurechnen ist, darf daher als erledigt gelten. Angesichts der beschränkten Mittel, die ungünstigen Verkehrsverhältnisse, mit einer Armee, die sich zum Teil aus Ausländern und unzuverlässigen Elementen zusammensetzte, konnte Friedrich nicht daran denken, den Feind in offenen Feldschlachten zu schlagen. Aber er war auch nicht mehr ein Anhänger der bisherigen Manövertaktik, er nahm das Risiko der Schlacht auch unter ungünstigen Bedingungen auf sich.[208]«

2. Die Infanterie auf dem Marsch

Die Kunst, mit der Friedrich seine kleine Armee einsetzte, ehe es dem an Zahl überlegenen Feind gelang, ihm eine Front gegenüberzustellen, erforderte schnelle Mobilisierung und hohe Beweglichkeit. Die Armee war darauf vorbereitet, innerhalb von 12 Tagen ins Feld zu ziehen. Innerhalb dieser Frist wurden die Beurlaubten zurückgerufen, die Pferde für die Offiziere gekauft und die Packpferde mit dem entsprechenden Packzeug für die Bagage beschafft. Die preußische Armee marschierte, wenn es sein mußte, zwei Wochen lang täglich 20 Kilometer. In den kurzen Frühjahrs- und Herbsttagen und bei schlechtem Wetter konnte die Marschleistung auch geringer ausfallen. Die durchschnittliche Marschgeschwindigkeit der Infanterie betrug 3 km pro Stunde. Um den Soldaten das Marschieren zu erleichtern, standen jeder Kompanie 2 Packpferde für die Zelte, Küchengeräte und einen Teil der Munition zu.

Während des Marsches wurde peinlich darauf geachtet, daß niemand verlorenging. Schlug sich ein Soldat zur Erledigung eines dringenden Geschäfts in die Büsche, hielt ein Unteroffizier Wache und eskortierte den Soldaten anschließend zurück.

Auf dem Marsch bildeten 3 hintereinander reitende Husaren die äußerste Sicherung der Armee. Ihnen folgten 11 weitere Husaren zur Nahunterstützung, dahinter in zunehmender Stärke das Gros der Husaren. Danach kam die Infanterie im Abstand von etwa einem Kilometer. Die Kavallerie ritt an den Flanken, die Artillerie und der Troß befanden sich in der Mitte des Verbandes.

Die preußische Infanterie marschierte fast immer in Zugkolonne, d. h. in der Breite eines Zuges (20 bis 25 Schritt). Das war leicht möglich, weil damals die Straßen noch nicht begrenzt waren.

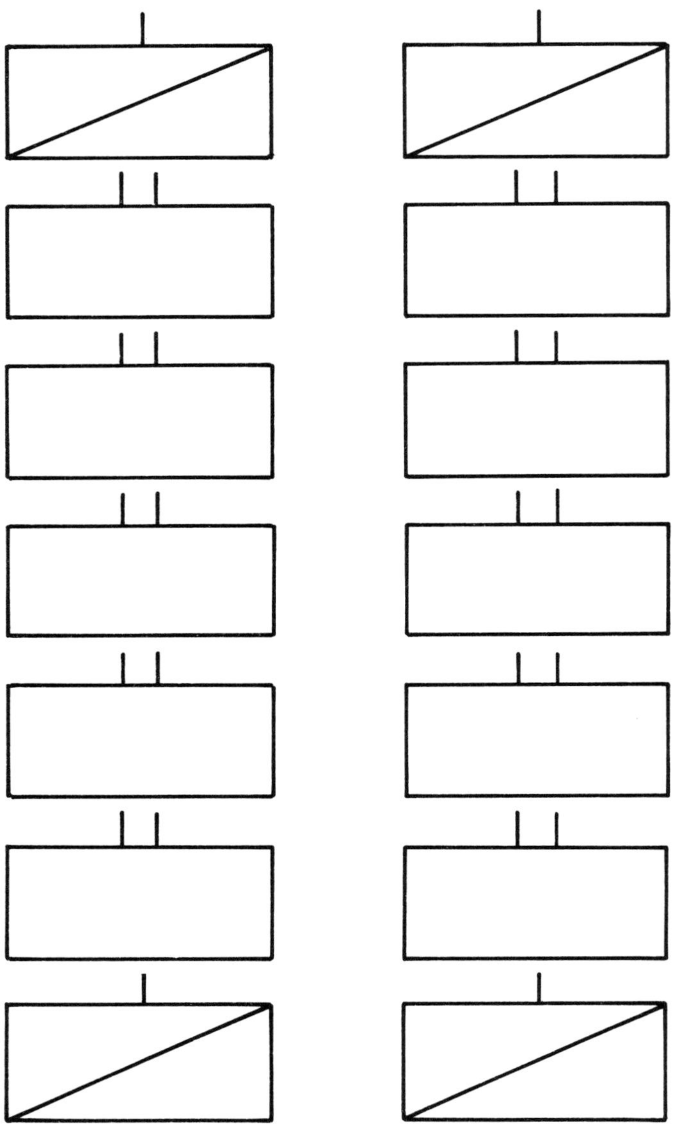

Die Zugkolonne gab es in aufgeschlossener und offener Formation. Bei der aufgeschlossenen marschierten die Züge so eng aufeinander wie möglich, bei der offenen so weit auseinander, daß sie auf Kommando in Linie einschwenken konnten. War der Gegner weniger als 3 Tagemärsche entfernt, fiel die Vorhut auf das Gros zurück, das nunmehr treffenweise marschierte, wobei Bagage und Troß auf Nebenwege auswichen. Jetzt brauchten die einzelnen Züge nur noch nach links in Linie einzuschwenken und die Schlachtordnung in 2 Treffen war formiert.

Das Einschwenken ganzer Bataillone an markierten Drehpunkten (»Alignement«) war bis zum Siebenjährigen Krieg üblich und vollzog sich innerhalb von etwa 2 Minuten, wobei zu diesem Zweck die Erhöhung des Schrittempos von 75 auf 120 befohlen wurde. Der Aufmarsch selbst dauerte bis zu 2 Stunden.
Erwies sich die parallele Annäherung als undurchführbar, nahmen die Kolonnen die Schlachtordnung durch senkrechten Marsch auf die Feindlinie ein. Der Vorteil dieser Bewegung lag darin, daß dem Gegner der Schwerpunkt des Angriffs für längere Zeit verborgen blieb. Der senkrechte Aufmarsch konnte auf dreierlei Art geschehen:

1. Prozessionalentfaltung:

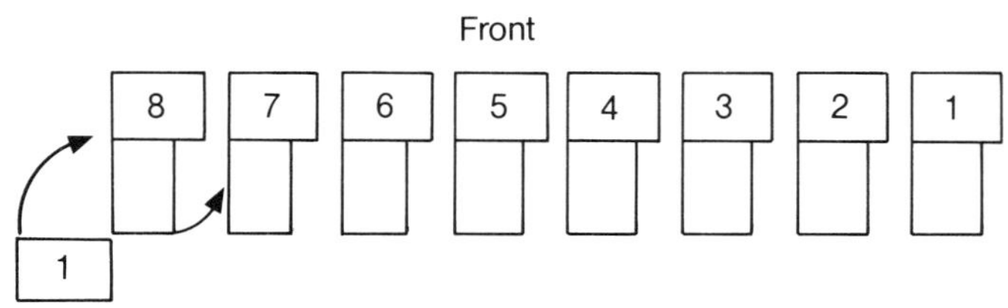

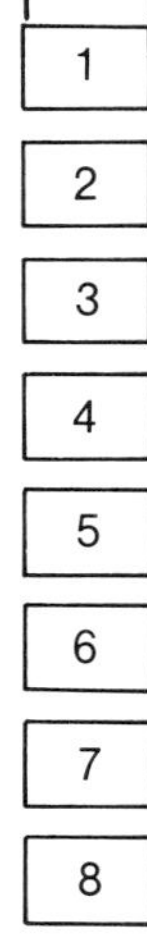

Hierbei schwenkten die Zugkolonnen an einem bestimmten Punkt der Front nach rechts, marschierten die Front entlang bis zu ihrem Aufstellungspunkt und nahmen dort mit einer abschließenden Linksschwenkung ihre endgültige Position ein.

2. Entfaltung en tiroir:

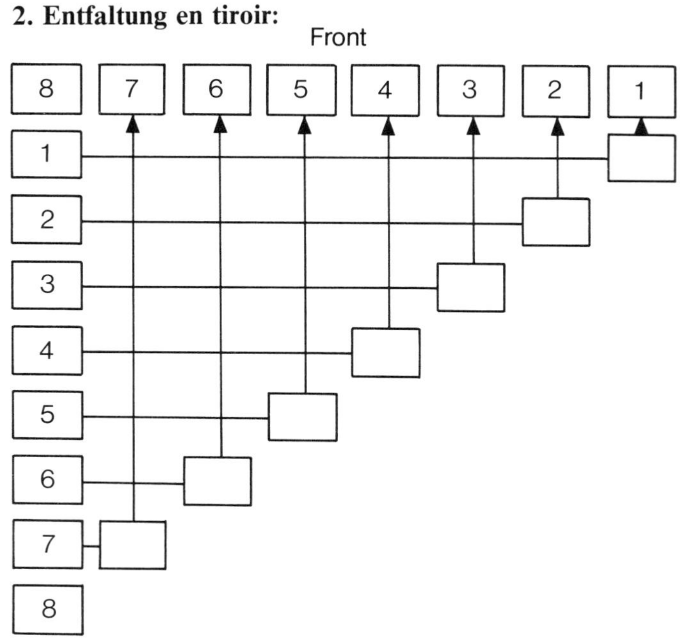

Bei diesem Verfahren brach der Spitzenzug in Reihe nach rechts ab. Die nachrückenden Züge schlossen sich an, sobald die Front vor ihnen frei war. Hatten die einzelnen Formationen den Platz erreicht, der in Höhe ihrer künftigen Linienaufstellung lag, machten die Soldaten links um und rückten in die Linienposition ein.

3. Entfaltung im Traversierschritt:

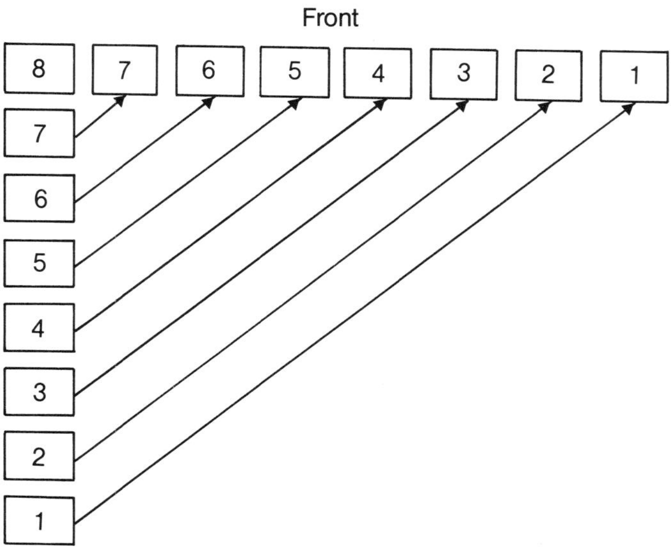

Bei dieser Entfaltung blieben die Schultern in Linie ausgerichtet, während der rechte Fuß zunächst vorgesetzt und der linke über Kreuz nachgezogen wurde.[209] Es verwundert deshalb nicht, wenn dieses komplizierte Manöver im Laufe der Zeit immer weniger praktiziert und 1752 zugunsten der Entfaltung en tiroir schließlich ganz aufgegeben wurde.

Die taktische Einheit bildete das Bataillon, weil seine 700 Mann erfahrungsgemäß ausreichten, um selbst unter ungünstigen Umständen einen wuchtigen Reiterangriff auf sich allein gestellt zu widerstehen.
Das Bataillon gliederte sich in 4 Abteilungen (Divisionen) zu je 2 Zügen (Peletons) mit 23 bzw. 24 Rotten zu 3 Mann.

Die Umgruppierung vom verwaltungstechnischen zum taktischen Verband erfolgte durch den Adjutanten, der die Kompanien hierzu aufschließen und in 8 Züge abzählen ließ, und zwar 6 mit 72 und 2 mit 69 Mann.[210] Anschließend teilte der Bataillonskommandeur die Offiziere und Unteroffiziere für die Divisionen ein, und zwar je einen Hauptmann zur 1. und 3. und je einen Leutnant zur 2. und 4. Division. Da die Zuweisung schematisch erfolgte, erhielten viele Soldaten im Einsatz Vorgesetzte, die sie kaum kannten.
Im Bataillon waren die Züge von rechts nach links durchnumeriert. Im 1. Zug auf dem äußersten rechten Flügel standen die diensťältesten und damit erfahrensten Soldaten. Dort zu dienen oder gar zu kommandieren bedeutete eine besondere Auszeichnung.
Die preußische Infanterie bevorzugte ab 1740 die Aufstellung in 3 Gliedern, weil dadurch die Gewehre am wirksamsten zur Geltung gebracht und zugleich die Verluste durch Artilleriebeschuß gering gehalten werden konnten. Bei größerer Tiefe hätten nur wenige Soldaten feuern und überleben können.
Die Angriffslinie der preußischen Regimenter war bei der Aufstellung vom Gegner etwa 1000 m entfernt. Damit hielten sich die Soldaten gerade noch außerhalb des gegnerischen Artilleriefeuers. Die relativ dünne Linie (ordre miné), die sich kilometerweit hinstreckte, konnte allerdings leicht durchbrochen werden. Deshalb wurde in Gewehrschußweite von etwa 300 m für gewöhnlich ein zweites Treffen formiert, das den Ersatz für die im 1. Treffen gefallenen Soldaten stellte und zugleich als Auffanglinie fungierte. Um Kavallerieeinfälle in den Zwischenraum der beiden Treffen zu verhindern, sicherten bis zu 2 Bataillone die Flanken. Bei genügender Stärke wurde auch noch ein drittes Treffen formiert.

Schlachtordnung des preußischen Heeres

Normalaufstellung, Artillerie und Kavallerie sind nicht berücksichtigt. Das erste Treffen wurde gewöhnlich von einem Generalleutnant kommandiert. An den beiden Flügeln standen Generalmajore.

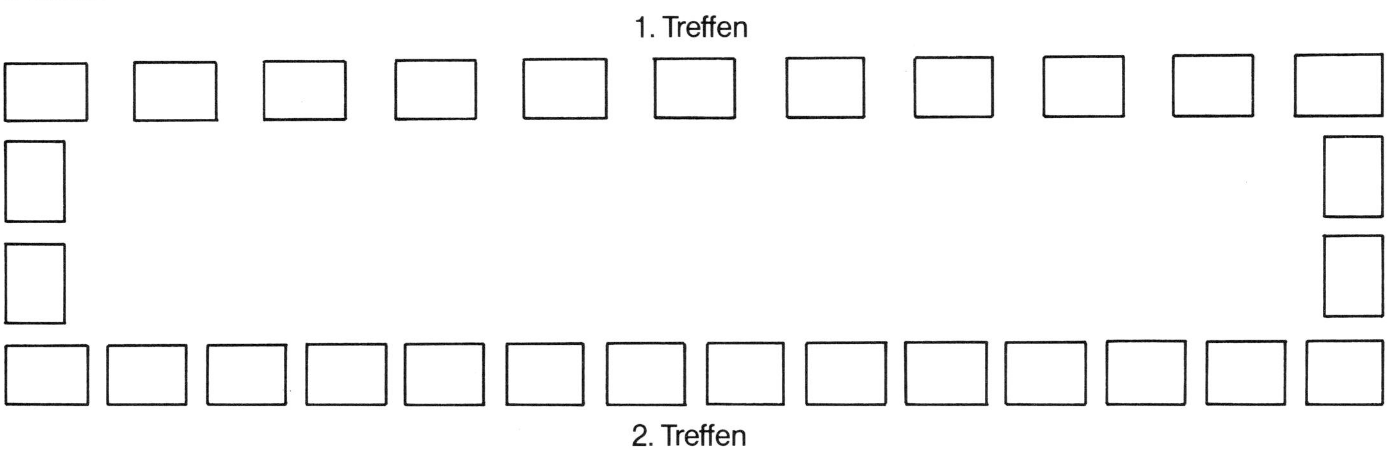

3. Die Schlacht

Bereits am Vorabend einer Schlacht kontrollierten die Offiziere den Zustand der Gewehre ihrer Mannschaften. Die Kommandeure der Bataillone sorgten dafür, daß jeder Soldat 60 Schuß scharfe Munition hatte.
Unmittelbar vor der Schlacht wurden, wenn Zeit dazu war, Tornister und alle übrige Ausrüstung, die behindern konnte, abgelegt. Die Bagage der Regimenter, die unter dem Kommando des Generalwagenmeisters stand, der seine Befehle wiederum vom Generalquartiermeister erhielt, fuhr in der Reihenfolge, wie die Regimenter in der Schlacht standen, an den vorbestimmten Platz. Strengste Vorschriften, die den sofortigen Schußwaffengebrauch gegen eigenmächtige Fuhrknechte erlaubten, sorgten für die Einhaltung der Ordnung. Die Androhung rigorosen Vorgehens wird aber verständlich, wenn man sich vergegenwärtigt, welche Mengen an Wagen und Material bewegt wurden. Allein der Troß eines einzigen Regiments umfaßte:

Fuhrwerk

12 Brotwagen (einer je Kompanie)
1 Stabswagen
13

Pferde

48 Zugpferde für die 12 Brotwagen
4 Zugpferde für den Stabswagen
84 Packpferde für die Zelte etc. der Kompanien
2 Packpferde für die Wach- und Brandzelte
72 Pferde für die 12 Kapitäne (jeder 5 Pack- und 1 Reitpferd)
76 Pack- und Reitpferde für die 38 Subalternoffiziere (jeder 1 Pack- und Reitpferd)
3 Pack- und Reitpferde für die Feldapotheke
2 Pferde für den Regimentsquartiermeister
2 Pferde für Auditeur und Prediger
40 Zugpferde für die Artillerie (Geschütze u. Munitionswagen)
333

Troßknechte

12 für die Brotwagen
1 für den Stabswagen
4 als Burschen für die 4 Stabsoffiziere
2 als Burschen für die Adjutanten
38 als Burschen für die Subalternoffiziere
48 für die Pferde der Kompanien
36 für die Pferde der Kapitäne
2 als Gehilfen des Regimentsfeldschers
1 als Bursche des Regimentsquartiermeisters
1 für Auditeur und Prediger (zusammen)
145

Der Angriff selbst war nicht unproblematisch. Immerhin mußten unter Artilleriebeschuß etwa 700 m bewältigt werden, bevor die Soldaten selbst wirksam feuern konnten. Das Vorrücken der Front geschah in langsamem Schritt (12 m pro Minute), denn die Linie mußte unbedingt eingehalten werden, um überraschende Flankenstöße des Gegners zu verhindern. Marschiert wurde mit klingendem Spiel, fliegenden Fahnen und scharf geschultertem Gewehr.

Zum Feuern kniete das 1. Glied nieder, das zweite tat, wie auf dem Exerzierplatz eingeübt, einen halben Schritt nach rechts. Danach folgte das 3. Glied mit einem ganzen Schritt in dieselbe Richtung, so daß jeder Soldat genug Schußfeld hatte.[211] Auf die Kommandos des Zugführers vom 1. Zug »macht Euch fertig!« und gleich darauf »Marsch!«, die auf Befehl des Bataillonskommandeurs gegeben wurden, rückten die Soldaten 3 große Schritte vor. Im Marsch wurde geladen. Es folgten sodann die Kommandos »schlagt an!« und »Feuer!«. Danach trat der Zug wieder in die Linie ein. Als nächster folgte der 8. Zug, gefolgt vom 2. und 7. Anschließend schossen der 4. und 5. Von dort lief das Feuer wieder nach außen auf die Flügel. Sicherlich war der geordnete Ablauf dieser einexerzierten Feuerart (Peletonfeuer) erheblich vom Gelände abhängig. In der Regel vollzog sich jedoch alles in atemberaubender Geschwindigkeit, wobei sich das oft bis an die Grenze des Erträglichen gehende Exerzieren im Frieden voll auszahlte. Wenn der Führer des 3. Zuges »Feuer!« befahl, hatten 1, 8, 2 und 7 bereits geschossen, 1 und 8 schon wieder geladen, und 2 und 7 waren gerade im Begriff dies ebenfalls zu tun. Die Salven verschmolzen förmlich ineinander, so daß der Beobachter den Eindruck eines Dauerfeuers haben mußte. Bei Mollwitz beschrieb ein österreichischer Offizier die Wirkung so:

»Das blanke Gewehr machte in der Sonne den schönsten Effekt, und ihr Feuer ging nicht anders als ein stetes Donnerwetter.«[212]

Den Abschluß bildete der Stoß mit dem Bajonett. Er war jedoch nicht so häufig, wie man meinen möchte. Die moralische Wirkung der intakt gebliebenen Linie reichte im allgemeinen aus, um den Gegner ins Wanken zu bringen.
Die Schlacht lief blutig, aber rasch ab. Der schleppende Gang durch Zuführung von Reserven aus der Tiefe ist ein Zeichen der späteren Massenheere. Gründliche Artilleriefeuervorbereitung war allerdings schon damals üblich.
Wegen der begrenzten Fechtweise spielte der Zufall eine bedeutende Rolle. Ein geübter Feldherr konnte jedoch

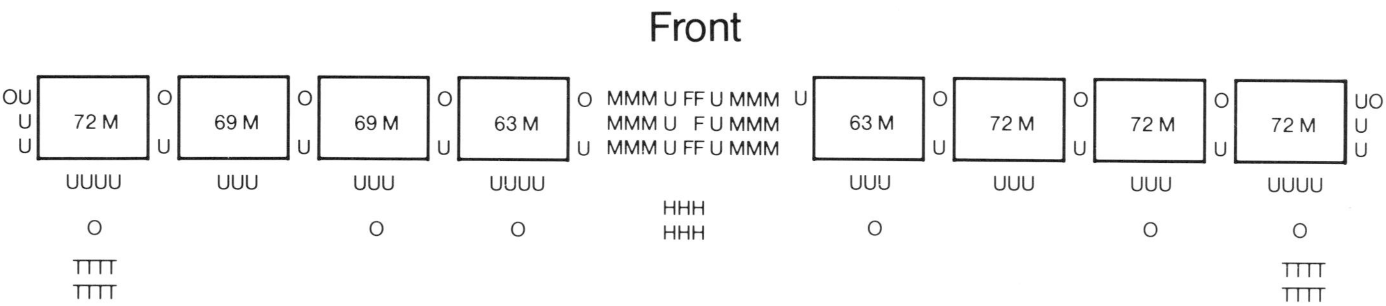

Infanteriebataillon in Gefechtsaufstellung
Die Artillerie am rechten Flügel ist weggelassen.

Erläuterung:
F: Freikorporal (Fahne)
M: Musketier
O: Offizier
U: Unteroffizier
H: Hautboist
T: Tambour

trotzdem durch Finten, Versagen eines Flügels, Angriff aus dem Aufmarsch heraus oder Verhalten in der Angriffsbewegung manchen Vorteil herausarbeiten. Ein Umfassen bei der Schlacht war nur bei schräger Bewegung (Schrägangriff) möglich. Wenn dies versucht wurde und der Gegner die Absicht rechtzeitig erkannte, verlängerte er seine Front. Die Schwierigkeit des Schrägangriffs lag deshalb im wesentlichen darin, dem Feind einen zeitlichen Vorteil abzujagen. Friedrich dem Großen ist das bei Leuthen beispielhaft gelungen, wenngleich er nicht der Erfinder dieser bereits den Griechen bekannten Angriffstaktik war.

Die Aufmarsch- und Schlachtordnung wurde den Kommandeuren vor Beginn des Angriffs in einem Übersichtstableau zugestellt. Die weitere Befehlsausgabe erfolgte mündlich nach dem jeweiligen Gefechtsverlauf. Entscheidend war das Erkennen des richtigen Augenblicks für den Einsatz der Kavallerie. Die Befehlsübermittlung übernahmen die Adjutanten.

Zur Angriffsunterstützung gehörten zu jedem Bataillon zwei leichte, 3 bzw. 6pfündige Geschütze mit einem Kaliber von 7,5 und 10 cm. Die Artilleristen verschossen daraus auf eine Entfernung bis zu 1000 m Vollkugeln mit einer durch Lunte gezündeten Treibladung oder Kartätschenmunition. Letztere bestand aus 24 bis 72 Flintenkugeln, die in einem Bleibehälter oder Leinwandsack verschlossen waren. Sie eignete sich am besten zur Abwehr von Kavallerieattacken auf kurze Distanz von 80 bis 450 m. Allerdings mußte die Geschützbedienung dafür gut ausgebildet und wohldiszipliniert sein.[213]
Die acht Mann starke Geschützbedienung bestand bis auf die Spezialisten aus abkommandierten Soldaten des Bataillons. Die beiden Geschütze, die ihren Platz am rechten Flügel des zur Schlacht formierten Bataillons hatten, wurden während des Angriffs im Mannschaftszug bewegt. Der begrenzte Wirkungsbereich und die Gefahr der Exponierung verlangten eine enge Bindung zum Bataillon. Regelrechte Artilleriegefechte waren unter solchen Bedingungen selten.[214]

4. Feldverpflegung

Die private Verpflegungswirtschaft gab es nur im Frieden. Während eines Feldzuges erhielt der preußische Soldat seine Verpflegung kostenlos. Sie bestand aus einer Brot- und Fleischration.[215]

Die Verpflegung konnte durch Requirierung im Lande oder aus Magazinen gedeckt werden. Da die Requirierung die Disziplin beeinträchtigte und die Desertion begünstigte, lagen alle Vorteile bei der Magazinversorgung, die Frankreich eingeführt hatte und von Friedrich Wilhelm I. übernommen worden war.[216]
Die Füllung der 20 Friedensmagazine erfolgte durch Einkauf des Generalproviantamtes, wobei es außer dem inländischen Markt besonders Lieferanten aus Polen und Mecklenburg berücksichtigte. Der Getreidevorrat war auf 100000 Mann berechnet und hatte eine Reichweite von 17 Monaten.[217] Im einzelnen wurden bevorratet in:

Berlin und Spandau	140000 kg
Magdeburg	146250 kg
Stettin	112500 kg
Kolberg	67500 kg
Königsberg und Insterburg	150000 kg
Wesel, Minden, Geldern	75000 kg
Glatz	93750 kg
Schweidnitz	75000 kg
Küstrin	131250 kg
Frankfurt und Krossen	52500 kg
Groß-Glogau	37500 kg
Breslau	150000 kg
Brieg	56250 kg
Kosel	37500 kg
Neiße	112500 kg
	1537000 kg

Zwei Drittel der Getreidevorräte lagerten in ausgemahlenem Zustand in Fässern zu je 450 Pfund, woraus 100 sechspfündige Kommißbrote gebacken werden konnten. Ein Drittel bestand aus Korn, denn es sollte im Notfall als Pferdefutter dienen. Das eingelagerte Mehl hielt sich viele Jahre. Deshalb konnte im Siebenjährigen Krieg noch auf Vorräte zurückgegriffen werden, die schon 40 Jahre alt waren![218] In der Regel wurde jedoch der Vorrat alle 3 Jahre ersetzt.

Im Kriegsfall legte die Armee zusätzliche Magazine an. Den Ort bestimmte der König nach seinen Operationsabsichten. Sache des Intendanten war es dann, das nötige Mehl zusammenzubringen. Die erforderlichen Verträge schloß jetzt nicht mehr das Generaldirektorium sondern das Feldkriegskommissariat, wobei die Lieferungen auch aus dem besetzten Land erfolgten. Denn:

»Die Hauptsorge gilt den Lebensmitteln, die man für den Feldzug braucht. Man beschränke sich nicht auf ihre Anschaffung, sondern sinne im voraus auf Mittel und Wege zur Erleichterung ihres Transports. Denn wenn der Proviant fehlt, kann man auch mit der tüchtigsten Armee nichts anfangen.«[219]

Die Magazine befanden sich hauptsächlich längs der großen Ströme Elbe und Oder, die mit ihren Verbindungskanälen die Hauptverkehrsadern der Feldarmee bildeten. Gedeckte Spezialkäne, von denen im Jahre 1752 30 Stück existierten, besorgten den Transport.[220]

Trotzdem war das Heer von den Magazinen nicht völlig abhängig. Um eine größere Flexibilität in der Versorgung zu erreichen, ließ der König für jede Kompanie eiserne Handmühlen anfertigen, damit der Soldat im Bedarfsfalle requiriertes Getreide selbst mahlen konnte.[221]

Das Brot wurde in Feldbäckereien gebacken, die unter dem Befehl eines Kapitäns standen. Den Backbetrieb selbst leitete ein Oberbackmeister. Unter seiner Aufsicht arbeiteten mehrere Backmeister, Bäcker und Backknechte, wobei auf ein Bataillon Infanterie 5 Knechte kamen. Um die nötige Zahl bei der Mobilmachung rasch zur Hand zu haben, mußten die Regimenter die Mitnahme von Bäckergesellen aus ihren Garnisonen rechtzeitig vorbereiten.

Die Bäcker, die mit 24stündiger Ablösung arbeiteten, bezogen außer Brot ein monatliches Traktament von 6 Talern, also dreimal so viel wie ein Musketier. Sie besaßen einen ausgesprochenen Zunftgeist, pochten auf ihre Unentbehrlichkeit und waren deshalb schwer zu führen. Waffen erhielten sie nur zum Selbstschutz.

Gebacken wurde in zerlegbaren eisernen Öfen, wobei ein Ofen auf 1000 Mann berechnet war. Der Ofen, der aus 8 Eisenringen bestand und etwa 23 Zentner wog, konnte in 6 Stunden aufgebaut sein. Ein Ofen lieferte in 24 Stunden 750 Portionen oder 1250 Brote. Der Transport eines Ofens erforderte einen 6spännigen Backofenwagen, einen 6spännigen Requisitenwagen sowie mehrere Proviantwagen.

Den Transport des Mehls von den Magazinen zu den Feldbäckereien besorgte das Proviantfuhrwesen. Eine Fuhrkolonne setzte sich in der Regel aus 50 vierspännigen Wagen zusammen. Jeder Wagen faßte 3 Mehlfässer zu 6 Berliner Scheffel, was 1800 Pfund Brot entsprach. Eine Kolonne deckte also den Bedarf von 15000 Mann für drei oder von 5000 Mann für neun Tage. Nach diesem Maßstab erfolgte die Zuteilung der Kolonnen zu den einzelnen Armeen und Korps. Dementsprechend gehörten zu dem Korps, mit dem der König im Mai 1746 von Sachsen nach Schlesien marschierte, 8 Mehlwagenkolonnen zu 50 Wagen. 1761 zählte der Fuhrpark der 145000 Mann starken preußischen Armee 1765 Wagen, 2161 Fuhrknechte und 7879 Pferde.[222]

Dienstverpflichtete Proviantknechte, die nicht unter dem Soldateneid standen, lenkten die Wagen. Trotzdem mußten auch sie bei geringer sozialer Geltung und oft mangelhafter Fürsorge den strengen Befehlen der Trainoffiziere bedingungslos gehorchen.

Planen und Deichseln der Fahrzeuge waren nach Zugehörigkeit gestrichen: Proviantwesen rot, Feldbäckerei rot oder weiß, Artillerie blau.[223] Innerhalb der Kolonnen waren die Fahrzeuge auf Schildern durchnumeriert. Der dazugehörige Knecht führte dieselbe Nummer am Hut.[224]

Daneben gab es ein schweres Fuhrwesen von großen Frachtwagen, die mit je 6 Hengsten bespannt waren und von Frachtfuhrleuten gefahren wurden. Es war aber wenig zahlreich und diente wegen seiner Schwerfälligkeit nur zum Körnertransport zwischen den Magazinen, oder aber zum Geldtransport.

Die Lieferung des Brotes an die Soldaten übernahmen die Transportdienste der Regimenter. Diese Transporte

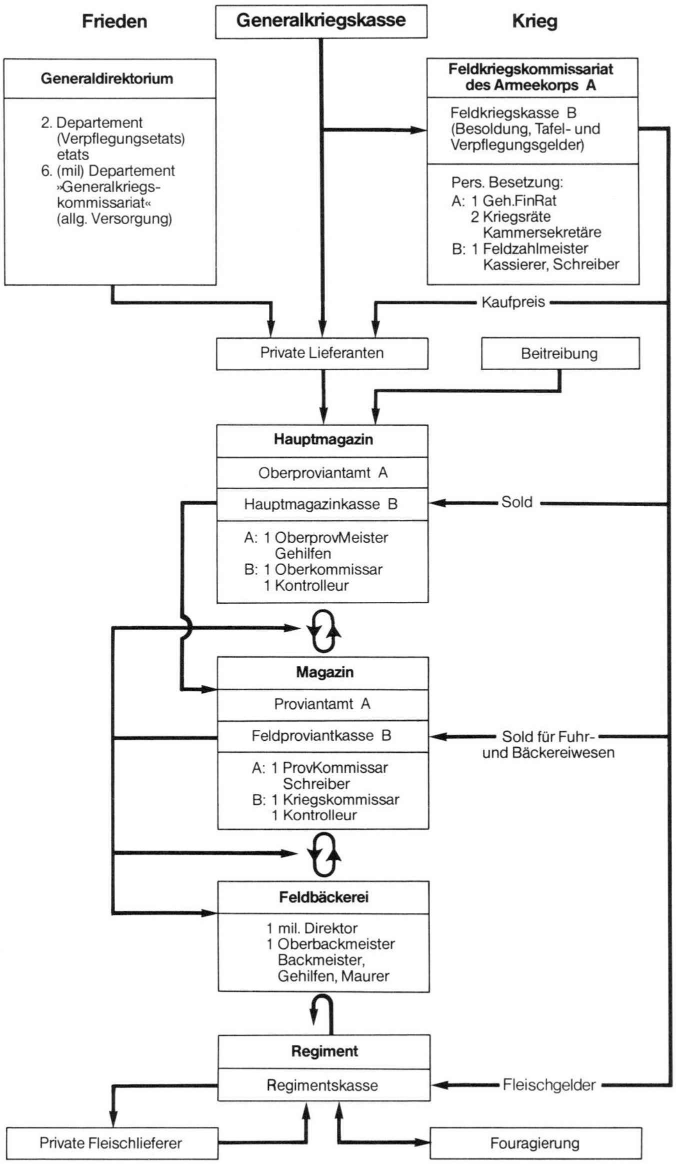

Organigramm des Verpflegungswesens

wurden im 5-Tagerythmus abgewickelt (2 Tage Hinfahrt, 2 Tage Rückweg, 1 Ruhetag). Je länger die Entfernungen waren, desto mehr Regimentswagen mußten eingesetzt werden, um das Verpflegungssoll »am Mann« sicherzustellen: 2 x 100 Wagen für 25 Kilometer oder 2 x 400 Wagen für 100 bis 120 km.[225]

Pro Tag erhielt jeder Soldat 2 Pfund Brot. Gewöhnlich wurde alle 3 Tage Brot ausgegeben, vor Antritt eines größeren Marsches aber der Vorrat stets auf 12 Tage ergänzt.[226] Mitunter erhielt der Soldat auch Zwieback aus Weizen- und Roggenmehl, der zum Essen zu hart war, aber in Wasser oder Bier aufgeweicht, nahrhaft und wohlschmeckend gewesen sein soll. Als Abwechslung gab es gelegentlich auch Reis statt Brot. Die Kartoffel war damals noch nicht so bekannt, daß sie zur Massenernährung in Frage gekommen wäre. Sie wurde zwar schon 1651 im Berliner Lustgarten angebaut, begann aber erst um 1770 allgemeines Volksnahrungsmittel zu werden. Um die vorherrschende Skepsis zu überwinden, bedurfte es vieler Überredungskünste:

»Wenn man diese zuvor im warmen Wasser gereinigt, hernach geschält und alsdenn mit einer deutschen Suppe zubereitet hat, werden sie eben solchen Geschmack wie die Artischocken haben, nur daß sie ein wenig weichlich sind . . .[227]

Neben der Brotration bezog jeder Soldat zweimal in der Woche ein halbes Pfund Fleisch. Die Fleischrationen wurden aus Schlachtvieh gedeckt, das die Regimenter von den etatmäßigen Fleischgeldern von Bauern oder Viehhändlern aufkauften, die das Vieh hinter der Truppe hertrieben.

Das erforderliche Frischgemüse kauften sich die Soldaten an Ort und Stelle.[228]

Obwohl sich die Truppen Friedrichs des Großen fast ständig auf dem Marsch befanden, hat es zu keiner Zeit an der notwendigen Verpflegung gefehlt. Vielen Soldaten des Gegners war dies Anlaß genug, die Fronten zu wechseln. Die Leistungen der preußischen Versorgungsdienste verdienen um so mehr Respekt, wenn wir die Mengen des täglichen Bedarfs berücksichtigen. Eine Armee von 50000 Mann benötigte damals für einen einzigen Tag nicht weniger als 75 – 100000 Pfund Brot, 50 Rinder, 1250 Zentner Gemüse sowie pro Mann 4 g Branntwein![229] Bedenken wir ferner die miserablen Wegverhältnisse und Schlechtwettereinflüsse, können wir mit Recht von organisatorischen Glanzleistungen sprechen.

5. Unterbringung

Wenn es die örtlichen Verhältnisse zuließen, wurden die Soldaten auf einem Feldzug zu dreißig bis fünfzig Mann in Privatquartieren untergebracht. Die Wirte erhielten für Übernachtung und Verpflegung pro Mann einen Groschen als Entschädigung. Die Soldaten schliefen zu 30 bis 40 Mann in den Stuben auf angeschüttetem Stroh in Reihen an den Wänden entlang. In jedem Haus befand sich ein Offizier, der für die Disziplin verantwortlich war.

Die Gelegenheit zum Beziehen fester Quartiere war jedoch die Ausnahme. In der Regel nächtigten und erholten sich die Soldaten in Feldlagern von den Strapazen des Marsches. Der Lagerplatz einer Armee wurde vom Generalquartiermeister ausgewählt, der mit dem jeweiligen »Generalmajor des Tages« und einer Husarenbedeckung vorausritt und das Lager absteckte. Offiziere kehrten mit genauen Marschanweisungen an die herannahende Truppe zurück, um sicherzustellen, daß das Lager ohne großes Durcheinander bezogen wurde.
Nach der Lagerordnung standen die Zelte in mehreren Reihen ausgerichtet nebeneinander, die Zelte der Kavallerie dahinter, wobei die Gassen senkrecht auf die Infanterielinie zuliefen. Jeder Kompanie standen 2 Zelte für den Kompaniechef und die übrigen Offiziere, 2 Zelte für die Unteroffiziere sowie 22 für die übrigen Soldaten zu, so daß 6 oder 7 Gemeine jeweils in einem Zelt schliefen.

»Unter diesen sieben mußte immer einer Mannszucht halten, von den sechs übrigen ging einer auf Wache, einer mußte kochen, einer Proviant herbeiholen, einer ging nach Holz, einer nach Stroh. Alle zusammen bildeten eine Haushaltung, ein Tisch und ein Bett.«[230]

Das Material der rechtwinkligen Zelte, die eine Firsthöhe von 1,83 m hatten, bestand aus Segeltuch, wobei die Nähte auf der Außenseite mit blauen Leinenstreifen abgedeckt waren. Die etwas größeren Zelte der Unteroffiziere hatten gerade Seitenwände, die der Offiziere eine ovale Form und mehrere Räume, welche teils dem Dienstbetrieb, teils zum Schlafen dienten.

Die Kolonnen rückten nach der Disposition des Generalquartiermeisters in das Lager. Die Soldaten stellten die Gewehre in die Gewehrkreuze ein, die Gefreitenkorporale rammten die eingerollten Fahnen in der Mitte des Bataillonslagers in einer Linie in die Erde, die Offiziere ihre Spontons auf beiden Seiten daneben. Die Tambours legten die Trommeln dazu. Die Unteroffiziere steckten ihre Spontons zwischen die Gewehrmäntel der Kompanien. Sobald das Lager aufgeschlagen war, wurden von der dritten Kompanie eines jeden Bataillons 1 Leutnant mit 4 Unteroffizieren und 3 Mann zur Wasser-, Stroh- und Holzbeschaffung abgestellt.
Die Außensicherung des Lagers oblag neben den Husaren besonderen Feldwachen, die 20 bis 30 Mann stark in einem Abstand von 300 m in der Landschaft postiert waren. Die Innensicherung fiel einem Leutnant, 2 Unteroffizieren und 48 Soldaten eines jeden Regiments zu, die auf der rechten Zeltflanke ihres Stammbataillons standen. Im Alarmfall konnten neben der Generalwache, die den Proviant und die Kriegskasse kampfstark bewachte, weitere Soldaten unter Führung eines Hauptmanns sofort eingesetzt werden.
Für die Lagerdisziplin sorgte der Stabsauditeur, der Gewichte und Maße festlegte, die Marketender kontrollierte, aber auch die Liste der Kriegsgefangenen und Arrestanten führte sowie die Gefangenen vernahm und austauschte.
Geweckt wurde durch Trommelwirbel. Maßgebend war der Augenblick, in dem die Wache in der Morgendämmerung einen geschriebenen Zettel lesen konnte.[231]
Nach dem Antreten wurde die Anwesenheit durch Namensaufruf festgestellt. Nach dem Namensappell mußten die Regimenter erneut mit Waffen antreten, wenn die Armee abrücken sollte. Ansonsten marschierten nur die Wachablösungen ab, während die übrigen für 15 Minuten den Morgengottesdienst hielten. Für den Rest des Tages war dann für diejenigen, die nicht exerzieren mußten oder zum Arbeitseinsatz eingeteilt waren, dienstfrei bis zum Zapfenstreich.

»Wer gern Soldat war, dem mußt es damals recht wohl sein. Denn da (im Lager) gings vollkommen wie in einer Stadt zu. Da gab's Marketender und Fleischschlächter zu Haufen. Den ganzen Tag, ganze lange Gassen durch, nichts als Sieden und Braten. Da konnte jeder haben, was er wollte, oder vielmehr was er zu bezahlen vermochte: Fleisch, Butter, Käse, Brot, aller Gattung, Baum- und Erdfrüchte. Die Wachen ausgenommen, mochte jeder machen was ihm beliebte: Kegeln, Spielen, in und außer dem Lager spazieren gehen. Nur wenige hockten müßig in ihren Zelten. Der eine beschäftigte sich mit Gewehrputzen, der andere mit Waschen, der dritte kochte, der vierte flickte Hosen, der fünfte Schuhe, der sechste schnitzte was von Holz und verkauft' es an die Bauern«.

Um sechs Uhr abends wurde die Innensicherung bestimmt, um acht Uhr Zapfenstreich gegeben, wobei alle die Marketenderzelte zu verlassen hatten.

Brandenburgischer Pikenier und Musketier

Der für rein defensive Aufgaben eingesetzte Pikenier trägt einen Brust- und Rückenharnisch. Seine Pike ist bis zu 5 m lang. Am Bandelier des Musketiers hängen mehrere bereits abgefüllte Pulverladungen, der Kugelbeutel und ein Pulverhorn, das Feinpulver für die Zündpfanne enthält.

Preußischer Grenadier um 1709

Der Soldat hat das Gewehr auf die Schulter genommen und hält eine Handgranate abwurfbereit in der Hand. Zwei weitere führt er in der Tasche mit sich. Auf dem Badelier ist der »Luntenberger« angebracht.

Füsiliere des Regiments Nr. 35 zum Angriff vorgehend

Chef dieses Regiments war der Bruder des Königs, Prinz Heinrich. Es wurde 1740 in Potsdam errichtet, lag im ersten Schlesischen Krieg in Magdeburg, war später jedoch an allen wesentlichen Kriegshandlungen beteiligt.

Leib- und Kompaniefahne des Regiments Nr. 1

Der Wechsel in den Grundfarben ist typisch und kehrt bei allen Infanteriefahnen wieder.

I. Bataillon Leibgarde im Gefecht

Das Bild zeigt das Bataillon in Rundumverteidigung, nachdem die österreichische Kavallerie durchgebrochen ist.

Regiment Nr. 22 beim Sturm auf die feindlichen Linien

Die Bagage ist abgelegt. Das Kartätschenfeuer zeigt, daß der Feind noch etwa 500 m entfernt ist.

Der Alte Dessauer kurz vor Beginn der Schlacht bei Kesselsdorf

Die Infanterie befindet sich auf verschneitem Boden in Gefechtsaufstellung. Die Unteroffiziere an den Flügeln der Züge sind an den langen Spontons zu erkennen. In der Fahnengruppe vorne links die – stets weiße – Fahne der Leibkompanie.

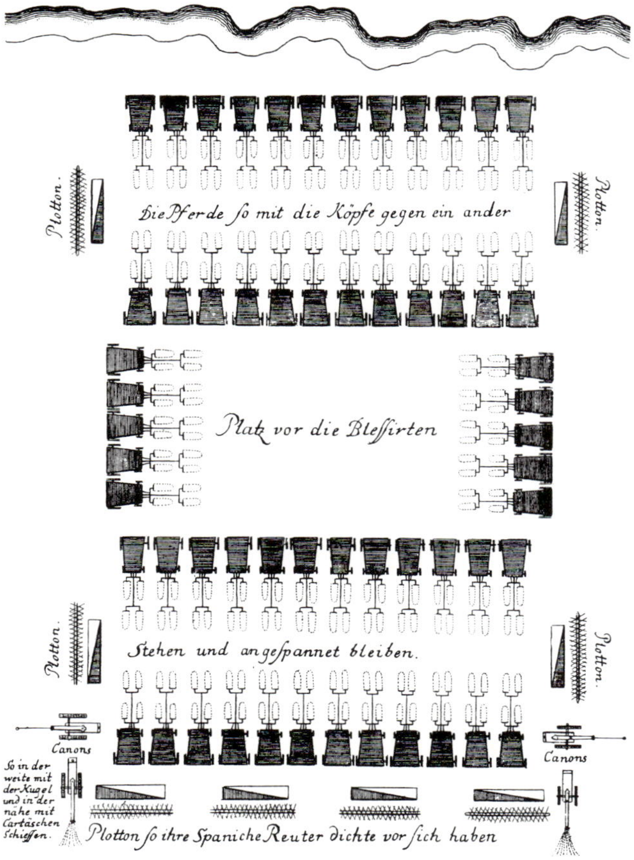

Musterplan für die Errichtung eines Verbandsplatzes (Anlage zum Infanteriereglement von 1743)

Oberchirurg und Lazarettgehilfe, einem Kameraden vom Husarenregiment Nr. 6 Erste Hilfe leistend

Friedrich der Große im Interimsrock des I. Bataillons Leibgarde (1780)

Friedrich bevorzugte ab 1756 eine Uniform, die nach seinem persönlichen Geschmack und unter dem Gesichtspunkt der Bequemlichkeit zusammengestellt war; sie kann deshalb keinem spezifischen Regiment zugeordnet werden. Der schwarze Filzhut zeigt nicht die bis 1745 übliche gleichseitig dreieckige Form, sondern ist nach den Seiten gestreckt; er hat hinten eine gerade Fläche und nach vorn eine leicht erhöhte Spitze.

Infanterie auf dem Marsch

Das Bild zeigt das Regiment Nr. 27 in offener Zugkolonne auf unbefestigtem Weg. Chausseen wurden erst Mitte des 19. Jahrhunderts angelegt.

Preußisches Feldlager in zeitgenössischer Darstellung

Im Vordergrund sind die Gewehrpyramiden mit den davor ausgebreiteten Gewehrmänteln zu erkennen. Dahinter folgen die Zelte der Unteroffiziere und quer dazu die langen Zeltreihen der Musketiere. Am Ende der Zeltgasse das Zelt des Kompaniechefs. Die Zelte für die übrigen Offiziere an den Enden der Zeltreihen fehlen. 1760 kommt die einfachere Form des Lagers en bataille auf, wobei die Truppe drei Zeltreihen im Frontverlauf aufschlug.

Proviantoffizier und Fuhrknecht

Der Offizier trägt die typischen Militärstiefel, die so geformt waren, daß sie wechselseitig auf beiden Füßen getragen werden konnten. Die geringe Stellung des nicht unter Soldateneid stehenden Fuhrknechts kommt in der schmucklosen Uniform zum Ausdruck.

6. Sanitätswesen

Die Dachorganisation des Sanitätswesens im Felde bildete die Feldapotheke. Sie war für ein Korps von 30000 Mann auf 160 Ärzte und Hospitalsanitäter, 9 sechsspännige Apothekenwagen und 12 vierspännige Nachschubwagen berechnet.

Für den Einsatz vor Ort erhielten die Regimentsfeldschere je 200 Taler, von denen sie die Anschaffung für die Sanitätskiste zu bestreiten hatten. Während des Krieges flossen ihnen fortlaufend weitere Summen für den Einkauf von Betten und sonstigem Lazarettmaterial zu.[232]

Kam es zu einer Schlacht, wurden die Verwundeten in der Theorie zunächst in eine Wagenburg gebracht, die als Verbandsplatz diente, von dort in fliegende Lazarette verlegt und schließlich an ortsfeste Hospitäler weitergeleitet. Die Praxis sah jedoch wegen der Art, wie Friedrich seine Schlachten schlug, oft anders aus. Weil der König zu unvermittelten Aktionen neigte und seine Absichten bis zum letzten Augenblick geheim hielt, konnten die fliegenden Lazarette häufig nicht rechtzeitig zur Stelle sein. Hinzu kam, daß in der preußischen Armee Verwundete während der Schlacht nicht geborgen werden durften. Erst nach dem Kampf suchten besonders zusammengestellte Abteilungen das Feld nach Verwundeten ab. Häufig erschwerte die Jahreszeit, zu der die Kämpfe ausgetragen wurden, das Los der Verwundeten zusätzlich. Allein nach der Schlacht von Torgau litten rund 10000 verwundete Preußen, darunter viele bis auf's Hemd von plündernden Gesindel ausgeraubt, auf nasser Erde über Stunden erbärmlich unter Regen, Wind und Kälte, bis schließlich Hilfe kam – für die meisten von ihnen zu spät.[233]

Befanden sich die Verwundeten erst einmal in einem der Lazarette, bedeutete dies keineswegs immer Rettung und Heilung. Die relativ große Zahl der im Siebenjährigen Krieg als gesund Entlassenen – der Generalstabsmedicus Cothenius beziffert sie auf 220000 – darf nicht darüber hinwegtäuschen, daß Gelbfieber, Wundstarrkrampf und Brand ihre Opfer forderten. Dort, wo der Mensch helfen konnte, war guter Wille jedoch so gut wie immer da. Der König selbst fühlte durchaus die besondere Verantwortung, die jeder Feldherr seinen verwundeten Soldaten gegenüber hat:

»Menschlichkeit und Dankbarkeit gegen die, die ihr Leben so oft für den Staat einsetzten gebieten, wie ein Vater für sie zu sorgen. Zu ihrer Pflege muß man Ärzte und Feldschere in genügender Zahl haben, vor allem aber ein paar alte Offiziere von erprobter Rechtschaffenheit, die darüber wachen, daß jeder seine Schuldigkeit tut, daß niemand die Nahrungsmittel stiehlt, die Suppe und was der Staat sonst zur Pflege und Heilung dieser ruhmvollen Opfer bezahlt.«[234]

Trotzdem sollte es noch lange dauern, bis sich die Heilungschancen für die Soldaten in den Lazaretten wesentlich besserten. Selbst 1870/71 war die Lazarettsterblichkeit durch Seuchen und Verletzungsfolgen gegenüber heute noch erschreckend hoch. Auf keinem anderen Felde der Medizin haben die Erfolge länger auf sich warten lassen.

---

208 Otto Graf v. Stolberg-Werningerode in Berckenhagen, Bunter Rock, S. 72
209 Duffy, S. 128
210 Die Grenadiere sind dabei nicht berücksichtigt. Sie wurden ab 1743 herausgezogen und mit den Grenadieren anderer Bataillone zu Grenadierbataillonen à 4 Kompanien zusammengefaßt (Jany, Bd. 2, S. 91)
211 Im Oktober 1755 ließ Winterfeldt 2 Grenadierzüge auf ein Ziel von 10 Schritt Breite und 3,5 m Höhe schießen. Auf 300 Schritt erzielten die Grenadiere auf dieser nicht unbeträchtlichen Scheibe bis zu 13% Treffer. Bei 200 Schritt erhöhte sich die Trefferrate auf 16% und auf 150 Schritt schließlich 46%. Die optimale Wirkung lag somit bei 75 bis 150 m (Duffy, S. 131).
212 Piecha, S. 17
213 Fiedler, Militär- und Kriegsgeschichte, I S. 195
214 Fiedler, a. a. O.
215 In der österr. Armee galt die private Verpflegungswirtschaft auch im Kriege fort, wobei der Korporal Geld einsammelte und damit bei fliegenden Händlern oder wo auch sonst Verpflegung für seine Korporalschaft einkaufte (Jany, Bd. 2, S. 271)
216 Fiedler, Militärgeschichte, S. 222 ff.
217 Friedrich II., Band 7, S. 181
218 Jany, Bd. 2, S. 263 ff
219 Friedrich II., zitiert in Ullrich, Deutsches Soldatentum, S. 76
220 Friedrich II., Band 7, Seite 181
221 Friedrich II., a. a. O.
222 Fiedler, a. a. O.; Jany, Bd. 2, S. 269
223 Bleckwenn, Preußenadler, S. 118
224 Bleckwenn, a. a. O.
225 Im allgemeinen sollten jedoch die Feldbäckereien nicht weiter als 100 km von der Truppe entfernt sein.
226 Brot für 6 Tage trug der Soldat bei sich, Brot für 6 Tage befand sich auf den Brotwagen der Regimenter. (Friedrich II., Band 7, Seite 181)
227 Cyran, S. 74
228 Fiedler, S. 222
229 Fiedler, a. a. O.
230 Bräker, S. 112
231 InfRegl. 1743, S. 280
232 Duffy, S. 208
233 Jany, Bd. 2, S. 215. 50% der Infanterie fiel auf dem Schlachtfeld. 2000 von 9500 Soldaten starben in den Lazaretten.
234 Ullrich, Soldatentum, S. 75

Vergangenheit und Gegenwart

Vieles des in den vorangegangenen Kapiteln Beschriebenen scheint in unserer Zeit überholt. Manches, was unseren heutigen Vorstellungen menschenwürdigen Umgangs widerspricht – wie etwa die Prügelstrafe – ist durch das Reformwerk weitblickender Persönlichkeiten längst abgeschafft. Als abgeschlossener Teil ruhen diese Vorkommnisse in der Geschichte und bedürfen heute keiner lauten, besserwisserischen Verurteilung mehr. Anderes hat mit dem Fortschritt mitgehalten und zu neuen, mit den alten Zuständen kaum noch vergleichbaren Entwicklungen geführt.

Ein wehrpflichtiger Panzergrenadier erhält heute mehr Wehrsold als sich der altpreußische Musketier je erträumen konnte. Hinzu kommen ein Weihnachtsgeld von 310,– DM sowie ein Entlassungsgeld von 1110,– DM für Ledige und 1260,– DM für Verheiratete. Soldaten auf Zeit erhalten Monatsgehälter, die sich nach Dienstgrad, Alter, Familienstand und Verwendung richten. Darüber hinaus zahlt der Bund ein 13. Monatsgehalt und jeweils im Juli ein Urlaubsgeld.

Die Bekleidung unserer Soldaten ist mit rund 70 Stücken pro Mann ebenfalls wesentlich umfangreicher als früher. Zur Grundausstattung eines Panzergrenadiers der Bundeswehr gehören:

1 Schiffchen	2 Schlafanzüge
2 Barette	5 Taschentücher
1 Wintermütze	1 Trainingsanzug
3 Kampfanzüge	2 weiße Sporthemden
1 Feldparka	1 Sporthose
1 Mantel	1 Badehose
1 Dienst- und Ausgehuniform	2 Langbinder
1 Poncho	5 Paar Wollsocken
4 Feldhemden	3 Paar Kurzsocken
2 Diensthemden lang	1 Wollschal
2 Diensthemden kurz	1 Halstuch
3 Unterhemden	1 Pullover
3 Unterhosen (Slips)	1 Paar Lederhandschuhe
2 Unterhosen kurz	1 Paar Lederhandschuhe gefüttert
4 Unterhosen lang	1 Paar Überhandschuhe
3 Unterhemden oliv	1 Paar Halbschuhe
2 Unterhemden lang	1 Paar Sportschuhe
1 Hosengürtel	2 Paar Kampfstiefel
1 Paar Hosenträger	

Wie in der alten Armee – wenngleich aus anderen Gründen – darf der Soldat nach Beendigung der Dienstzeit einige Stücke behalten, und zwar Kampfstiefel, Strümpfe, Unterwäsche und Taschentücher.

Ebensowenig wie der Umfang der Bekleidung läßt sich die persönliche Ausrüstung mit früher vergleichen. Der Soldat unserer Zeit empfängt:

1 Stahlhelm	1 Schuhspanner
1 Helmtarnnetz	1 Wäschesack
1 Mückenschleier	2 Stiefelbeutel
1 Handfeuerwaffe (G3 oder Maschinenpistole)	5 Riemen
2 Magazintaschen	1 Zeltbahn
1 Koppeltragehilfe	1 Schlafsack
1 Koppel	1 Mehrzwecktaschenmesser
1 kleine Kampftasche	1 Schutz- und Sonnenbrille
1 ABC-Schutzmaske	1 Esbitkocher
2 Paar Gehörschutzstopfen	1 Eßbesteck
1 großes Verbandspäckchen	1 Eßgeschirr
1 kleines Verbandspäckchen	1 großer Rucksack
1 Klappspaten	1 kleiner Rucksack
1 Erkennungsmarke	1 Brotaufstrichdose
	1 Feldflasche
	1 Schuhputzzeug
	1 Waschzeugbeutel
	1 Nähzeug

Beachtet werden muß allerdings, daß der Panzergrenadier im Gegensatz zum Musketier der altpreußischen Zeit nicht alle erwähnten Ausrüstungsstücke gleichzeitig bei sich trägt.

Des weiteren werden die Wehrpflichtigen und die zur Gemeinschaftsunterkunft verpflichteten Soldaten heute wie selbstverständlich vom ersten Tag an kostenlos verpflegt. 280000 Tonnen Lebensmittel werden dafür von der Bundeswehr pro Jahr durch 184 Standortverwaltungen für 450 Mio. DM beschafft. Jeder Verpflegungsempfänger erhält drei auf seine physische Beanspruchung zugeschnittene Tagesmahlzeiten, wobei der Musterspeiseplan über die Jahre eine kaum noch überbietbare Verfeinerung erreicht hat.

Musterspeisezettel der Bundeswehr (Auszug):

Tag Datum	Morgenkost Vpflm	g	Mittagskost Vpflm	g	Abendkost Vpflm	g
Speisezutaten/ Gewürze n. B.						
Donnerstag 29. 1. 19...	Fruchtjoghurt	150	Champignonsuppe, Rindsroulade, Wirsing, Salzkartoffeln, Obstsalat		Tee, schwarz	3
	Bohnenkaffee	15			Zucker	15
	Tee, schwarz	1			Zitrone	15
	Kondensmilch	10	Champignon-Fertigsuppe	30	Brot	50
	Zucker	15	Rindfleisch	150	Margarine	10
	Butter	20	Speck, durchwachsen	25	Corned Beef	50
	2 Brötchen	100	Bratfett	10	Bratkartoffeln mit Rührei	
	3 St. Zwieback	30	Kartoffeln	350	2 Eier	
	Konfitüre	25	Wirsingkohl	150	Speck, durchwachsen	25
	Zervelatwurst	30	Obstsalat, frisch	150	Kartoffeln	250
					Bratfett	15
					Rote Beete	80
Freitag 30. 1. 19...	Fruchtsaft	200	Fisch in Dillsoße, Salzkartoffeln, Kopfsalat, Obstkaltschale		Tee, schwarz	3
	Bohnenkaffee	15			Zucker	15
	Kondensmilch	10			Zitrone	15
	Zucker	15	Fischfilet	170	Brot	150
	Butter	20	Dill	15	Margarine	20
	2 Brötchen	100	Kartoffeln	350	Jagdwurst	30
	Brot	50	Fett	10	Fleischpastete	30
	Honig	25	Salat	100	Edamer	30
	Tilsiter	40	Obstkaltschale	20	Tomate	100

Kaum jemand kann sich heute vorstellen, daß die Verpflegung der Soldaten einmal anders geregelt war. Das gilt auch für die Verpflegung im Felde, wenngleich dort bei großzügiger Betrachtung noch gewisse Parallelen zur alten Zeit feststellbar sind.

Auch die Bundeswehr verfügt über mobile Feldbäckereien, die sich in Friedenszeiten in den Depots der Wehrbereichsverpflegungsämter befinden, jedoch mit wenigen Veränderungen jederzeit mobil zu machen sind. Ein Feldbackofen (mot.) faßt 252 Laib Brot. Acht Ofenfüllungen ergeben die Produktion eines Werktages: 2016 jeweils ein Kilo schwere Kommißbrote, die in Klarsichtfolie verpackt eine Haltbarkeitsdauer bis zu 5 Jahren haben. Ein Teil der Tagesproduktion kommt ins Depot, den anderen verbraucht die Truppe in den nächsten Wochen.

Außer Brot werden noch eine ganze Reihe anderer Verpflegungsmittel eingelagert. Dafür stehen der Bundeswehr 62 Läger mit einer Gesamtfläche von 230000 qm zur Verfügung. Der Gesamtvorrat, der sich auf rd. 100000 Tonnen im Wert von rd. 280 Mio. DM beläuft, ist jedoch anders als früher nicht auf den Bedarf in Kriegstagen berechnet, sondern als Überbrückungsreserve für die Zeit der Umstellung von der Friedens- auf die Verteidigungwirtschaft gedacht.

Für die warme Feldverpflegung werden heute Feldküchen eingesetzt. Jede Feldküche besteht zur Zeit noch aus 4 Feldkochapparaten, die jeweils auf einem 5 to Lkw verlastet sind und von 3 Mann bedient werden. Die von den durch die Kreiswehrersatzämter gleich bei der Musterung zum Feldkoch bestimmten jungen Männer sind in der Mehrzahl keine gelernten Köche. In Spezialkursen erhalten sie das nötige Rüstzeug, um vor ihren Kameraden bestehen zu können. An den knapp mannshohen Blechschränken, die mit einem Benzin-Luft-Gemisch beheizt werden, leisten die Köche oft Erstaunliches. Erfahrene Feldköche wissen, was sie erwartet, wenn es ihren Kameraden nicht schmeckt.

Diese sehr selektiven Vergleiche wären allerdings zu wenig. Die Beschäftigung mit der friderizianischen Epoche ist unter vielerlei Aspekten lohnend und wertvoll. Ihr Studium öffnet die Augen für die Gesetzmäßigkeit bestimmter Handlungsabläufe, deren Erkennen uns bei der Gestaltung unserer Gegenwart und Zukunft vor Schaden bewahren kann. Sie lehrt, daß

- das persönliche Vorbild des militärischen Führers, sein Vormachen und Vorleben in der Truppe Kräfte freizusetzen vermag, mit denen Berge bewegt werden können,

- keine Armee ohne Handlungs- und Bildungseliten auskommt, die zum Dienst für das Ganze bereit sind und dafür ihre persönlichen Interessen hintanstellen.

Und sie belegt, daß

- bei völliger Betonung der Gemeinschaftsideale die Freiheiten des Einzelnen auf der Strecke bleiben, wie umgekehrt bei überzogenen Forderungen persönlicher Freiheit die Gemeinschaft leidet,
- die Bevorrechtigung einer Gesellschaftsschicht die Gefahr der Verselbständigung in sich birgt, die den Bestand des Ganzen in den Untergang führen kann.

Wir haben gerade die letzten beiden Lektionen gut gelernt. Heute wissen wir, daß sich die Armee nicht wieder verselbständigen und zum Staat im Staat entwickeln darf. Deshalb ist unsere Bundeswehr fest in die freiheitlich demokratische Verfassungsordnung eingebettet und dem Primat der Politik untergeordnet. Aber nicht nur das Verhältnis zwischen Staat und Armee wurde 1955 auf eine neue Grundlage gestellt. Die demokratischen Grundwerte wirken auch in den Soldatenalltag hinein, bilden das Leitbild, wie Vorgesetzte und Untergebene miteinander umzugehen haben.

Zum ersten Mal in der Geschichte hat der Soldat nicht nur Pflichten, sondern auch verfassungsrechtlich verbürgte und gesetzlich definierte Rechte. Er hat wie jeder Staatsbürger Anspruch auf Achtung seiner Menschenwürde und – soweit es sich mit dem verfassungsmäßigen Auftrag der Bundeswehr und der erforderlichen Einsatzbereitschaft und Schlagkraft vereinbaren läßt – das Recht zur freien Entfaltung seiner Persönlichkeit. Er findet seine Rechte im Grundgesetz, Soldatengesetz, in der Wehrbeschwerdeordnung und im Gesetz über den Wehrbeauftragten des Deutschen Bundestages. Auch die Tatsache, daß der Soldat bei der Ahndung von Straftaten der ordentlichen Gerichtsbarkeit unterworfen ist, zeigt, daß er Staatsbürger – in Uniform – bleibt. Ganz bewußt wurde auf die bis dahin eigenständige Gerichtsbarkeit mit der Institution des Gerichtsherrn, der Entscheidungen abändern konnte, verzichtet – eine Tatsache, die viel zu wenig beachtet worden ist.

Selbstverständlich kann die Armee auch unter heutigen Bedingungen nicht auf Befehl und Gehorsam verzichten. Ebenso wenig geht es ohne Disziplin, wie immer wenn sich mehrere Menschen zu einem Zweck zusammenfinden. Aber anders als früher ist die Disziplin vor allem funktionsbedingt, und es sind dem Gehorsam gesetzliche Grenzen gesetzt. Das Gehorchen fällt dem Soldaten umso leichter, je mehr er die Vorzüge der freiheitlichen Grundordnung, die er verteidigen soll, an eigener Person erfährt.

Die Implementierung dieses Konzepts ist in der Perspektive deutscher Wehrgeschichte eine einmalige historische Leistung, deren Wert nicht hoch genug eingeschätzt werden kann. Die Väter der Inneren Führung, die diese Grundsätze in langwierigen Diskussionen, verständlichen Spannungen zwischen »Reformern« und »Traditionalisten« gegen alle Widerstände durchgesetzt haben, verdienen dafür großen Respekt. Ihre Leistung, den Streitkräften das Bewußtsein für den Primat der Politik geschärft und den Soldaten kooperativen Geist eingegeben zu haben, ist weit mehr als gelernte und für einen bestimmten Bereich angewandte Geschichte: Sie ist ihr Beitrag für die Gestaltung einer freiheitlichen Demokratie.

Jedes Prinzip, es mag noch so gut sein, ist nutzlos, wenn es nicht angewendet wird. Daß kooperatives Verhalten von Vorgesetzten und mitdenkender Gehorsam der Untergebenen heute zum festen Bestandteil der Führung im Truppenalltag gehören, verdankt die Bundeswehr den ausbildenden Unteroffizieren und Offizieren. Ihnen, die sich täglich darum bemühen, die neuen Prinzipien zur Geltung zu bringen, gebührt daher nicht minder Respekt und Anerkennung.

Die Unteroffiziere leben unmittelbar und ständig mit den Mannschaften zusammen. Sie haben sich mit den unzählig vielen kleinen Reibungsflächen des täglichen Dienstbetriebes, mit menschlichen Unzulänglichkeiten und mitunter auch Bösartigkeiten auf beiden Seiten auseinanderzusetzen. Sie müssen die soldatischen Tugenden vorleben, wenn sie Anerkennung und Autorität gewinnen wollen. An ihrem Beispiel orientiert sich der Wehrpflichtige zuerst, ob es sich lohnt, für die demokratischen Rechte zu stehen und unsere Grundordnung zu verteidigen. Der frühere Generalinspekteur, General Trettner, hat in diesem Zusammenhang zu den Unteroffizieren einmal gesagt:

»Unser Wehrpflichtiger ist Worten gegenüber mißtrauisch. Darum gibt es nur einen Weg, ihm verteidigungswürdige Werte wie Menschenwürde, Freiheit, Gerechtigkeit, Vaterland wirklich wert zu machen: Er muß spüren, daß im Alltag unserer Gemeinschaft diese Werte respektiert werden, daß nach ihnen gelebt und gehandelt wird. Erkennt er, daß diese Werte seinem Vorbild, seinem militärischen Führer etwas bedeuten, dann macht er sie auch zu den seinen. Und damit vollzieht sich etwas Entscheidendes: Den Gehorsam, den er Ihnen, dank Ihres überlegenen Könnens, entgegenbringt, der aber erlischt, sobald Sie ausfallen oder durch einen Kameraden ersetzt werden, den er nicht so anerkennt, diesen Gehorsam überträgt er nur über Sie hinweg der Sache, den verteidigungswürdigen Werten, denen Sie sich verschrieben haben. So aber – und nur so – wird dieser Mann ein verantwortlicher Staatsbürger und ein verläßlicher Kämpfer.«

Dieser Appell gilt unausgesprochen auch für den Offizier. Mehr noch als der Unteroffizier muß er heute nicht nur nach innen gegenüber seinen Untergebenen, sondern auch nach außen gegenüber der Öffentlichkeit wirken. So gesichert und gefestigt die Position des Offiziers in der altpreußischen Gesellschaftsordnung war, so sehr schwankte sein Bild im weiteren Verlauf der Geschichte. Er wurde geehrt und gedemütigt, gebraucht und mißbraucht, geachtet und verachtet. Selbst heute, 30 Jahre nach Gründung der Bundeswehr, haben sich die Strukturen trotz Eingliederung der Streitkräfte in unsere Gesellschaft noch nicht so wieder gefestigt, daß der Offizier vor intellektueller Anfeindung sicher wäre. Die Auseinandersetzung mit den Andersdenkenden verlangt politische Sensibilität und ein solides Allgemeinwissen. Eine gute militärische Ausbildung allein genügt nicht mehr, sei sie noch so qualifiziert. Der moderne Führer muß general, ja universal gebildet sein. Er muß breit sein, ohne oberflächlich zu werden.[235] Nur so kann er die Herausforderungen unserer Zeit bestehen.

Die für den Offizierberuf als typisch geltenden Eigenschaften, die von der Öffentlichkeit ohnehin erwartet werden, sind darüber keineswegs vergessen. Der Offizier braucht wie eh den Mut zum Handeln. Bildung und Handlungswille bedingen sich, weil »Geist ohne Willen wertlos, Willen ohne Geist gefährlich« ist.[236] Und er benötigt Charakterstärke. Die Besonderheit des Offizierberufs, im Ernstfall über den Einsatz fremden Lebens entscheiden zu müssen, macht die Bindung an innere Werte unverzichtbar. Der Offizier muß, will er vor sich selbst, seinen Soldaten bestehen, innerlich gefestigt sein. Verantwortungsbewußtsein, Gehorsam, Disziplin, Willensstärke, Wahrheitsliebe und Verschwiegenheit sind Charaktereigenschaften und zugleich Erziehungsziele, die auch heute für den Offizier höchsten Rang haben.

Die Zivilcourage ist ein weiterer wichtiger Wesenszug, den wir in diesem Zusammenhang nicht vergessen sollten. Der Bundesminister der Verteidigung, Dr. Wörner, hat darauf am 10. Juni 1983 vor den Offizieren des Heeres mit den Worten hingewiesen:

»Sie haben das moralische Recht, ja sogar die Pflicht, abweichende Ansichten zu äußern, wo es im Sinne des Ganzen oder einer höheren Wertvorstellung erforderlich erscheint. Daß Ihre entsprechenden Äußerungen dabei von Taktgefühl und Verstand kontrolliert sein müssen, brauche ich wohl nicht besonders zu betonen.
Es gibt kaum etwas Schlimmeres als den ›vorauseilenden Gehorsam‹, der dem Vorgesetzten nicht mehr das sagt, was Wissen und Gewissen verlangen, sondern das, was der Vorgesetzte hören will.«[237]

Altpreußische Offiziere wie Seydlitz und von der Marwitz haben diese Courage vorgelebt. Es ist ermutigend, daß über alle Wechselfälle der Geschichte hinweg die wesentlichen Grundelemente militärischer Führungsverantwortung nicht verschüttet worden sind. Die Prinzipien gelten nicht zuletzt in den Ratschlägen fort, die der spätere Generalinspekteur der Bundeswehr, General de Maizière, anläßlich der Kommandoübernahme als Kommandeur der Führungsakademie am 2. April 1962 und bei seiner Verabschiedung am 5. September 1964 den angehenden Generalstabsoffizieren mit auf den Weg gegeben hat:

1. Aufgeschlossenheit für die Entwicklung der Zeit
2. Großzügigkeit des Denkens, verbunden mit der Genauigkeit der Arbeit, Selbständigkeit im Urteil
3. Mut zum Bekenntnis der eigenen Meinung
4. Toleranz gegenüber den Mitmenschen
5. Achtung vor den Formen der Gemeinschaft
6. die Kraft zur Entscheidung
7. das persönliche Beispiel an menschlicher, charakterlicher Haltung
8. Bescheidenes und selbstloses Zurückstellen der eigenen Person hinter die Sache.[238]

Einem Offizierkorps, das diese Grundsätze beherzigt, werden selbst diejenigen den Respekt auf Dauer nicht versagen können, die der Bundeswehr und ihren Offizieren heute noch distanziert gegenüberstehen.

Das feste Gefüge und die Leistungen der Streitkräfte zeigen, daß die Soldaten der Bundeswehr bereit sind, ihre gesellschaftspolitische Aufgabe zu erfüllen. Aber nicht nur die Gesellschaft hat Forderungen an die Bundeswehr. Auch die Bundeswehr hat Ansprüche gegen Staat und Gesellschaft. Bundesregierung und Bundestag haben sich mehrfach zur Bundeswehr bekannt und deren Wert für die Erhaltung unserer freiheitlichen Grundordnung gewürdigt. Auch der einzelne Bürger muß zeigen, daß er zu seinem Staat steht, seine Existenz bejaht und die Institutionen mitträgt, die seine persönliche Freiheit garantieren. Ohne diese Loyalität seiner Bürger kann kein Staat auf Dauer auskommen, der freiheitlich-demokratische am allerwenigsten.

Der Soldat, der bereit ist, sein Leben für unsere Grundordnung einzusetzen, hat einen Anspruch auf dieses Bekenntnis. Er braucht den Konsens mit dem Bürger, die Übereinstimmung in der Beurteilung, daß die Sehnsucht nach Frieden allein den Krieg noch nicht zum Verschwinden bringt, Gewaltverzicht allein noch nicht Spannung beseitigt, Waffenlosigkeit kein Mittel der Friedenssicherung ist. Ein waffenloser Staat gleicht noch immer einem Vakuum, das politische Kräfte von außen geradezu ansaugt. Frieden zu schaffen und zu halten, ist ein mühsamer, langdauernder Weg, der an den tatsächlich bestehenden Zuständen nicht vorbeigehen darf. Der überwiegende Teil unserer Bevölkerung teilt diese Ansicht. Es wäre wünschenswert, daß die Zweifler ihre Auffassung überdenken, damit der Konsens auf möglichst breiter Basis erhalten bleibt. Wir alle müssen die Realitäten sehen und uns zu unserer Verteidigungsfähigkeit bekennen, zu der es keine Alternative gibt.

235 de Maizière, Bekenntnis zum Soldaten, S. 15
236 von Seeckt, in Deutsches Soldatentum, S. 334
237 Dr. Wörner, zum Bild des Offiziers, in Soldat und Technik 8/83, S. 408
238 de Maizière, a.a.O., S. 16 und 26

Schlußbetrachtung

Kehren wir noch einmal zur preußischen Armee der friderizianischen Epoche zurück. Über die Gründe ihres hohen Durchsetzungsvermögens gegen einen in den meisten Schlachten weit überlegenen Gegner ist viel gerätselt worden. Möglicherweise war die technische Ausrüstung der preußischen Soldaten etwas moderner, weil die Truppe über den eisernen Ladestock und ein Gewehr mit konischem Zündloch verfügte, das der Leutnant von Freytag erfunden hatte. Um die Disziplin stand es in der preußischen Armee vielleicht ebenfalls etwas besser, wenngleich selbst dort Desertionen immer wieder vorgekommen sind. Auch die Tatsache, daß Offiziere und Soldaten demselben landwirtschaftlichen Milieu entstammten, und die Offiziere dadurch sehr gut wußten, wie sie ihre Soldaten anzupacken hatten, könnte sich positiv ausgewirkt haben. Entscheidend war aber der Korpsgeist, der den König bis herunter zum letzten Mann über alle Standesunterschiede hinweg beherrschte. Nicht von ungefähr trugen Friedrich Wilhelm I. (seit 1725) und Friedrich II. ständig Uniform. Die Truppe hat diese Geste von Anfang an richtig verstanden und stets zu würdigen gewußt.

Die Offiziere waren sich der besonderen Wertschätzung des Königs sicher. Aber auch der einfache Soldat entwikkelte im Laufe der Zeit eine besondere Selbstachtung. Die Unterstellung unter die Militärjustiz entzog »den Mann des Königs« gutsherrlicher Willkür und hob ihn vom Volke ab. Graf Mirabeau hat diese Entwicklung scharf beobachtet und wie folgt beschrieben:

»Man irrt sich in Hinsicht des preußischen Kriegsdienstes schlechterdings, wenn man sich einbildet, daß diese Zucht den Soldaten herabwürdigt. Man straft nur diejenigen, welche es verdienen. Die übrigen werden gut und anständig behandelt. Überdies ist der Soldat nur der militärischen Zucht seines Offiziers unterworfen. Alle übrigen Stände sind verpflichtet, ihn in Ehren zu halten und ihm mit Achtung zu begegnen. Daher hat auch der preußische Soldat einen hohen Geist.«

Dieses Selbstgefühl scheint unseren Soldaten heute zu fehlen. Wie sollen sie auch ihren Stellenwert in einer Gesellschaft finden können, in deren Geschichtsbewußtsein die soldatische Tradition eliminiert zu sein scheint? Unsere Gesellschaft strebt, wie eine Umfrage des Gallup-Rings aus dem Jahre 1983 zeigt, nach anderen Zielen. Lebensstandard und Technik stehen für uns obenan, während in den USA, England, Frankreich, ja sogar in Jugoslawien, geschichtliches und kulturelles Erbe, Kunst und Bildung dominieren. Können und dürfen wir uns als Kulturnation damit zufriedengeben? Die Geschichte lehrt, daß die Lebenskraft eines Volkes weniger von den materiellen als den geistig-moralischen Werten bestimmt wird. Verantwortliche Politik muß deshalb mehr sein als die Befriedigung materieller Wünsche. Sie darf die geistige Dimension unseres Daseins nicht außer acht lassen. Schmierereien an Häuserwänden, willkürliche Demonstrationen gegen alles, die manipulierende Kraft des Fernsehens in der Darstellung von Gewalt, die Verrohung im Umgang miteinander, kurz die Ersetzung des »Wir« durch das »Ich« signalisieren ein Defizit, das mehr als nur ausgeglichen werden muß. Was wir brauchen sind geistig ideelle Vorgaben, Ziele, nach denen zu streben lohnt.

Die so dringend erforderliche Orientierung nach vorn ist ohne Rückblick nicht möglich. Geschichtsbewußtsein und geschichtliches Verständnis sind unerläßlich, wenn es darum geht, die richtigen Entscheidungen zu treffen und Richtpunkte für die Zukunft zu setzen. Historisches Verständnis und Geschichtsbewußtsein sind aber auch unentbehrliche Voraussetzungen für das Selbstwertgefühl – auch und gerade für den Soldaten.

Unser heutiges Bekenntnis zur Militärgeschichte ist im wesentlichen ein Bekenntnis der Schuld. Die deutsche Militärgeschichte erschöpft sich jedoch nicht im Negativen. Wer sich unvoreingenommen mit ihr beschäftigt, wird manches Vorbildliche finden, und das nicht erst seit den Befreiungskriegen. Wenn wir objektiv sein wollen, müssen wir neben der berechtigten Kritik an den Auswüchsen auch die positiven Fakten sehen und uns dazu bekennen.

Die altpreußische Epoche hat ihre Orientierungspunkte gesetzt und deutliche Spuren in der Geschichte hinterlassen. Unsere heutige, so vorurteilsreiche Zeit muß diese Leistung erst erbringen. Es ist unser aller ehrlicher Wunsch, daß ihr das gelingen möge.

Ergänzende Daten und Fakten

Verzeichnis der Infanterieregimenter und ihrer Chefs 1740 bis 1786

Ernennungsjahr in Klammern. Die Namen der durch Kriegseinwirkung umgekommenen Chefs sind Kursiv gesetzt.

IR Nr. 1
a) Gdl Kaspar Otto v. Glasenapp; O Johann Christoph v. Hacke (1742), *GL Hans Carl v. Winterfeldt (1756),* GM Johann Sigismund v. Lattorff (1758), GM Karl Christoph v. Zeuner (1760), O Ernst Julius v. Koschenbahr (1768), O Christian Friedrich v. Bandemer (1776), GM Ludwig Gottlob v. Kalckreuth (1778), GM Hans Ehrentreich v. Bornstedt (1778)
b) Garnison: Berlin
c) Bewertung: ein Regiment von gutem Ruf; rangierte in Anerkennung seiner Verdienste gleich hinter den Garden

IR Nr. 2
a) GFM Erhard Ernst v. Roeder, GM Samuel v. Schlichting (1743), GM Hans Wilhelm v. Kanitz (1750), GL Joachim Friedrich v. Stutterheim (1769), GL Heinrich Wilhelm v. Anhalt (1783)
b) Rastenburg, Gerdauen, Angerburg, Königsberg (ab 1765)
c) unglücklich operierend und leistungsschwach, weil es ab 1762 aus der russisch besetzten Heimat keinen inländischen Ersatz bekam

IR Nr. 3
a) GFM Leopold v. Anhalt-Dessau, GFM Leopold Maximilian v. Anhalt-Dessau (1747), Leopold Friedrich v. Anhalt-Dessau (1752), *GM Henning v. Kahlden (1758),* GM Franz Adolph v. Anhalt Bernburg (1759), O Heinrich v. Leipziger (1784)
b) Halle
c) in 42 Schlachten und Gefechten bewährt; gehörte zur Spitzengruppe der Armee

IR Nr. 4
a) GL Georg Rudolf v. Glaubitz, O Konrad v. d. Gröben (1740), GM Samuel v. Polentz (1744), GM Christoph zu Dohna (1745), GM Karl Erhard v. Kalnein (1745), GM Karl v. Rautter (1757), GM Georg Friedrich v. Kleist (1758), GM Georg v. Thadden (1761), GM Friedrich v. Pelkowsky (1774), GM Albrecht v. Egloffstein (1782)
b) Preußisch Holland, Liebstadt und Mühlhausen/Pr.
c) wenig zuverlässig, schwache Leistungen (Groß Jägersdorf und Zorndorf)

IR Nr. 5
a) GM Johann v. Wedell, O Anselm v. Bonin (1742), GL Ferdinand v. Braunschweig (1755), GL Friedrich Christoph v. Saldern (1766), GL Christian v. Lengefeld (1785)
b) Magdeburg
c) standhaft und wohldiszipliniert

IR Nr. 6
a) GM Gottfried v. Einsiedel, O Wolf Friedrich v. Retzow (1745), GM Friedrich Christoph v. Saldern (1760), O Hans Sigismund v. Lestwitz (1766), GM Friedrich Wilhelm v. Rohdich (1779)
b) Potsdam
c) stand neben Nr. 15 stets hoch geachtet in den Brennpunkten der Hauptschlachten

IR Nr. 7
a) GM Karl Wilhelm v. Bredow, O August Wilhelm v. Braunschweig-Bevern (1741), GM Karl Ludwig v. Winterfeldt (1781), GM Wilhelm Heinrich v. d. Goltz (1784)
b) Stettin
c) Akkuratesse im Anzug und gute Exerzierleistungen im Frieden; abfallende Leistungskurve im Krieg (Zorndorf)

IR Nr. 8
a) Christian August v. Anhalt-Zerbst, GM Johann Otto v. Treskow (1747), *GM Georg v. Amstell (1754), Karl Friedrich v. Geist (1757),* GM Julius Dietrich v. Queiß (1759), O Levin v. Hacke (1769), GL Johann v. Keller (1785), GM Johann v. Scholten (1786)
b) Stettin
c) gehört mit Nr. 19 und Nr. 30 zu den Regimentern mit höchster Kombattanz

IR Nr. 9
a) GM Otto Friedrich v. Leps, *GM Joh. v. Quadt Wickeradt (1747), GM Friedrich Ludwig v. Kleist (1756),* GM Jürgen v. Oldenburg (1758), Nikolaus Puttkamer (1758), GM Friedrich August v. Schenckendorff (1759), GM Karl Friedrich v. Wolffersdorff (1763), GM Alexander v. Budberg (1782)
b) Lippstadt, Hamm Soest
c) anfänglich geschätzt

IR Nr. 10
a) GM Dietrich von Anhalt Dessau, O Dietrich von Knobloch (1750), GM Gottlob v. Pannwitz (1757), GM Friedrich v. d. Mosel (1759), O Eggert v. Petersdorff (1768), O Sylvius v. Stwolinsky (1781)
b) Bielefeld, Herford
c) begeisterungsfähiges, gutes Regiment mit beständigen Leistungen (Kesselsdorf, Leuthen, Burkersdorf)

IR Nr. 11
a) Gl Friedrich Wilhelm v. Holstein-Beck, GM Lorenz v. Below (1749), GM Johann v. Rebentisch (1758), GM Hans v. Tettenborn (1763), O Jakob v. Zastrow (1776), O Friedrich v. Rothkirch (1782), GM Karl v. Voß (1786)
b) Königsberg, später Rastenburg, Angerburg
c) gute Leistungen vor Prag, miserable bei Zorndorf und Maxen

IR Nr. 12
a) GM Heinrich v. Brandenburg Schwedt, O Wolf v. Selchow (1741), O Ludwig v. Hessen-Darmstadt (1743), GM Friedrich v. Finck (1757), GM Johann v. Wunsch (1763)
b) Prenzlau
c) tapfer aber glücklos

IR Nr. 13
a) GM Alexander v. Dönhoff, *O Friedrich zu Waldburg (1740), GM Samuel v. Polentz (1745),* GM Philipp v. Schwerin (1746, *GM August v. Itzenplitz (1750),* GM Friedrich v. Syburg (1760), Zar Peter III. v. Rußland (1762), GM Friedrich v. Lottum (1763), O Heinrich v. Braun (1774)
b) Berlin (Friedrichswerder)
c) rangierte ab 1768 hinter den Garden und Nr. 1 an der Spitze der Armee in Anerkennung seiner unerschütterlichen Leistungskraft

IR Nr. 14
a) GM Hans v. Lewaldt, O Friedrich v. Anhalt (1768), GM Johann v. Steinwehr (1777), GM Viktor Henckel v. Donnersmarck (1782)
b) Bartenstein, Friedland und Schippenbeil (ab 1751)
c) wenig geprüft

IR Nr. 15
a) König v. Preußen
I. Bataillon: O Friedrich Wilhelm v. Brandenburg, GM Ferdinand v. Braunschweig (1744), GM Johann v. Ingersleben (1755), O Bogislav

v. Tauentzien (1757), Friedrich Wilhelm v. Preußen (1763), O Hans v. Billerbeck (1764), O Otto v. Laxdehnen (1765), M Ernst v. Scheelen (1773), M Franz v. Kunitzky (1768)
II. und III. Bataillon: O Asmus v. Bredow, O Felix v. Schwerin (1743), O Hans v. Schultze (1745), O Dietrich v. Meyerinck (1747), OTL Christoph v. Buchwitz (1749), O Samuel v. Meseberg (1754), O Karl v. Geist (1756), O Friedrich v. Saldern (1757), M Wichard v. Möllendorff (1760), O Julius v. Buttlar (1771), O Friedrich Wilhelm v. Rohdich (1776), O Wilhelm v. Brünning (1779), OTL Friedrich v. Röder (1785)
b) Potsdam
c) hervorragende Lehr- und Mustertruppe im Frieden; im Krieg, wann immer eingesetzt (nur Mollwitz und Kolin) vorbildliche Leistungen

IR Nr. 16
a) GL v. Adam v. Flanß, GM Christoph zu Dohna (1748), GM Friedrich v. Syburg (1762), GM Christian v. Borck (1771), GM Ludwig v. Buddenbrock (1777), GM Karl v. Schottenstein (1782), O Johann v. Romberg (1785)
b) Königsberg/Pr.
c) mittlere Qualität

IR Nr. 17
a) GM Ernst de la Motte, O Adam v. Jeetze (1748), GM Gerd v. Manteuffel (1756), GM Karl v. Rosen (1764), GM Konstantin v. Billerbeck (1772), GM Heinrich v. Kenitz (1786)
b) Köslin, Rügenwalde
c) gute Leistungen in den Schlesischen Kriegen; ab 1756 weniger glücklich

IR Nr. 18
a) GM Christian v. Derschau, O August Wilhelm v. Preußen (1742), Friedrich Wilhelm v. Preußen (1758)
b) Spandau, Potsdam (seit 1763)
c) ein erstklassiges Regiment, Friedrich II.: »Mit Truppen wie diesen, könnte ich alles machen!«

IR Nr. 19
a) GM Karl von Brandenburg, GM Hans v. Tettenborn (1763), Friedrich August v. Braunschweig (1763)
b) Königsberg/Neumark, Berlin (seit 1764)
c) angesehenes Fürstenregiment mit beständigen Leistungen; neben Nr. 8 und Nr. 30 höchste Kombattanz

IR Nr. 20
a) GM David v. Grevenitz, O Johann v. Voigt (1741), O Johann v. Hertzberg (1742), GM Franz v. Borcke (1746), GM Berend v. Zastrow (1756), GM August v. Bornstedt (1757), GM Otto v. Stutterheim (1759), GM Ludwig v. Kalckstein (1778), GM Matthias v. Below (1784), GM Dietrich v. Bornstedt (1786)
b) Magdeburg
c) gutes Regiment; auch in den Niederlagen tapfer und von hoher Widerstandskraft (Hochkirch, Kunersdorf)

IR Nr. 21
a) GL Heinrich v. d. Marwitz, GM Asmus v. Bredow (1744), GM Johann v. Hülsen (1756), O Karl v. Schwerin (1767), GdI Karl Wilhelm Ferdinand v. Braunschweig (1773)
b) Halberstadt, Quedlinburg
c) zunächst erfolgreich (Kesselsdorf), später weniger glücklich

IR Nr. 22
a) GFM Adrian v. Borcke, O Moritz v. Anhalt-Dessau (1741), GM Balthasar v. Schenckendorff (1760), GM Karl v. Plötz (1768), GM Friedrich v. Schlieben (1777)
b) Stargard
c) zuverlässig, von beständiger Qualität

IR Nr. 23
a) GL Egidius v. Sydow, GM Alexander v. Blanckensee (1743), GM Christoph zu Dohna (1745), GM Friedrich v. Forcade (1748), O Christian v. Puttkamer (1765), GM Christoph v. Renzel (1766), O August v. Thüna (1778), GM Stephan v. Lichnowski (1786)
b) Berlin (Spandauer Vorstadt)
c) Friedrich II: »Wenn ich Soldaten sehen will, so muß ich dies Regiment sehen.«

IR Nr. 24
a) GFM Kurt v. Schwerin, GM Karl v. d. Goltz (1757), O Bernhard v. Dieringshofen (1763), O Leopold v. Braunschweig (1776), GM Gottlieb v. Beville (1785)
b) Frankfurt/O.
c) gehörte zur Elite der Infanterie

IR Nr. 25
a) GM Christoph Kalckstein, GM Friedrich v. Ramin (1760), GL Wichard v. Möllendorff (1782)
b) Berlin (Friedrichstadt)

IR Nr. 26
a) GM Henning v. Kleist, GM Dietrich v. Meyerinck (1749), GM Karl v. Wedell (1758), GM Christian v. Linden (1760), O Anton v. Steinkeller (1764), GM Hans v. Woldeck (1778)
b) Berlin
c) tapferes, einsatzfreudiges Regiment

IR Nr. 27
a) GL Leopold Maximilian v. Anhalt-Dessau, GM Franz v. Kleist (1747), GM Moritz v. Asseburg (1757), GM Daniel v. Lindtstädt (1759), GM Peter v. Stojentin (1764), GM Alexander v. Knobelsdorff (1776)
b) Stendal, Gardelegen
c) Friedrich II: »Die haben niemals retirieren gelernt, aber avancieren; avanciert haben sie immer gut.«

IR Nr. 28
a) GM Friedrich zu Dohna, O Heinrich Herault de Hautcharmoy (1742), GM Lorenz v. Münchow (1758), GM Johann v. Kreytzen (1758), GM Friedrich v. Ramin (1759), GM Friedrich v. Thile (1760), GM Michael v. Kalinowa (1770)
b) Brieg
c) durchschnittliches Regiment mit wenig Glück

IR Nr. 29
a) GM Georg v. Borcke, GM Hans v. Schultze (1747), GM Karl v. Wedell (1758), GM Karl v. Knobloch (1758), GM Johann v. Stechow (1764), GM Heinrich v. Flemming (1778), GM Balthasar v. Wendessen (1782)
b) Wesel, Breslau (seit 1742)

IR Nr. 30
a) GL Joachim v. Jeetze, GM Christian v. Uchlander (1752), GM Berend v. Blanckensee (1755), GM Hans v. Pritz (1756), GM Ernst v. Kannacher (1757), GM Joachim v. Stutterheim (1759), O Karl v. Sobeck (1768), O Philipp v. Birkensee (1778), GM Georg v. Schönfeldt (1782)
b) Anklam, Demmin
c) hat mit Nr. 8 und Nr. 19 die höchste Kombattanz, ein Regiment mit »Biß«

IR Nr. 31
a) GL Friedrich v. Dossow, O Friedrich de Varenne (1743), O Philipp v. Schwerin (1744), GM Johann v. Lestwitz (1746), GL Bogislav v. Tauentzien (1763)
b) Wesel, Breslau (ab 1743)
c) mäßig, mit wechselhaften Erfolgen

IR Nr. 32
a) O Friedrich v. Schwerin, GM Joachim v. Treskow (1747), GL Johann v. Lestwitz (1763), O Hans v. Rothkirch (1770), GM Friedrich v. Hohenlohe-Ingelfingen (1786)
b) Neiße

IR Nr. 33
a) O Andreas de Persod, GM Samuel v. Schlichting (1743), O Asmus v. Bredow (1743), O Heinrich de la Motte Fouqué (1744), GM Georg v. Thadden (1774), GM Friedrich v. Goetzen (1784)
b) Oppeln, Glatz (ab 1743)

IR Nr. 34
a) Prinz Ferdinand v. Preußen
b) Ruppin

IR Nr. 35
a) Prinz Heinrich von Preußen
b) Potsdam; Spandau u. Nauen (ab 1763)
c) erbrachte neben Nr. 41 die besten Leistungen in der Füsiliergruppe

IR Nr. 36
a) O Gustav v. Münchow, O Henning v. Kleist (1766), GM Peter v. Zitzewitz (1780), O Wilhelm v. Brünneck (1785)
b) Brandenburg/Hv.

IR Nr. 37
a) O Paul v. Camas, O Peter du Moulin (1741), GM Heinrich v. Kurssell (1755), GM August v. Braun (1758), O Johann v. Keller (1770), O Adam v. Wolframsdorf (1785)
b) Glogau

IR Nr. 38
a) O Wilhelm v. Dohna, GM Johann v. Brandes (1749), GM Karl v. Zastrow (1758), O Friedrich v. Falkenhayn (1766), GM Wilhelm v. Anhalt (1781), GM Eberhard v. Hager (1783)
b) Neustädtel b. Glogau, Liegnitz (ab 1746), Breslau (ab 1763)

IR Nr. 39
a) O Ferdinand v. Braunschweig, Albrecht v. Braunschweig (1744), Friedrich Franz v. Braunschweig (1745), O Wilhelm v. Braunschweig (1763), GM Wichard v. Möllendorff (1771), O Christian v. Könitz (1783)
b) Königsberg/Neumark, Soldin

IR Nr. 40
a) O Wilhelm v. Sachsen-Eisenach, GL David v. Grevenitz (1741), GM Georg v. Kreytzen (1743), O Johann v. Kreytzen (1750), GM Georg v. d. Gablentz (1759), GM Friedrich v. Erlach (1777)
b) Breslau, Schweidnitz (ab 1763)

IR Nr. 41
a) O August Wilhelm v. Braunschweig-Bevern, GM Johann v. Riedesel (1741), O Franz zu Wied (1746), O Matthias v. Lossau (1765), GM Alexander v. Woldeck (1782)
b) Wesel, Minden (ab 1755)
c) von minderer Qualität, vorwiegend im Besatzungsdienst eingesetzt, erbrachte jedoch später neben Nr. 35 die besten Leistungen in der Füsiliergruppe (ab 1755)

IR Nr. 42
a) GM Heinrich v. Brandenburg-Schwedt, O Johann v. Conradi (1750), O Balthasar v. Schenckendorff (1753), O Heinrich v. Kleist (1760), M Heinrich v. Lettow (1764), OTL Stephan v. Lichnowski (1776), Georg v. Köthen (1786)
b) Reichenbach, Frankenstein

IR Nr. 43
a) GM Maximilian v. Rampusch, O Philipp v. Bardeleben (1743), O Joachim v. Zimmernow (1744), O Christian v. Kalsow (1744), GM Samuel v. Kalckreuth (1757), O Joachim v. Bredow (1758), GM Christian v. Zieten (1760), O Döring v. Krockow (1767), O Karl v. Schwerin (1773), O Leopold v. Anhalt (1776)
b) Breslau; Schweidnitz (ab 1746), Liegnitz (ab 1756)

IR Nr. 44
a) GM Friedrich zu Dohna, O Martin v. Jungkenn (1749), O Rudolf v. Hoffmann (1759), GM Johann v. Grant (1760), O Hans v. Brietzke (1764), O Friedrich v. Gaudi (1779)
b) Wesel (Grenadiere: Magdeburg)
c) von minderer Qualität, vorwiegend im Besatzungsdienst eingesetzt

IR Nr. 45
a) GL Friedrich v. Dossow, GL Friedrich II. v. Hessen-Kassel (1757), GM Johann v. Eckartsberg (1786)
b) Wesel
c) von minderer Qualität, vorwiegend im Besatzungsdienst eingesetzt

IR Nr. 46
a) O Karl Eugen v. Württemberg, O Friedrich v. Schwerin (1745), O Christian v. Pfuel (1750), GM Emanuel v. Schöning (1756), O Johann v. Bülow (1757), O Heinrich v. Lettow (1776), O Ernst v. Pfuel (1779)
b) Berlin (Cölln u. Köpenicker Vorstadt)

IR Nr. 47
a) O Georg Wilhelm v. Hessen-Darmstadt, O Karl v. Derschau (1747), GM Leopold v. Wietersheim (1752), O Kaspar v. Rohr (1756), GM Christoph v. Grabow (1758), GM Johann v. Nassau-Usingen (1764), GM Wenzeslaus v. Lehwaldt (1778)
b) Burg b. Magdeburg, Calbe

IR Nr. 48
a) O Friedrich v. Salmuth (1757), GM Karl v. Beckwith (1763), O Martin v. Eichmann (1766)
b) Wesel

IR Nr. 49
a) GM Gerhard v. Walrave (1742), O Philipp v. Sers (1748), GM Christian v. Diericke (1758), O Karl v. Schwartz (1770)
b) Neiße

IR Nr. 50
a) GM Franz v. Rossières (1773), O Karl v. Troschke (1778)
b) Reichenbach/Schlesien

IR Nr. 51
a) GM Otto v. Laxdehnen (1773), GM Döring v. Krockow (1773)
b) Marienburg/Pr.

IR Nr. 52
a) GM Christian v. Lengefeld (1772), GM Wilhelm v. Schwerin (1785)
b) Preußisch-Holland u. Mühlhausen/Pr.

IR Nr. 53
a) O Kaspar v. Luck (1773), O Wilhelm v. d. Goltz (1780), O Wilhelm v. Schwerin (1784), O Karl v. Raumer (1785), GM Franz v. Favrat (1786)
b) Braunsberg u. Heiligenbeil

IR Nr. 54
a) O Albrecht v. Rohr (1773), O Karl v. Klitzing (1784), GM Bogislaw v. Bonin (1786)
b) Graudenz u. Culm

IR Nr. 55
a) O Adolf v. Hessen-Philippstal (1774), O Georg v. Blumenthal (1780), GM Melchior v. Koschenbahr (1784)
b) Mewa, Preußisch-Stargard, Dirschau

Garnisonsregimenter

Nr. 1
a) GM Ludwig d'Hospital, O Christoph v. Luck (1755), O Werner v. Puttkamer (1757), O Friedrich v. Hallmann (1772), O Karl v. Bose (1786)
b) Memel

Nr. 2
a) O Johann v. Natalis, OTL Georg v. d. Schulenburg (1742), O Christoph v. Roeder (1743), O Hans v. Sydow (1754), O Johann v. Arnauld (1786)
b) Pillau

Nr. 3
a) GM Sigismund v. Sack, GL Georg v. Glaubitz (1740), O Volrath Hellermann (1740), O Georg v. Grolmann (1756), O August v. Biberstein (1763), O Ernst v. d. Heyden (1767), O Detelef v. Vietinghoff (1772)
b) Kolberg

Nr. 4
a) GM Adam v. Weyher, O Jakob v. Grape (1746), GM Martin v. Jungkenn (1759), O Ewald v. Lettow (1760), OTL Friedrich v. Plotho (1763), O Franz v. Groscreutz (1766), O Ludwig v. Gohr (1769), O Peter v. Puttkamer (1775), O Valentin v. Rüchel (1782), GM Otto v. Hüllessem (1784)
b) Magdeburg

Nr. 5
a) GM Christoph v. Thümen (1741), O Friedrich v. Mützschefahl (1743), O Gustav v. Sydow (1759), O Christian v. Berner (1763), O Johann v. Haßlocher (1770), O Adam v. Arnstädt (1771), O Paul v. Natalis (1778)
b) Züllichau

Nr. 6
a) O Kaspar v. Stechow, GM Heinrich v. Saldern (1741), GM Johann v. Lehmann (1745), GL Heinrich v. Bosse (1750), GM Christian v. Lattorff (1753), O Gerhard v. Saß (1762)
b) Brieg Breslau

Nr. 7
a) GM Karl v. Bredow (1741), O Hans v. Jeetze (1746), O Christian v. Lange (1754), GM Joachim v. Itzenplitz (1760), GM Christoph v. Rentzel (1766), GM Christian v. Puttkamer (1766), O Georg v. Kowalsky (1771)
b) Dresden

Nr. 8
a) O Karl v. d. Recke (1741), GM Rudolf v. Loeben (1745), O Kaspar v. Knobelsdorff (1746), O Georg v. Nettelhorst (1748), O Friedrich v. Quadt (1757), O Francois de le Noble (1763), O Karl v. Bremer (1772), O Sigismund v. Berrenhauer (1778), O Ulrich v. Heuking (1782)
b) Neiße, Glatz

Nr. 9
a) GM Georg v. Kröcher (1743), GL Ernst de la Motte (1748), O Bernd v. Bonin (1759), GM Konstantin v. Salenmon (1763)
b) Geldern

Nr. 10
a) O Georg v. Puttkamer (1742), GM Arnold v. Rettberg (1744), O Busso v. Blanckensee (1747), O Christoph v. d. Mülbe (1765), O Heinrich v. Könitz (1780), GM Karl v. Raumer (1786), O Friedrich v. Oven (1786)
b) Breslau, Neisse

Nr. 11
a) O Georg v. Puttkamer (1744), O Franz v. Manteuffel (1748), O Henning v. Mellin (1760), O Karl v. Ingersleben (1769), O Sigismund v. Berrenhauer (1782)

Nr. 12
a) O Ernst v. Kalckreuth (1744), O Guillaume de l'Homme de Courbière
b) Ostfriesland

Verzeichnis der von Friedrich dem Großen ernannten Infanteriegenerale

(nach dem Ernennungsdatum geordnet)

schwA = Orden vom Schwarzen Adler, Verleihungsjahr in Klammern

plm = Orden pour le mérite, Verleihungsjahr in Klammern

Generalfeldmarschälle

30. 6. 1740 *Schwerin, Curt Christoph Graf von*
(26. 10. 1648–6. 5. 1757) schw. A. (1736)
von ruhiger Überlegung und Mäßigung; als Staatsmann und Soldat gleichbedeutend; Begründer des humanen Führungsstils gegenüber der harten Schule des Alten Dessauers

3. 6. 1741 *Glasenapp, Caspar Otto von*
(25. 6. 1664–7. 8. 1747) schw. A. (1735)
von rücksichtsloser Schärfe

3. 6. 1741 *Holstein-Beck, Friedrich Wilhelm Herzog von*
(18. 6. 1687–11. 11. 1749) schw. A. (1733)
enger Freund Friedrich Wilhelms I., von Friedrich II. wenig eingesetzt

12. 6. 1741 *Schmettau, Samuel Graf von*
(26. 3. 1684–18. 8. 1751) schw. A. (1742)
genialer, hochgebildeter Führer, Kurator der Wissenschaften und bedeutender Kartograph

17. 5. 1742 *Anhalt-Dessau, Leopold Maximilian Fürst von*
(15. 12. 1700–16. 12. 1751) schw. A. (1724)
hervorragender Soldat von seltener persönlicher Tapferkeit, gehört zu den besten Generalen der preußischen Armee

19. 7. 1742 *Anhalt-Zerbst, Christian August Fürst von*
(29. 11. 1690–16. 3. 1747) schw. A. (1725)
wegen seiner Lauterkeit allgemein geschätzt (Vater der Zarin Katharina II.)

15. 1. 1745 *Dossow, Friedrich Wilhelm von*
(17. 12. 1669–28. 5. 1758) schw. A. (1742)
gehört zu den besten Infanterieführern des 18. Jahrhunderts

16. 1. 1745 *Flanß, Adam Christoph von*
(4. 7. 1664–10. 7. 1748) schw. A. (1740)
große Verdienste um die Ausbildung der Infanterie

24. 5. 1747 *Anhalt-Dessau, Dietrich Fürst von*
(2. 8. 1702–2. 12. 1769) schw. A. (1741)
tapfer, hilfsbereit; einer der fähigsten Generale der preußischen Könige

24. 5. 1747 *Dohna-Karwinden, Friedrich Ludwig Burggraf zu*
(6. 4. 1694–6. 1. 1749) schw. A. (1746)
als Soldat und Diplomat gleich bewährt

24. 5. 1747 *Kalckstein, Christoph Wilhelm von*
(17. 10. 1682–2. 6. 1759) schw. A. (1741)
großer, belesener Soldat, Erzieher Friedrich II. und der Söhne Prinz August Wilhelms

24. 5. 1747 *Kleist, Henning Alexander von*
(4. 5. 1677–21. 8. 1749) schw. A. (1741)
streng und gewissenhaft

26. 5. 1747 *Jeetze, Joachim Christoph Friedrich von*
(16. 9. 1673–28. 5. 1759) schw. A. (1741)
vorbildlicher Soldat von unermüdlicher Hingabe

18. 9. 1747 *Keith, Jacob von*
(1696–1758) schw. A.
von allen Zeitgenossen anerkannter, tapferer, gebildeter Soldat, Glanzleistungen im 7jährigen Krieg

22. 1. 1752 *Lehwaldt, Johann von*
(24. 6. 1685–16. 11. 1768) schw. A. (1744)
sehr gute Führungsqualitäten, KG der ostpreußischen Truppen

5. 12. 1757 *Anhalt-Dessau, Moritz Prinz von*
(1712–11. 4. 1760) schw. A. (1745)
äußerst begabt, unübertroffen tapfer, jedoch kein selbständiger Feldherr wie seine Brüder Leopold und Dietrich; Lieblingssohn des Alten Dessauers

8. 12. 1758 *Braunschweig-Wolfenbüttel, Ferdinand Herzog zu*
(12. 1. 1721–3. 7. 1792) schw. A. (1741)
einer der fähigsten Generale des 18. Jahrhunderts; Schwager Friedrich des Großen, in den militärischen Leistungen mit diesem vergleichbar

14. 5. 1760 *Hessen-Kassel, Friedrich II. Landgraf von*
(1720–1785) schw. A. (1772)
von rascher Auffassungsgabe aber großer Vergnügungssucht; Vizegouverneur von Magdeburg

20. 10. 1758 *Preußen, Friedrich Heinrich Prinz von*
(1726–1802) schw. A. (1740)
ausgzeichneter Soldat; Friedrich bezeichnete ihn als Feldherrn, der keine Fehler begangen habe; auch in diplomatischen Missionen bewährt

28. 2. 1759 *Braunschweig-Lüneburg, August Wilhelm Herzog zu*
(1715–1781) schw. A. (1750)
galt als einer der besten Ausbilder der Armee, von sprichwörtlicher Tapferkeit; als Unterführer eingesetzt einer der Besten; Neffe Friedrich des Großen

1. 3. 1759 *Fouqué, Ernst Heinrich Baron de la Motte*
(4. 2. 1698–3. 5. 1774) schw. A. (1751)
intelligent, zäh, unangenehm

24. 8. 1767 *Preußen, August Ferdinand Prinz von*
(1737–1813) schw. A. (1740)
gute Anlagen zum Soldaten, durch Krankheit jedoch oft behindert

18. 1. 1773 *Braunschweig-Lüneburg, Karl Wilhelm Ferdinand Herzog zu*
(1735–1806) schw. A. (1759)
leidenschaftlicher Soldat; Stolz des preußischen Heeres; Neffe Friedrich des Großen, der ihn mit Condé verglich

20. 5. 1775 *Bülow, Johann Albrecht von*
(1708–1776) schw. A. (1760)
Gouverneur von Spandau, Liebling des Alten Dessauers

29. 6. 1775 *Tauentzien, Bogislav Friedrich von*
(1710–1791) schw. A. (1761)
gehört zu den markantesten Persönlichkeiten des preußischen Heeeres, tapfer, pflichtgetreu; Nur-Soldat, Lessing war bei ihm Sekretär

Generale

19. 5. 1742 *Marwitz, Heinrich Karl von der*
(6. 4. 1680–22. 12. 1744) schw. A. (1739)
durch und durch Soldat, Friedrich II. hielt viel von ihm

24. 7. 1743 *Sydow, Egidius Ehrenreich von*
(8. 9. 1669–8. 11. 1749) schw. A. (1741)
verdienter Truppenoffizier

16. 1. 1745 *Graevenitz, David Georg von*
(10. 11. 1680–30. 3. 1757) plm (1740)
als Kommandant von Magdeburg sehr streng

24. 5. 1747 *Brandenburg, Karl Albrecht Markgraf von*
(10. 5. 1705–22. 6. 1762) schw. A. (1707)
befähigter und tüchtiger Soldat von besonderer Tapferkeit

14. 5. 1747 *Leps, Otto Friedrich von*
(1679–1747) schw. A. (1745)
fähiger Truppenoffizier mit hervorragenden Leistungen bei Kesselsdorf

19. 5. 1750 *Du Moulin, Peter Ludwig*
(1681–30. 3. 1756) schw. A. (1745)
Generalquartiermeister Friedrich Wilhelms I.; hervorragend bewährt

21. 5. 1756 *Preußen, August Wilhelm Prinz von*
(9. 8. 1722–12. 6. 1758) schw. A. (1722)
wohlwollender und beliebter Prinz, nach der Aufgabe von Zittau und Bautzen bei Friedrich dem Großen in Ungnade

Generalleutnante

6. 7. 1740 *Glaubitz, Georg Rudolf von*
(1673–30. 9. 1740)
solide, unauffällig

22. 5. 1742 *Kröcher, Georg, Volrat von*
(1678–1748) plm (1740)
von beiden Königen geschätzt

28. 10. 1742 *l'Hospital Louis de*
(1669–1755)
von unbedingter Zuverlässigkeit und hohem Pflichtbewußtsein

29. 1. 1743 *Einsiedel, Gottfried Emanuel von*
(1690–1745) schw. A. (1744)
Liebling Friedrich Wilhelms I.

23. 10. 1743 *Waldburg, Friedrich Sebastian Graf zu*
(1691–1745) schw. A. (1744)
stark in der Diplomatie, schwach in der Truppenführung

29. 1. 1744 *De la Motte, Ernst August Baron*
(1688–1758) schw. A. (1757)
kriegserfahrener Offizier

16. 1. 1745 *Dohna-Schlodien, Wilhelm Alexander Graf von*
(1695–1749) schw. A. (1745)
fähig, jedoch oft krank

15. 7. 1745 *Bonin, Anselm Christoph von*
(1685–1755) schw. A. (1745)
in den schlesischen Kriegen hervorragend bewährt

15. 7. 1745 *Münchow, Gustav Bogislav von*
(1686–1766) schw. A. (1745)
einer der besten Führer im 2. Schles. Krieg

24. 5. 1747 *Bosse, Heinrich Günther von*
(1680–1755)
technisch versierter Offizier

24. 5. 1747 *Hacke, Hans Christoph Graf*
(1699–1754) schw. A. (1748)
Generaladjutant Friedrich Wilhelms I., Chef des Feldjägerkorps, Kommandant von Berlin; Friedrich II.: »durch und durch Ehrenmann und wackerer Offizier«

24. 5. 1747 *Kreytz, Georg Christoph von*
(1683–1750) plm (1742)
in Werbung, Diplomatie und Truppendienst gleich bewährt

24. 5. 1747 *Schlichting, Samuel von*
(1682–1751) plm (1745)
beständig und zuverlässig

24. 6. 1747 *Bredow, Asmus Ehrenreich von*
(1693–1756) schw. A. (1748)
begabter und belesener Offizier, Mitglied der Akademie der Wissenschaften

15. 5. 1750 *Kalsow, Christian Ludwig von*
(1694–1766)

16. 5. 1750 *Schwerin, Philipp Felix von*
(1700–1751) plm (1742)

5. 10. 1750 *Massow, Hans Jürgen von*
(1686–1761)
Chef des Bekleidungswesens

18. 1. 1751 *Dohna-Schlodien, Christoph II. Graf zu*
(1702–1762) schw. A. (1753
befähigter Offizier, später Führungsschwächen infolge Krankheit

9. 6. 1753 *Kalnein Karl Erhard von*
(1687–1757) plm (1741)

8. 9. 1753 *Hautcharmoy, Heinrich Karl von Hebault*
(1689–1757) schw. A. (1755)
gewandt und sprachkundig, von Prinz Heinrich besonders geschätzt

8. 5. 1754 *Schmettau, Carl Christoph Reichsgraf von*
(1696–1774) schw. A. (1753)
Generaladjutant Friedrichs II; seit der Übergabe von Dresden in dauernder Ungnade

8. 9. 1754 *Borcke, Franz Andreas von*
(1693–1763) plm (1745)
Kommandant von Magdeburg (Haft Walrave, von der Trenck)

8. 9. 1754 *Lestwitz, Johann Georg von*
(1688–1767) schw. A. (1753)
begabter Offizier (Kesselsdorf)

21. 5. 1756 *Hessen-Darmstadt, Ludwig IX, Landgraf von*
(1719–1790) schw. A. (1750)

27. 5. 1756 *Kleist, Franz Ulrich von*
(1688–1757) schw. A. (1756)

27. 5. 1756 *Winterfeldt, Hans Karl von*
(1707–1757) schw. A. (1756)
Friedrich II: »Einen Winterfeldt finde ich nie wieder. Er war ein guter Mensch, ein Seelenmensch, er war mein Freund.«

20. 7. 1756 *Jeetze, Adam Friedrich von*
(1689–1761)

21. 8. 1756 *Rochow, Hans Friedrich von*
(1698–1787)
Kommandant von Berlin

16. 2. 1757 *Forcade, Friedrich Wilhelm, Marquis de Biaix*
(1698–1765) schw. A. (1757)
gehört zu den tapfersten und unerschrockensten Generalen, auch vom Gegner anerkannt

16. 2. 1757 *Meyerinck, Dietrich Reichard von*
(1701–1775) plm (1742)

16. 2. 1757 *Schultze, Hans Caspar*
(1691–1757) plm (1741)

11. 5. 1757 *Treskow, Joachim Friedrich Christian von*
(1698–1762) schw. A. (1757)

5. 12. 1757 *Retzow, Wolf Friedrich von*
(1700–1758) plm (1741)
rechtschaffen, eifrig, pflichtgetreu, Aufsicht über das Verpflegungswesen

22. 1. 1758 *Itzenplitz, August Friedrich von*
(1691–1759) schw. A. (1758)
im 7jährigen Krieg besonders bewährt

22. 1. 1758 *Kanitz, Hans Wilhelm von*
(1692–1775)

6. 3. 1758 *Hülsen, Johann Dietrich von*
(1693–1667) schw. A. (1758)
hervorragender Ausbilder und General im 7jährigen Krieg (Kolin); Gouverneur von Berlin

3. 4. 1758 *Manteuffel, Heinrich von*
(1696–1778) schw. A. (1759)
als Truppenführer bei Kameraden und Untergebenen gleich beliebt; stattliche Erscheinung

3. 4. 1758 *Wied, Franz Karl Graf zu*
(1710–1765) schw. A. (1760)
gehört zu den bedeutenden Generalen des preußischen Heeres (Liegnitz)

13. 8. 1758 *Below, Lorenz Ludwig von*
(1692–1760)

24. 11. 1758 *Lattdorf, Christoph Friedrich*
(1696–1762) schw. A. (1758)
guter Exerziermeister

25. 2. 1759 *Finck, Friedrich August von*
(1718–1766) schw. A. (1759)
von hoher Einsicht und Energie (Kunersdorf), Prestigeverlust nach der Übergabe von Maxen

25. 2. 1759 *Wedell, Karl Heinrich von*
(1712–1782) plm (1752)
1. preußischer Kriegsminister

5. 2. 1760 *Goltz, Karl Christoph Friedrich Freiherr von der*
(1707–1761) schw. A. (1761)
umsichtiger, tapferer Infanterieführer

27. 1. 1761 *Kleist, Georg Friedrich von*
(1707–1765)
guter Rekrutenwerber

25. 1. 1763 *Braunschweig-Lüneburg, Friedrich August Herzog von*
(1740–1805) schw. A. (1763)
Neffe Friedrichs II.

21. 5. 1764 *Gablentz, Georg Karl Gottlieb von der*
(1709–1777) schw. A. (1772)
pers. sehr einfach; den jungen Offizieren in jeder Weise Vorbild

7. 3. 1765 *Wylich zu Diersfurth, Friedrich Freiherr von*
(1706–1770) schw. A. (1770)
Flügeladjutant Friedrichs II, Brautwerber für Prinz Heinrich

20. 5. 1765 *Diericke, Christian Friedrich von*
(1709–1783)

2. 9. 1766 *Zastrow, Karl Anton Leopold von*
1702–1779)

11. 12. 1766 *Schenckendorff, Balthasar Rudolf von*
(1699–1771) plm (1763)

29. 7. 1767 *Buddenbrock, Johann Jobst von*
(1707–1781) schw. A. (1770)
wie selten einer dazu geschaffen, den Offiziernachwuchs heranzubilden (Kadettenhaus, école militaire)

29. 7. 1767 *Queis, Julius Paul von*
(1704–1769) plm (1756)
großer Exerziermeister, tüchtiger General

30. 7. 1767 *Braun, August Wilhelm von*
(1701–1770) plm (1760)

1. 8. 1767 *Stutterheim, Joachim Friedrich von*
(1714–1783) schw. A. (1768)
beliebter, tapferer General, Nachfolger Lehwaldts

2. 8. 1767 *Stutterheim, Otto Ludwig von*
(1718–1780) schw. A. (1773)
Flügeladjutant Friedrichs II.

3. 8. 1767 *Ramin, Friedrich Ehrenreich von*
(1709–1782) schw. A. (1767)
Gouverneur von Berlin; in der Armee wenig Freunde, da scharf und rücksichtslos

24. 8. 1767 *Lentulus, Robert Scipio Freiherr von*
(1714–1787) schw. A. (1770)

24. 8. 1767 *Puttkamer, Nicolaus Lorenz von*
(1703–1782) plm (1742)
tapfer und pflichtgetreu

20. 5. 1771 *Anhalt-Bernburg, Franz Adolf Fürst von*
(1724–1784) schw. A. (1771)
militärisch gut veranlagt, wiederholt ausgezeichnet

23. 5. 1771 *Wunsch, Johann Jakob*
(1717–1788) plm (1763
vorbildlicher Kämpfer (Freibataillon); 1757 geadelt; einziger General, der wegen Niederlage von Maxen freigesprochen wurde

4. 8. 1771 *Hacke, Levin Friedrich von*
(1713–1785) schw. A. (1784)
tapferer und umsichtiger Offizier

8. 6. 1774 *Tettenborn, Hans Bodo von*
(1709–1779) plm (1757)

9. 6. 1774 *Thadden, Georg Reinhold von*
(1712–1784)
zeichnerisch begabt, tüchtig

1. 7. 1774 *Salenmon, Konstantin Nathanel von*
(1710–1797)
sehr befähigt und gewandt, jüd. Herkunft

20. 5. 1775 Möllendorf, Wichard Joachim von
(1724–1816) schw. A. (1779)
mutiger Ofizier (Leuthen) mit besten Anlagen (später GFM)

21. 5. 1775 *Hordt, Johann Ludwig Graf von*
(1720–1798)
Soldat mit diplomatischen Fähigkeiten

20. 5. 1776 *Wolffersdorff, Karl Heinrich von*
(1716–1781)
von großer Gestalt mit Riesenkräften; allgemein beliebt

13. 1. 1777 *Stechow, Johann Ferdinand von*
(1718–1778) schw. A. (1777)

13. 8. 1777 *Rentzell, Christoph Friedrich von*
(1702–1778) plm (1745)
erster Exerziermeister Friedrichs II. (1732)

16. 8. 1777 *Lossow, Matthias Ludwig von*
(1717–1783) plm (1763)

3. 4. 1778 *Britzke, Hans Christian von*
(1705–1783)

3. 4. 1778 *Kleist, Henning Alexander von*
(1707–1784) plm (1741)

26. 6. 1778 *Falkenhayn, Friedrich Gotthilf von*
(1719–1786) plm (1756)
im Frontdienst erfahrener Offizier

23. 5. 1781 *Eichmann, Martin Ludwig von*
(1710–1792) plm (1763)

24. 5. 1781 *Krockow, Döring Wilhelm Graf*
(1719–1803) schw. A. (1782)

15. 6. 1781 *Wartenberg, Friedrich Wilhelm von*
(1725–1807) schw. A. (1784)
auf organisatorischem Gebiet besonders befähigt

10. 8. 1781 *Petersdorff, Eggert Christian von*
(1707–1783)

20. 5. 1782 *Anhalt, Heinrich Wilhelm von*
(1734–1801) plm (1761)
Generalquartiermeister; klug, gepaart mit Unzuverlässigkeit, eifrig und fleißig; keine Freunde in der Armee; unehelicher Sohn des Erbprinzen von Anhalt-Dessau

20. 5. 1782 *Lengefeld, Christoph August von*
(1728–1789) schw. A. (1782)

21. 5. 1782 *Zaremba-Kalinova, Michael Konstantin von*
(1711–1786) schw. A. (1782)
tüchtiger Kompaniechef; Friedrich hielt viel von ihm

22. 3. 1783 *Rothkirch, Hans Christoph von*
(1717–1785) plm (1768)

22. 5. 1783 *Schwartz, Karl August von*
(1715–1791)

20. 5. 1784 *Billerbeck, Konstantin von*
(1713–1785) schw. A. (1784)
in allen schlesischen Kriegen als Truppenführer bewährt

20. 5. 1784 *Braun, Christoph Heinrich von*
(1714–1798) schw. A. (1784)

22. 5. 1785 *Schlieben, Friedrich Karl Graf von*
(1716–1791) plm (1763)

23. 5. 1785 *Anhalt, Leopold Ludwig Graf von*
(1729–1795) plm (1774)
energischer kluger Kopf, militärisch begabt

24. 5. 1785 *Knobelsdorff, Alexander Friedrich von*
(1723–1799)
tapfer, umsichtig und belesen

1. 3. 1786 *Below, Matthias Wilhelm von*
(1722–1798)

1. 3. 1786 *Bornstedt, Hans Ehrenreich von*
(1722–1807) plm (1758)

1. 3. 1786 *Erlach, Friedrich August Freiherr von*
(1721–1801) plm (1763)
gewissenhaft und streng im Dienst

1. 3. 1786 *Pfuel, Ernst Ludwig von*
(1716–1798) schw. A. (1786)
Gouverneur von Spandau, tapferer umsichtiger Offizier

5. 3. 1786 *Lehwaldt, Wenzeslaus Christoph von*
(1717–1793)

9. 3. 1786 *Rohdich, Friedrich Wilhelm von*
(1719–1796) plm (1757)
Generalinspekteur der Potsdamer Infanterie; Kommandant von Potsdam, Direktor des Militärwaisenhauses

6. 5. 1786 *Woldeck, Hans Christoph von*
(1712–1789)

Generalmajore

23. 6. 1740 *Weyher, Adam von*
(1683–1744)

28. 7. 1740 *Bredow, Kurt Wilhelm von*
(1682–1761)

29. 7. 1740 *Derschau, Christian Reinhold von*
(1679–1742)

31. 7. 1740 *Wedell, Johann von*
(1680–1. 7. 1742 tödl. verw.)

8. 8. 1740 *Brandenburg-Schwedt, Heinrich Friedrich Markgraf von*
(1709–1788) schw. A. (1712)

8. 12. 1740 *Riedesel zu Eisenbach, Johann Volpert Freiherr von*
(1696–1757)

9. 5. 1741 *Walrave, Gerhard Kornelius von*
(1692–1773 Magdeburg) plm

30. 5. 1741 *Rampusch, Maximilian Freiherr von*
(1665–1743) plm

5. 6. 1741 *Groeben, Carl Heinrich von der*
(1683–1746)

5. 6. 1741 *Dommengeville, André Jean Persode de*
(1684–1757)

5. 6. 1741 *Selchow, Wolf Balthasar von*
(1684–1744) schw. A.

30. 11. 1741 *Voigt, Johann August von*
(1677–1742) plm

16. 9. 1742 *Beaufort, Alexander von*
(1683–1743)

16. 4. 1743 *Crantz, Karl Friedrich von*
(1671–1747)

22. 4. 1743 *Hertzberg, Johann Caspar von*
(1685–1745)

22. 4. 1743 *Blanckensee, Wolf Alexander Ernst Christoph von*
(1684–1745)

22. 4. 1743 *Brandenburg-Schwedt, Friedrich Wilhelm Markgraf zu*
(1714–1744) schw. A.

24. 8. 1743 *Saldern, Heinrich von*
(1694–1745)

23. 11. 1743 *Borcke, Friedrich Ludwig Felix von*
(1702–1751)

5. 12. 1743 *Schwerin, Friedrich Julius von*
(1699–1747)

25. 1. 1744 *Rettberg, Arnold Goswin von*
(1681–1751)

2. 7. 1744 *Polentz, Samuel von*
(1698–1746 tödl. verw.)

30. 10. 1745 *Loeben, Rudolf, Kurt Lebrecht von*
(1698–1746)

30. 10. 1745 *Lehmann, Johann Georg von*
(1688–1750)

1. 11. 1745 *Goetze, Ernst Ludwig von*
(1697–1745) plm

27. 11. 1745 *Treskow, Johann Otto von*
(1692–1756)

1. 12. 1745 *Wobeser, Joachim Wotislaw von*
(1685–1746)

26. 12. 1745 *Banvoye, Bernhard von*
(1690–1750)

23. 2. 1747 *Hessen-Darmstadt, Georg Wilhelm Prinz von*
(1722–1782)

28. 4. 1747 *Quadt von Wickradt und Zoppenbroich, Johann Christian Roelemann*
(1699–1756 tödl. verw.)

24. 6. 1743 *Derschau, Karl Friedrich von*
(1699–1752)

10. 1. 1748 *Funck, Jonathan Friedrich von*
(1687–1757) plm

17. 11. 1748 *Brandeis, Johann Christian von*
(1687–1771)

18. 5. 1750 *Wartenleben, Leopold Alexander Graf von*
(1710–1775) plm

18. 5. 1750 *Wietersheim, Leopold Friedrich von*
(1701–1761)

19. 5. 1750 *Kreytz, Johann Friedrich von*
(1693–1759) plm

15. 9. 1750 *Puttkamer, Martin Anton Freiherr von*
(1698–1782)

3. 1. 1751 *Pfuel, Christian Ludwig von*
(1696–1756) plm

15. 1. 1751 *Knobloch, Dietrich Erhard von*
(1690–1757)

20. 6. 1751 *Jungken, Martin Eberhard, Freiherr von gen. Müntzer vom Mohrenstamm*
(1692–1769)

14. 1. 1752 *Uchtländer, Christian Gottfried von*
(1686–1755) plm

7. 5. 1753 *Mützschefall, Friedrich Julius von*
(1693–1761)

11. 9. 1753 *Kurssell, Heinrich Adolf von*
(1693–1758 tödl. verw.) plm (1740)

11. 9. 1753 *Amstel, Georg Friedrich von*
(1690–1757 gef.) plm

11. 9. 1753 *Schöning, Emanuel von*
(1690–1757 tödl. verw.) plm

14. 4. 1754 *Jeetze, Hans Christoph von*
(1694–1757)

8. 9. 1754 *Kleist, Ewald Georg von*
(1698–1768)

8. 9. 1754 *Blanckensee, Bernhard Sigismund von*
(1693–1757) plm

12. 9. 1754 *Manstein, Christoph Hermann von*
(1711–1757 gef.)

14. 9. 1754 *Blanckensee, Christian Friedrich von*
(1716–1757 tödl. verw.)

14. 9. 1754 *Zastrow, Bernd Asmus von*
(1669–1757 gef.)

24. 4. 1756 *Briest, Friedrich Jacob Heinrich von*
(1695–1768)

28. 5. 1756 *Saldern, Wilhelm von*
(1702–1758 gef.) plm

28. 5. 1756 *Kleist, Friedrich Ludwig Wilhelm von*
(1694–1757 gef.) plm

31. 5. 1756 *Ingersleben, Johann Ludwig von*
(1703–1757 tödl. verw.)

26. 7. 1756 *Braunschweig u. Lüneburg (Wolfenbüttel), Friedrich Franz Herzog zu*
(1732–1758 gef.) schw. A.

6. 10. 1756 *Flemming, Ernst Bogislaw Graf von*
(1704–1764)

19. 10. 1756 *Pritz, Hans Samuel von*
(1696–1756)

19. 10. 1756 *Hauß, Friedrich Christian von*
(1698–1764)

30. 10. 1756 *Rohr, Kaspar Friedrich von*
(1702–1757 tödl. verw.)

31. 10. 1756 *Loen, Johann Bernhard von*
(1700–1766) plm

4. 11. 1756 *Woedtke, Eggert Georg von*
(1698–1756) plm

26. 12. 1756 *Braunschweig u. Lüneburg (Bevern), Friedrich Karl Ferdinand Herzog zu*
(1729–1809)

19. 1. 1757 *Kalckreuth, Samuel von*
(1693–1778) plm

18. 1. 1757 *Asseburg, Moritz Wilhelm von der*
(1698–1780) plm

19. 1. 1757 *Kannmacher, Ernst Ludwig von*
(1692–1765) plm

16. 2. 1757 *Oldenburg, Georg Friedrich von*
(1694–1758) plm

16. 2. 1757 *Sers, Philipp Loth von*
(1700–1767)

16. 2. 1757 *Bornstedt, August Gottlieb von*
(1698–1772)

16. 2. 1757 *Pannwitz, Gottlieb Ernst von*
(1694–1765)

16. 2. 1757 *Knobloch, Karl Gottfried von*
(1697–1764) plm

19. 3. 1757 *Angelelli de Malvezzi, Luigi Marquis d'*
(1716–1797)

11. 5. 1757 *Rebentisch, Johann Freiherr von*
(1714–1765) plm

11. 5. 1757 *Grabow, Christoph Heinrich von*
(1700–1770) plm

11. 5. 1757 *Köngismarck, Hans Joachim Christoph von*
(1701–1779)

13. 5. 1757 *Grumbkow, Philipp Wilhelm von*
(1711–1778)

14. 10. 1757 *Rautter, Karl Friedrich von*
(1698–1758)

1. 12. 1757 *Wobersnow, Moritz Franz Kasimir von*
(1708–1759 gef.) plm

2. 12. 1757 *Lattorff, Johann Siegmund von*
(1699–1761)

22. 12. 1757 *Hagen, Karl Ferdinand Freiherr von der gen. von Geist*
(1710–1758 tödl. verw.)

2. 12. 1757 *Kahlden, Henning Alexander von*
(1713–1758)

2. 12. 1757 *Münchow, Lorenz Ernst von*
(1700–1758 tödl. verw.) plm

13. 1. 1758 *Stollhoffen, Martin Friedrich von*
(1692–1758) plm

6. 3. 1758 *Bredow, Joachim Leopold von*
(1699–1759)

4. 4. 1758 *Kreytz, Friedrich Wilhelm von*
(1693–1765)

4. 9. 1758 *Saldern, Friedrich Christoph von*
(1719–1785) schw. A.

5. 9. 1758 *Mayer, Johann von*
(1716–1759)

5. 9. 1758 *Mosel, Friedrich Wilhelm von der*
(1709–1777)

9. 11. 1758 *Salmuth, Friedrich Wilhelm von gen. Behringer*
(1701–1763)

9. 12. 1758 *Klitzing, Georg Ernst von*
(1698–1759 tödl. verw.)

12. 12. 1756 *Zieten, Johann Christian Wilhelm von*
(1706–1778) plm

25. 12. 1758 *Lindstedt, David Georg von*
(1705–1764)

25. 2. 1759 *Horn, Friedrich Magnus von*
(1704–1774)

24. 3. 1759 *Seckendorff, Friedrich August von*
(1710–1780) plm

11. 4. 1759 *Grant, Johann von*
(1710–1764)

3. 6. 1759 *Sydow, Gustav Adolf von*
(1715–1772)

6. 8. 1759 *Thile, Friedrich Wilhelm von*
(1709–1782)

9. 8. 1759 *Itzenplitz, Joachim Christian Friedrich von*
(1706–1766)

6. 2. 1760 *Wangenheim, Friedrich Nikolaus von*
(1710–1762 tödl. verw.) plm

8. 2. 1760 *Zeuner, Karl Christoph von*
(1703–1768)

8. 2. 1760 *Lekow, Joachim Friedrich von*
(1704–1774)

8. 2. 1760 *Syburg, Friedrich Wilhelm von*
(1709–1770)

2. 8. 1760 *Linden, Christian Bogislaw von*
(1707–1764)

18. 1. 1761 *Roebel, Ludwig Philipp von*
(1707–1761)

20. 3. 1762 *Peter III, Zar von Rußland*
(1728–1762) schw. A.

9. 4. 1761 *Gschray, Johann Michael von*
(1701–1763)

28. 4. 1763 *Beckwirth, Carl Frederic von*
(1716–1766)

21. 7. 1762 *Wylich und Lottum, Friedrich Wilhelm Graf von*
(1716–1774)

6. 8. 1763 *Mellin, Georg Bernhard Graf von*
(1704–1785)

30. 3. 1764 *Kleist, Heinrich Werner von*
(1703–1765) plm

20. 5. 1764 *Dieringshofen, Bernhard Alexander von*
(1714–1776)

23. 5. 1764 *Rosen, Karl Gustav Freiherr von*
(1706–1772)

26. 7. 1764 *Stojentin, Peter Heinrich von*
(1713–1776) plm

8. 6. 1765 *Behr, Henning Ernst von*
(1706–1783)

20. 5. 1766 *Puttkamer, Christian Ernst von*
(1706–1771)

22. 5. 1766 *Steinkeller, Anton Abraham von*
(1714–1781) plm

26. 4. 1767 *Preußen, Friedrich Heinrich Karl Prinz von*
(1747–1767) schw. A.;
Lieblingsneffe Friedrichs II., wollte ihn zum Kronprinzen machen

1. 8. 1767 *Ploetz, Karl Christoph von*
(1711–1776) plm

24. 8. 1767 *Schwerin, Carl Magnus von*
(1715–1775) plm

11. 12. 1768 *Kleist, Primislav Ulrich von*
(1711–1781) plm

20. 5. 1770 *Sobeck, Franz Freiherr von*
(1721–1778)

20. 5. 1770 *Koschenbahr, Friedrich Ernst Julius von*
(1715–1776)

20. 5. 1770 *Laxdehnen, Otto Heinrich von*
(1717–1802) plm

29. 5. 1770 *Lestwitz, Hans Siegmund von*
(1718–1788) plm

25. 5. 1770 *Anhalt, Friedrich Graf von*
(1732–1794) plm

26. 5. 1771 *Borcke, Christian Ernst Wilhelm Benedikt von*
(1715–1783)

21. 8. 1772 *Saß, Gerhard Alexander Freiherr von*
(1718–1790) plm

9. 6. 1774 *Pelkowski, Johann Friedrich von*
(1705–1786) plm

13. 6. 1774 *Luck, Kaspar Fabian Gottlieb von*
(1723–1797) plm

20. 5. 1776 *Karalski, Georg Lorenz Simon von*
(1717–1796) plm

8. 9. 1776 *Mülle, Christoph Ludwig von der*
(1709–1780) plm

21. 10. 1776 *Buttlar, Julius Adolf Friedrich Treusch von*
(1716–1784) plm

11. 1. 1777 *Steinwehr, Johann Christian Wilhelm von*
(1711–1784)

14. 1. 1777 *Lettow, Heinrich Wilhelm von*
(1714–1793) plm

16. 1. 1777 *Hessen-Philippsthal-Bardsfeld, Adolf Landgraf von*
(1743–1803)

17. 1. 1777 *Bandemer, Christian Friedrich von*
(1717–1782) plm

20. 1. 1777 *Buddenbrock, Ludwig Heinrich von*
(1720–1782) plm

26. 1. 1777 *Rosenberg, Johann Siegmund von*
(1708–1777)

11. 6. 1777 *Ingersleben, Karl Ludwig von*
(1709–1781) plm

13. 8. 1777 *Rohr, Albrecht Ehrenreich von*
(1720–1806) plm

23. 3. 1778 *Kalckreuth, Ludwig Gottlob von*
(1716–1783)

23. 3. 1778 *Flemming, Heinrich Ludwig von*
(1719–1783)

2. 4. 1778 *Kalckstein, Ludwig Karl von*
(1725–1800)

16. 4. 1778 *Natalis, Paul von*
(1720–1789) plm

10. 5. 1778 *Hessen-Kassel, Wilhelm IX., Landgraf von*
(1743–1821)

25. 11. 1778 *Thüna, August Wilhelm von*
(1721–1787)

27. 11. 1778 *Birkensee, Philipp Wolfgang Teuffel von*
(1722–1781)

6. 1. 1779 *Linckersdorff, Karl Friedrich Johann Jakob von*
(1725–1782)

4. 6. 1779 *Schulenberg, Lewin Rudolf von der*
(1727–1788)

17. 6. 1779 *Gaudi, Friedrich Wilhelm Ernst Freiherr von*
(1725–1788) plm

20. 6. 1779 *Holtzendorff, Georg Ernst von*
(1714–1785)

19. 7. 1779 *Troschke, Karl Ludwig Gottlob von*
(1718–1801)

4. 6. 1780 *Zitzewitz, Peter Christoph von*
(1721–1800) plm

4. 7. 1780 *l'Homme de Courbière, Wilhelm René de*
(1733–1811) plm

4. 8. 1781 *Goltz, Wilhelm Heinrich Freiherr von der*
(1724–1789) plm

5. 8. 1781 *Blumenthal, Ewald Georg von*
(1722–1784)

6. 8. 1780 *Stwolinsky, Samuel Sylvius Ferdinand von*
(1720–1787)

7. 8. 1781 *Winterfeldt, Karl Ludwig von*
(1726–1784) plm

20. 5. 1782 *Meerscheidt, Otto Kasimir von gen. Hüllessen*
(1721–1803)

20. 5. 1782 *Boeninghausen, Alexander von gen. von Budberg*
(1717–1802)

20. 5. 1782 *Wendessen, Balthasar Ludwig Christian von* (1724–1797)

20. 5. 1782 *Donnersmarck, Viktor Amadeus Graf Henckel von* (1727–1793)

20. 5. 1782 *Schottenstein, Wilhelm Heinrich Karl Adolf Schott von* (1723–1786)

21. 5. 1782 *Rothkirch, Friedrich Heinrich Alexander von* (1727–1785) plm

21. 5. 1782 *Egloffstein, Albrecht Dietrich Gottfried Graf von und zu* (1720–1778) plm

21. 5. 1782 *Mosch, Carl Rudolf von* (1718–1798)

22. 5. 1782 *Schönfeld, Georg Jobst August von* (1722–1793)

23. 5. 1782 *Arneburg, Alexander Friedrich Woldeck von* (1720–1795)

26. 5. 1782 *Braunschweig-Wolfenbüttel, Maximilian Julius Leopold Herzog von* (1752–1785)

21. 8. 1782 *Württemberg-Stuttgart, Ludwig Friedrich Alexander Prinz von* (1756–1817)

21. 5. 1783 *Backhoff, Karl August von* (1720–1807) der erste Offizier, den Friedrich II. ernannte (1740)

22. 5. 1783 *Damm, Johann Georg Ferdinand von* (1717–1797) plm

22. 4. 1784 *Heyking, Ulrich von* (1717–1790)

19. 5. 1784 *Lengefeld, Friedrich Wilhelm von* (1733–1806)

20. 5. 1784 *Hager, Eberhard von* (1723–1790) plm

21. 5. 1787 *Kenitz, Christian Ludwig von* (1724–1797)

22. 5. 1784 *Schwerin, Wilhelm Friedrich Karl Graf von* (1738–1802)

23. 5. 1784 *Klitzing, Karl Kuno Friedrich von* (1728–1786)

24. 5. 1784 *Leipziger, Johann Georg Heinrich Ernst von* (1718–1790) plm

24. 9. 1784 *Chaumontet, Emanuel Franz Anton Eugen von* (1727–1788)

27. 9. 1784 *Scheelen, Ernst Gottlob von* (1726–1786) plm

27. 9. 1784 *Koschenbahr, Melchior Sylvius von* (1725–1801)

20. 5. 1785 *Béville, Gottlieb Ludwig Theophil von* (1734–1810)

20. 5. 1785 *Wolfframsdorff, Adam Heinrich von* (1722–1799)

20. 5. 1785 *Raumer, Karl Albrecht Friedrich von* (1729–1806) plm

22. 5. 1785 *Brünneck, Wilhelm Magnus von* (1727–1817) plm

1. 3. 1786 *Hohenlohe Ingelfingen, Friedrich Ludwig Fürst von* (1746–1818)

1. 3. 1786 *Favrat, Francois André Jacquier de Berney von* (1730–1804)

1. 3. 1786 *Eckartsberg, Johann Ludwig von* (1723–1793)

1. 3. 1786 *Lichnowsky, Karl Stephan Ludwig Anton Freiherr von* (1724–1796) plm

1. 3. 1786 *Bonin, Bogislav Ernst von* (1727–1797) plm

1. 3. 1786 *Scholten, Johann Anton Andreas von* (1720–1791)

1. 3. 1786 *Bornstedt, Dietrich Eugen Philipp von* (1726–1793) plm

1. 3. 1786 *Könitz, Heinrich Gottlieb von* (1725–1790) plm

7. 3. 1786 *Voß, Karl von* (1726–1804)

Dienstgrad- und Funktionstabelle

Dienstgrad	**Funktion**
a) Stabsoffiziere	
General	nomineller Chef eines Regiments*
Oberst	Regimentskommandeur, zugleich Kommandeur des 1. Bataillons
Oberstleutnant	Kommandeur des 2. Bataillons
Major	zunächst keine Kommandeursstellung, besorgte lediglich das Exerzieren und den Wachdienst (»Oberistwachtmeister«); später Stabsoffizier im Regimentsstab, zugleich Führer einer Kompanie
b) Oberoffiziere	
Stabskapitain	Führer der Leibkompanie (des Regimentschefs) im I. Bataillon; Führer der Kommandeurs-Kompanie im II. Bataillon
Kapitain	Führer einer Normalkompanie zugleich Zugführer des 1. Zuges
Premierlieutenant	Inhaber der 1. (älteren) Leutnantstelle; Zugführer
Secondelieutenant	Inhaber der 2. (jüngeren) Leutnantstelle; Zugführer
Fähnrich	Zugführer
c) Unteroffiziere	
Freikorporal	Träger der Kompaniefahne
Feldwebel	Vertrauensmann der Mannschaften
Sergeant	Ausbilder
Korporal	Ausbilder
d) Mannschaften	
Gefreiter	Uffz Gehilfe
Musketier	Soldat
Grenadier	Soldat
Füsilier	Soldat

*) meist durch Sonderdienst (Diplomatie, Hof) vom Regiment abwesend, so daß Vertretung erforderlich

Statistik der von 1741—1760 geführten Schlachten

		Preußen			Gegner			Kräfteverhältnis
		Stärke	Verluste		Stärke	Verluste		
(S)	Mollwitz 10. 4. 1741	22000	4850	(22%)	18100	4551	(25%)	1,2 : 1
(S)	Chotusitz 17. 5. 1741	24500	4819	(19%)	29000	6332	(21%)*	1 : 1,1
(S)	Hohenfriedberg 4. 6. 1745	50000	4737	(9%)	66200	13176	(20%)	1 : 1,3
	Soor 30. 9. 1745	22562	3876	(17%)	41000	7444	(18%)	1 : 1,8
(S)	Kesselsdorf 15. 12. 1745	31000	5000	(16%)	31200	6630	(21%)	1 : 1
(S)	Lobositz 1. 10. 1756	29000	2906	(10%)	34500	2873	(8%)	1 : 1,1
(S)	Prag 6. 5. 1756	65000	14300	(22%)	62000	13400	(21%)*	1 : 1
(N)	Kolin 18. 6. 1757	32000	13768	(4%)	44000	9000	(20%)	1 : 1,3
(N)	Groß-Jägersdorf 30. 8. 1757	25600	4520	(17%)	70000	5250	(7%)	1 : 2,7
(S)	Roßbach 5. 11. 1757	22000	548	(2%)	42000	10150	(24%)	1 : 1,9
(N)	Breslau 22. 11. 1757	28000	6350	(22%)	84000	5851	(7%)	1 : 3
(S)	Leuthen 5. 12. 1757	33000	11589	(35%)	65000	22000	(34%)*	1 : 1,9
(S)	Zorndorf 25. 8. 1758	36000	12797	(35%)	43300	18500	(42%)	1 : 1,2
(N)	Hochkirch 14. 10. 1758	31000	9097	(29%)	80000	7587	(9%)	1 : 2,5
(N)	Kay 23. 7. 1759	28000	8300	(29%)	40000	4804	(12%)	1 : 1,4
(N)	Kunersdorf 12. 8. 1759	50900	19100	(37%)	59500	15500	(26%)	1 : 1,1
(S)	Liegnitz 15. 8. 1760	30000	3394	(11%)	90000	8500	(9%)	1 : 3
(S)	Torgau	50000	16670	(33%)	53400	15697	(29%)*	1 : 1
		610562	146621	(24%)	953200	177245	(18%)*	1 : 1,5

* einschließlich Gefangene

Preußen hat von den 18 wesentlichen Schlachten 12 gewonnen.

Bei keiner Niederlage Preußens war die preußische Armee zahlenmäßig überlegen.

In 17 der 18 Schlachten war das Kräfteverhältnis für den Gegner günstiger.

Verlustreichste Niederlagen Preußens waren Kolin, Kunersdorf und Hochkirch, glänzendste Siege Roßbach, Hohenfriedberg und Liegnitz.

Literaturverzeichnis

Aust, Preußische Soldaten in Information an die Truppe, herausgegeben vom BMVg, Heft 8/75; 3/76

Bedürftig, Preußisches Lesebuch, Unipart Verlag, Stuttgart 1981

Berckenhagen, Wagner, Der bunte Rock in Preußen, Berlin 1981

Bleckwenn, Hans, Unter dem Preußen-Adler, München 1978

Bleckwenn, Hans, Altpreußische Uniformen, Harenberg, Dortmund 1981

Bleckwenn, Hans, Die friderizianischen Uniformen, Harenberg, Dortmund 1984

Borchardt, Murawski, Die Randbemerkungen Friedrich des Großen, Friedberg

Bräker, Ulrich, Lebensgeschichte und Abenteuer des armen Mannes im Tockenburg, Düsseldorf

Cyran, Eberhard, Preußisches Rokoko, Berlin 1979

Dancko, Johann Stephan, Kurtzer Entwurf des KriegsRechts, wie solches vornehmlich in denen Königlichen Preußischen und Churfürstl. Brandenburgischen Land-Tags-Abschieden/Kriegs-Articulen etc. enthalten, Berlin 1725

Dominicus, Tagebuch aus dem siebenjährigen Krieg, München 1891

Duffy, Christopher, Friedrich der Große und seine Armee, Stuttgart 1978

Fiedler, Siegfried, Geschichte der Grenadiere Friedrich des Großen, München 1981

Fiedler, Siegfried, Grundriß der Militär- und Kriegsgeschichte, München 1972

Funcken, Liliane u. Fred, Historische Uniformen des 18. Jahrhunderts, München 1978

Goltz, von der, Von Roßbach bis Jena, Berlin 1906

Hermann, Wolfgang, Militaria, München 1978

Hoen, von, Die Kriege Friedrich des Großen, Berlin 1907

Hülsen, Carl Wilhelm von, Unter Friedrich dem Großen, aus den Memoiren 1752–1773, Berlin 1898

Jany, Kurt, Geschichte der königlich Preußischen Armee, Berlin 1928

Klein, Diethard, Berliner Hausbuch, Freibug 1982

Koenig, Otto, Biologie der Uniform; Naturwissenschaft und Medizin, Nr. 22, 1968

Lange, Eduard, Heerschau der Soldaten Friedrich des Großen, Leipzig 1856

Ledebur, von, Die Geschichte des preußischen Unteroffiziers, Berlin 1939

Maizière, Ulrich de, Bekenntnis zum Soldaten, Hamburg 1971

Malinowski, Bonin, Die Geschichte der Brandenburgisch-preußischen Artillerie, Berlin 1840

Mollo, Mc Gregor, Uniformen des 7jährigen Krieges, München 1977

Müller, Georg Friedrich, Königlich Preußisches Kriegesrecht, Berlin 1760

Müller, Johann Conrad, Der wohl exercirte Preußische Soldat, Schaffhausen 1759

Piecha, Waldemar, Soldaten des Rokoko, München 1981

Priesdorff, Kurt von, Soldatisches Führertum, Berlin 1939

Ranke, Leopold von, Preußische Geschichte 1415–1740

Reglement vor die Königl. Preußische Infanterie, Berlin 1743

Rohdich, Walther, Leben für Preußen, Münster 1981

Rudolph, Hartmut, »Das evangelische Militärkirchenwesen in Preußen, Göttingen 1973

Schober, Kurt, Theodor Fontane, Herford 1980

Schoeps, Hans-Joachim, Üb' immer Treu und Redlichkeit, Düsseldorf 1978

Schoeps, Hans-Joachim, Preußen, Bilder und Zeugnisse, Berlin 1967

Schoeps, Hans-Joachim, Preußen, Geschichte eines Staates, Berlin 1967

Schwarze, Wolfgang, Uniformen der preußischen Garden 1704–1836, Wuppertal 1975

Soldaten der Bundeswehr, herausgegeben vom Bundesministerium der Verteidigung 1982

Uhle-Wettler, F., Höhe- und Wendepunkte Deutscher Militärgeschichte, Mainz 1984

Ullrich, Johannes, Deutsches Soldatentum, Stuttgart 1942

Vogel, Winfried, Das Unteroffizierkorps der Bundeswehr, Information an die Truppe 1980

Volz, Gustav, Die Werke Friedrich des Großen, Berlin 1913

Weißbuch 1979, herausgegeben vom Bundesministerium der Verteidigung

Wendel von Rabenau, Hans, Der Fahneneid als ethische Grundlage des Gehorsams, Neue Zeitschrift für Wehrrecht 1984, Heft 5, S. 199

Witzleben, A. von, Aus alten Parolebüchern der Berliner Garnison zur Zeit Friedrich des Großen, Berlin 1851

Wörner, Manfred, Zum Bild des Offiziers, Soldat und Technik, 1983, Heft 8, S. 407 ff.

Schadensmeldung des Cosellischen Infanterieregiments
nach der Schlacht bei Kesselsdorf (15. Dezember 1745)

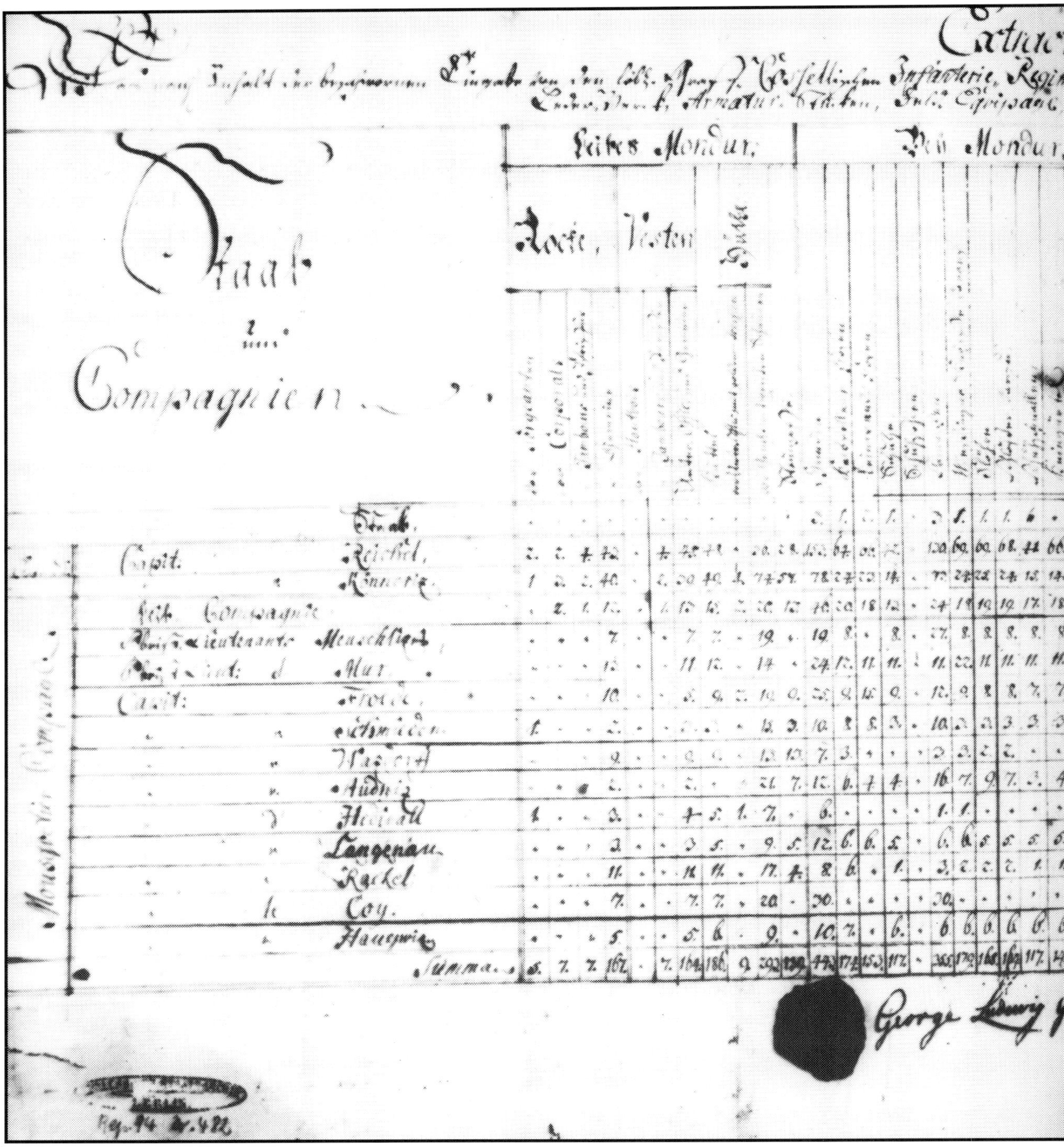